NONGJIALE
JINGYING MIJI

第2版

农家乐经营秘笈

王美 ◎ 编著

旅游教育出版社

责任编辑：张瑞芳

图书在版编目（CIP）数据

农家乐经营秘笈／王美编著．—北京：旅游教育出版社，2006.11（2009.6）

ISBN 978-7-5637-1454-4

Ⅰ.农… Ⅱ.王… Ⅲ.农户-家庭经济学-基本知识-中国 Ⅳ.F326.5

中国版本图书馆 CIP 数据核字（2006）第 138583 号

农家乐经营秘笈
（第 2 版）

王美 编著

出版单位	旅游教育出版社
地　　址	北京市朝阳区定福庄南里 1 号
邮　　编	100024
发行电话	（010）65778403 65728372 65767462（传真）
排版单位	首都经济贸易大学激光照排部
本社网址	www.tepcb.com
E-mail	tepfx@163.com
印刷单位	河北省三河市灵山红旗印刷厂
经销单位	新华书店
开　　本	850×1168　1/32
印　　张	8.75
字　　数	181 千字
版　　次	2009 年 6 月第 2 版
印　　次	2009 年 6 月第 1 次印刷
定　　价	18.00 元

（图书如有装订差错请与发行部联系）

前言

民俗旅游是指人们离开常住地,到异地去以地域民俗事项为主要观赏内容而进行的文化旅游活动。它是高层次的文化旅游,满足了游客"求新、求异、求乐、求知"的心理需求,因而成为旅游行为和旅游开发的重要内容之一。

2006年国家旅游局将旅游主题确定为"2006中国乡村游",其口号为"新农村、新旅游、新体验、新风尚"。吃农家饭,住农家屋,学农家活,享农家乐,以亲近自然、享受蔬果采摘之乐为主要内容的乡村旅游成了当今人们的时尚选择。

但是谈到目前的"农家乐"经营,还有一些不尽如人意的地方。例如不少农家乐经营者不了解国家的相关政策、法规;不懂得食品安全、食品营养、食品卫生、消防安全、交通安全、人体健康安全和消费心理方面的常识;不熟悉食品制作、娱乐开发、住宿安排、服务礼仪方面的技巧。更由于组织引导的失误,一些农家乐旅游活动越来越都市化。农家乐少了农家本色,淡了乡村味道,许多乡村景点"农"味不足,原汁原味的农村文化元素越来越少。

我们知道,市民选择乡村游是冲着乡村自然的生态景观、乡土人情而来的,可是现在随着农家乐旅游的红火,许多地方把"农家乐"本应有的特色磨灭了。吃的是清一色的大鱼大肉,住的是与城市相差无几的豪华旅馆。这样的乡村旅游与城市生活没有太大的区别,从而丧失了农家乐应有的吸引力。

听说,非洲部分国家开展的具有探险与访古意味的乡村之旅,成为很多西方游客的最爱;东南亚部分国家依托独特的地域文化开展针对国外游客的乡村旅游,成为发展中国家旅游发展的典范。这些对我们是不是应该有所启发?

我们北京的农家乐旅游活动正处于一个蓬勃向上发展的时机,发展农家乐应注意保持乡村原有的特色,那种整齐划一的"军营式"管理难以满足游客的需求。农家乐旅游特有的田园风光、乡村生活、乡村文化、传统风俗和固有特色,是彰显其独具魅力的平台,我们应在这一平台上做足文章。

进行农家乐经营主要考虑两个问题:第一是如何将游客吸引过来;第二是如何使游客下次还来。因此农家乐旅游管理的政策、方法,旅游线路的策划,旅游产品的开发,旅游特色的定位,旅游安全的保障,旅游资源的可持续发展就成为我们必须解决的问题。

本书作者在近两年的民俗旅游培训中,接触了北京近郊上千名农家乐经营者朋友。作者认为有责任也有义务将在民俗旅游接待培训中发现的问题和作者了解的经营者朋友们急需解决的问题逐一介绍给大家,希望能对朋友们的经营有所提示和帮助。

编 者

目 录

第一章 京郊"农家乐"旅游经营现状综述/1
一、京郊"农家乐"旅游基本概况/1
二、京郊"农家乐"旅游发展中普遍存在的问题/5
三、协调"农家乐"旅游发展的思路/13

第二章 旅游安全保障/19
一、交通安全问题/19
二、消防安全问题/26
三、人身安全问题/30

第三章 食品安全/35
一、了解震惊世界的食品安全性事件/35
二、食品污染问题/42
三、食物中毒问题/51
四、食物中毒的现场处理/67

第四章 营养搭配/69
一、了解我国居民营养与健康现状/70
二、营养搭配与膳食平衡问题/73
三、《中国居民膳食指南》介绍/89
四、中国居民平衡膳食宝塔/95
五、烹饪原料的营养特点/98

第五章 食品卫生/115
一、《食品卫生法》的主要内容/115
二、食品卫生管理制度/123
三、农家乐旅游接待中的个人卫生问题/125
四、农家乐经营中的环境卫生问题/127
五、餐具的清洗与消毒方法/131
六、各类烹饪原料的卫生/133

第六章 农家饭菜,食谱安排/146
一、调味的窍门/147
二、农家菜点制作秘诀/149

第七章 娱乐与购物/213
一、娱乐问题/214
二、商品推销问题/222

第八章 礼节礼貌/233
一、礼貌和礼貌服务/233
二、礼貌服务内容/234
三、服务接待基本礼节、礼仪/243

第九章 服务规范/251
一、餐厅服务规范/251
二、客房基本服务规范/265

第一章 京郊"农家乐"旅游经营现状综述

以"住农家院,吃农家饭,品农家情,购农家物,干农家活"为主要内容的"农家乐"旅游,已成为现代都市人新兴的旅游方式。"农家乐"的兴起,是在市场经济条件下,发挥农民市场主体作用,促使农民进入旅游市场和参与旅游事业发展的重要标志。

"农家乐"是集观光、游览、娱乐和休闲为一体的旅游形式,它具有乡土性、知识性、娱乐性、参与性和高效益性等特点。2008年,北京市共有13个区县开展了乡村旅游活动,民俗旅游村344个,其中市级民俗旅游村167个;民俗旅游户2万余户,其中市级民俗旅游户9 089户。直接或间接参与"农家乐"的农民已经开始走上了富裕之路。同时,"农家乐"旅游在节假日特别是"黄金周"期间,在分流游客、减轻热点旅游景区压力和提高接待能力等方面发挥了明显作用。

在迅速发展的"农家乐"旅游经营中,帮助接待户朋友认识游客群体的特征与需求、认识自身经营中存在的误区与不足十分必要。

一、京郊"农家乐"旅游基本概况

(一)游客的基本情况

京郊"农家乐"游客多为三五成群结伴而行或情侣游客两人出行,很少有一人单独出行的情况。一半以上游客的主要交通方式为自驾车,还有近一半的游客乘坐公共交通。他们选择交通方便的路线,结合游览景点一般安排两天一夜的行程。(见表1-1)

表1-1 游客问卷统计表

调研项目	选项	百分比(%)	选项	百分比
交通工具	自驾车	54.5	公共汽车	40
依托景点	是	81.4	—	—
行程天数	两天一夜	61.3	—	—
方便到达	是	90.35	—	—
餐饮重要	重要以上	84.5	—	—
热熟方式	烧烤	52.1	—	—
投宿就餐	农户	77.4	—	—
餐饮制作	参与	50.8	—	—
首选房间	单间	71.4	—	—
教育程度	大专、大学	64.4	—	—
婚姻状况	已婚有小孩	59.3	—	—

游客们十分看重饮食问题,一般午餐时赶到农户家。他们喜欢参与饭菜的制作,也喜欢吃烧烤类的食物。至于是农家家常饭菜、传统饭菜还是新开发的特色饭菜,并不是很关心,只要好吃就行。晚上住宿喜欢条件好一些的单间。很多游客不止一次到一地度假,成为回头客。

50%的游客受过高等教育,结婚并有小孩。年龄段从20~50岁基本是均匀分布。月收入不高,月薪2 000元以下和2 000~3 000元的普通市民居多,见表1-2。

表1-2 游客问卷统计表

	选项	百分比(%)	选项	百分比(%)	选项	百分比(%)
信息来源	亲友口碑	44	电视	13	网络	10
年龄结构	21~30岁	38	31~40岁	23	41~50岁	28
消费次数	3次	30.2	5次	28.6	—	—
饭菜类型	农家日常	21.4	农家新特色	23.2	传统特色	37.5
月均收入	2 000元以下	44.4	2 001~3 000元	29.6	—	—
行程花费	100~300元	42.4	301~500元	33.9	—	—
同行几人	5人	38.7	2人	24.2	4人	19.4
用餐方式	中式合餐	47.55	单点分餐	39.3	—	—

(二)"农家乐"基本接待类型

对北京地区"农家乐"客源到郊区旅游动因的调查表明,目前北京"农家乐"民俗旅游的接待主要有五种类型,即依托型接待、农事体验型接待、特色餐饮型接待、乡村休闲型接待和混合型接待。

1. 依托型接待

依托型接待,是指农户依托村庄周边的旅游景点、娱乐活动场所开展的农家民俗旅游接待。

如昌平区十三陵镇附近,依托皇陵、水库、自然风景区等景点,开展的民俗旅游接待。又如密云县古北口镇,以保持原始风貌著称的蟠龙山长城、建于1860年的古御道、建于1025年的杨令公庙和建于金泰和五年(1025年)的三眼井、建于1934年的抗日将士"古北口战役阵亡将士公墓"为依托开展的旅游接待活动。

2. 农事体验型接待

农事体验型接待,是指为游客提供体验播种、除草、采摘等农事活动,并提供住宿和餐饮消费的旅游接待。

如延庆东小河屯村推出的"乡下有我一分田"民俗旅游主题活动。到园里认领土地的城里游客可免缴农业税,种植作物品种由游客决定,收获归游客所有;村里无偿提供喷灌机、有机肥和农具,并负责日常看护。

3. 特色餐饮型接待

特色餐饮型接待是指为满足游客体验民俗特色餐饮而进行的旅游接待。比如平谷金海湖边的海子民俗村,游客最直接、最集中的目的是体验侉炖鱼一条街的特色鱼宴。在这里游客能够吃到十几斤重的侉炖大湖鱼。另外昌平区讲理村的全驴席、全羊席,平谷刁窝村的烤全羊等也属于特色餐饮型接待。

4. 乡村休闲型接待

乡村休闲型接待是指利用村庄的田园风光、清新空气、幽静的乡村生活吸引游客前来住宿和餐饮消费。这种类型的接待对住宿条件要求相对较高。

如延庆的秀水湾村有500米长的人工绿色长廊,有百余亩的杏园,游人可以游泳、垂钓,在独木桥、浮桥上设"丁步";可以在绿色长廊铺鹅卵石小路散步;可以在石桌、石凳上休闲对弈;可以在秋千软梯及梅花桩上健身。秀水湾村可满足游客休闲、健身、娱乐、餐饮、住宿等多方面的需求,被称为郊野休闲第一村。

5. 混合型接待

混合型接待是指农民使用自己原有的住宅进行游客接待,游客不仅可以到周边旅游景点旅游,而且村庄也有多种吸引游客的旅游资源。

如朝阳区高碑店民俗村,其农家乐以古典家具为旅游资源,以接待国外观光客为重点,形成混合型接待。

上述民俗旅游接待的五种类型中,目前以第一种类型居多,其他类型次之。

二、京郊"农家乐"旅游发展中普遍存在的问题

(一)无形资产经营意识淡薄

"农家乐"经营中,无形资产经营思想淡薄集中体现在两个方面,一是运用法律手段保护无形资产的意识淡薄;二是从整体角度经营无形资产的观念比较淡薄。经过多年的发展和宣传,一些民俗村的特色已经形成了良好口碑,形成了事实上的无形资产。但是村干部和"农家乐"接待户经营无形资产的意识还处于初级阶段。虽然他们已经注意到自我宣传的重要性,但是把民俗村作为一个整体进行旅游产品的策划、开发、包装等意识和经营水平相对低下。

"居崖关"是延庆县的一个著名旅游景点,但是"居崖关"白酒的商标被东北一家酒厂注册。据说"居崖关"牌白酒销售得不错,而其商标的使用权却不归属延庆县任何企业。由于中国村一级地名重名的很多,如果民俗村开发了一种特色旅游产品,应该及时注册商标。可能是由于旅游产品属于服务性质的产品,和实物产品相比有些抽象,使得多数"农家乐"旅游接待户和政府相关部门在这方面的意识比较淡薄。申请专利、商标,是

对本地无形资产经营的一种保护。

延庆县井庄镇柳沟村的火盆锅、豆腐宴经过5年经营,在京城逐渐创出了名气,许多城里人驱车百余公里专门到柳沟一饱口福。名气大了以后,一些打着柳沟村火盆锅、豆腐宴牌子的假冒民俗接待也随之出现。2007年柳沟村成功注册"火盆锅、豆腐宴"商标后,带有柳沟名号的"火盆锅、豆腐宴"不能在柳沟村以外的其他地区使用,相关的豆制品及当地特产柳下醉酒也只能在柳沟地区使用,使柳沟品牌及村民权益得到了维护。

(二)特色餐饮开发进展缓慢

特色餐饮的构成可以划分为三个要素:饭菜、就餐环境和服务。虽然餐饮的安全与卫生不是特色餐饮的构成要素,但是对特色餐饮却具有一票否决权。

目前京郊各区县在特色餐饮的开发上有一些成功例子。除延庆柳沟村的火盆锅、豆腐宴外,昌平讲理村的全驴宴,平谷金海湖镇炖鱼头,密云溪翁庄镇的水库鱼宴等也不乏特色。但是,这种真正具有一定特色的餐饮,确实很少。多数具有特色的餐饮也只是停留在原料层面上的特色,在烹饪技艺、菜品方面创新力度不明显。

1. 特色餐饮发展缓慢的原因

北京的"农家乐"民俗旅游如果从1998年开始算起,已经有十个年头了,具有明显特色的餐饮发展缓慢的原因,主要有如下两点:

第一,开发特色餐饮的能力较弱。由于农家乐旅游经营接待户的准入门槛较低,造成入门容易做好难。特色餐饮更多的时候是靠引导游客消费实现的,这不仅需要对游客有深入的了解,而且需要有独到的烹调技术和方法。这一点对于专业餐馆来说,已经是对经营能力的考验。农家乐多数接待户的烹调技术水平处在半业余状态,他们从事第三产业的旅游接待服务本来就不容易,在此基础上再要开发出有特色的餐饮,就更是不小的挑战了。

怀柔区在民俗旅游餐饮菜品的开发上,进行了有益尝试。连续几年举办的区级或乡镇级民俗旅游烹饪大赛,增强了接待户不断求新、提高烹饪水准的市场意识。

第二,文化冲突导致特色餐饮的创新积极性不高。在传统农业社会里,土地是最重要的资产,农事技艺是共享资产,并且依靠集体共享来传承。村落文化背景在一定程度上制约着特色餐饮的开发。如果特色餐饮像农事技艺一样习惯共享,难以给原创者带来独享的利益,农户的餐饮创新积极性就大大降低。

在商业社会里,创新带来的利益是独享的,这是商业社会和农业社会的一种文化冲突。这种文化冲突制约了人们在"农家乐"旅游餐饮方面创新的积极性,使简单的模仿成为必然。这一点不仅在农家乐旅游餐饮发展中时有发生,而且在专业餐馆的经营中也屡见不鲜。这种文化冲突在农户与农户之间存在,当上升到村与村之间时,则可成为竞争动力来源。柳沟火盆锅、豆腐宴的商标注册就是这种冲突的具体表现。

另外,由于传统农业生产的风险往往表现为不可抗力,面对风险无所作为的惯性,使农户在旅游接待中等客上门,在食宿经营方面表现为不敢、不主动、不勇于创新。

2. 农家乐经营中饭菜存在的问题

民俗旅游的饭菜存在两个不可忽视的问题:一是餐饮同质性强,二是认识模糊。

第一,餐饮产品同质性强、特色饭菜少。餐饮同质性强不是指一个村户与户之间的饭菜相似,而是整个北京地区民俗村的农家饭菜呈同质化趋势。我们调研统计的数据显示:农家饭菜主力菜品有柴鸡炖蘑菇、摊柴鸡蛋、烤全羊、玉米贴饼子、菜团子、烤鱼、农家乱炖等。其中80%以上的接待户，都在自家的特色拿手菜中填写了小鸡炖蘑菇。分析原因，客观上可能是由于地理、气候、民俗风情相近造成的，但在主观上饭菜方面的创新力度不够也是重要原因。

第二，民俗接待户对游客就餐的需求心理认识模糊。我们在调研中发现，一方面不少民俗接待户说："游客喜欢吃什么，我们就做什么。"另一方面当游客希望接待户随意安排时，餐桌往往以红烧肉、松肉、排骨、烧鸡、红烧鱼、四喜丸子等荤菜为主，甚至有清炒虾仁、火腿肠等。这与市区游客的期望值不太相符。这一点在京郊某些接待户家的八八席、八六席中体现得比较明显。当然如果是客人专门去体验农村传统节日宴会又当别论。

其实，在平谷东四道岭村吃的一顿农家饭——倭瓜馅水饺倒是给笔者留下了深刻印象。那倭瓜馅让满院子飘浮着淡淡的香味，让人有回到了久违的大自然的感觉。

(三) 村级公共服务系统滞后

民俗村是民俗旅游产品竞争中的一个天然联结单位，村容村貌与村级公共服务是其重要组成部分。村庄是游客体验民俗风情的一个基本单位，民俗风情不可能在一家农户体验到，而是要在农户之间互相往来的过程中体验到。在很多游客心中，旅游目的地的选择首先是以村为单位形成的一个整体概念，然后才选择农户。所以，村级公共服务问题直接影响着村级民俗旅游的健康、稳步和持续发展。

村级公共服务工作主要集中在：改造和硬化道路、开辟和平整停车场、供电增容、用水、有限电视、民俗旅游接待站、村活动娱乐中心、治安、村垃圾处理、筑坝拦水、村级化粪池和村级沼气池建设以及本村民俗旅游的宣传等方面。目前在村级公共服务方面存在的问题主要有两个：

1. 村集体经济收入微薄制约公共服务设施的建设与健全

目前发展村级公共服务设施的资金主要来源于两方面：一是乡镇政府或区县政府财政支持，二是本村集体果园、鱼塘和房地产使用权等集体财产的承包费用。上述两个经济来源有很大的不确定性，常常制约着自然条件较好的村庄发展民俗旅游。

2. 对环境的保护严重滞后

农家院落环境是民俗旅游特色构成的一个重要因素。不少通过搞民俗旅游接待先富裕起来的农民，纷纷翻新了房子，接待户有的在自家小院里搭架，栽种了葫芦、丝瓜、豆角等蔬菜，也有的在院子里种植了果树或葡萄。每到夏秋季节，农家院确实漂亮，但是各个村庄的院落园艺风格比较接近，个性特色还不充分、不明显。根据北京的气候、植物品种、地理、土壤等条件，农家院还有绿化、美化的个性发展空间。

另外，一些农户重视自家小院的美化，却往往忽视周围环境的保护，带来很多社会问题。最典型、最普遍的问题是冲水厕所粪便污水处理和电池、塑料制品等垃圾的处理问题。在民俗旅游开发较早的一些村庄，由于环境保护意识的相对滞后，村前的小河污染严重，河里没有了先前的小鱼和水草，到处是薄膜塑料袋、彩色食品包装袋等。一些沿河居住的民俗接待户茅厕改成水冲厕所后，粪便污水直接排放到小河里，排放量远远超过了小河自身的净化能力，使河水受到严重污染。继而河下游拦截而成的水库也受到污染。游客的增加，使垃圾量迅猛增长，露天堆放、随意焚烧的垃圾，对水库的饮水源及周围环境构成严重威胁。

其他存在的问题还有：村容村貌建设的理念问题；公共设施建设后的受益不公平问题；村一级社区的自我管理与政府服务

的机制和制度问题。

(四)公共安全存在盲点

1. 证照管理

"农家乐"经营中一个重要的问题是接待户是否持有有效卫生许可证、餐饮人员是否持有健康证的问题。一般在农家乐接待户开办初期,政府都免费为接待户办理卫生许可证和健康证,这些证照都是村里或乡里组织免费办理的。但是按照饮食行业的行规,从业人员必须每年进行一次体检。以后的体检、健康证的办理政府还免费吗?而且,接待户并不是全家均进行体检、全家均持有健康证。如果家庭成员中有一人患有传染病,就存在着疾病传播的可能。

有些接待户还有临时请雇工帮厨的现象,帮厨人员流动性大,他们也不一定持有健康证,这是政府管理的一个盲区。

2. 原料来源

随着我市农家乐旅游的发展和扩大,许多接待户自家小院或自留地里的蔬菜已经不能满足经营的需要,还有一些接待户由于家里缺少人手或嫌自种蔬菜麻烦,干脆全部依赖外部供应烹饪原料。北京郊区总体上是人多地少,许多民俗村在山区、半山区,人均耕地就更少。例如在库区和风景区的村庄人均耕地一般只有半亩左右,有的只有2分地。开展农家乐旅游经营之前,本村所产的粮食就不够吃,需要国家供应返销粮。如今,开展民俗旅游,解决更多人的烹饪原料供应就更需要从市场上采购。

由于农产品、食品在农村地区的流通监管力度相对薄弱,烹饪原材料容易出现问题。例如豆制品在农家菜中扮演着十分重要的角色,由于北京市区限制卤水豆腐的加工和供应,而郊区农村的豆腐坊都是卤水点制的,对习惯和喜欢吃卤水豆腐的游客来说，这是一个吸引点。虽然农村豆腐坊有着天然的、良好的卫生约束机制（农村豆腐坊的卫生随时在村民的监督之下，且豆腐的生产者和食用者保持着密切的接触和交流），但是农村豆腐坊仍然存在管理盲区，多数豆腐坊制作豆腐的卤水，其使用量是凭经验控制的。

又如用于烤全羊的活羊和涮火锅用的肉狗，都是村民自己屠宰的。这些牲畜一般都没有卫生防疫部门层层把关的检疫过程，存在着一定的食品安全隐患。

原料类存在的问题主要是安全与卫生问题。事实上政府有关部门已经加强了这方面的管理。2004年10月出台了《民俗旅游户规范管理办法》，其中强调，民俗旅游户要对购进的米、面、猪肉、禽类、食用油等常用食品实行索证索票制度，并进行食品备案。

3. 消防安全

从目前的情况看，由于政府干预，"农家乐"接待户厨房硬件条件大多比较好。厨房面积相对宽敞，硬件设施基本齐全，多数接待户购置了营业必需的冰箱、冰柜、煤气灶、抽油烟机、电饭锅等，有的甚至安装了整体橱柜。但在防火安全的知识和意识方面，仍然存在较大差距。

接待户很多房屋本是民用自建房，大多未经建筑防火审核；"农家乐"内的娱乐场所、餐厅等各种设施也未经过消防机构的审核批准；灭火设备不足，消防水源和消防车道等配套设施没有引起足够的重视；"农家乐"经营业主和雇工普遍缺乏消防知识。例如一些接待户厨房电气设备的布线完全采用不固定的明线，炉灶上方不足一米处，油渍斑斑的电灯、电线被烟熏火烤着；有些农家院完全靠辘轳供水，一旦院落起火，水源匮乏，难以灭火；多数农家院的影壁挡住了通道，消防车难以靠近：这都是明显的火灾隐患。

4. 饮食操作卫生

"农家乐"经营的主体是农民,由于受教育程度、生活习惯的限制,加之卫生基础条件欠缺,饮食卫生状况存在一定问题。比如冷菜制作间没有二次更衣的配套设施,餐具洗涤场所和餐具消毒设备不齐全,防尘、防蝇、防鼠等设施偏少。还有些厨房由于设计时没有考虑安装足够的接手台和货架,营业中盛器的摆放杂乱无章,经营忙乱中甚至将盛菜的盆、盘、碗放在地上。这种状况难以保证食品安全卫生,食品卫生管理有待加强。

虽然各村、乡镇、区县旅游局组织过多次培训,但是每次培训每户只来一人,培训往往覆盖不到接待户家中的其他人和临时雇工,而覆盖不到的有时恰恰是直接参与饭菜加工烹调的人群,所以这是农家乐经营中卫生与安全的又一个不确定因素。

食品卫生观念的树立和安全操作意识的培养,是一项长期的工作。对于为民俗户提供食品卫生培训服务的相关政府部门和社会机构来说,今后在开展工作时,应该寻求更为有效的培训方式。

(五)服务与接待能力有待提高

农家院的大小决定了接待潜力。北京郊区农户的宅基地一般来说并不宽余,一般只有0.2~0.5亩,农家院落占地一般是有政策规定的,尤其是平原地区和泥石流移民迁入地区。

"农家乐"旅游接待的住宿条件相对简单,住宿条件中的被褥卫生相对要差一些,这是农家乐经营户中比较普遍的问题。虽然有关部门要求一客一换,实际上很多时候难以做到。

近来,近郊区开办早的民俗村,有少量的接待大户自建了有卫生间的客房,更有一些经营思想灵活的人,将土炕和室内卫生间整合在一套房间内,很受老年游客的欢迎,因为老年游客夜间出房门到院子里的露天厕所的确很不方便。

客人走时,善于和客人拉近关系的农户,往往免费送给客人院子里、自家田里种的时令蔬菜瓜果,希望保持一种类似走亲戚的感觉,希望客人能成为回头客。到了秋天果树采收季节,有的农户也给市区的熟客打电话邀请来采摘。由原来的等客上门到主动邀客,服务观念有很大的转变。这些都是可喜的现象。

另外,民俗旅游呈现明显的淡旺季,如何利用淡季为旺季做好准备工作,这方面民俗接待户考虑不多。

三、协调"农家乐"旅游发展的思路

在北京地区民俗趋同、传统文化趋同的情况下,各个民俗村如何发展自己的特色旅游是一个非常重要的战略性问题。这不仅需要各村准确定位,处理好各村竞争与协调发展的关系,还需要充分利用市场机制及政府正确的引导和管理。北京市在扩大乡村旅游产业规模方面,计划今后五年间接待规模年均增长15%以上,年接待人数达到6 700万人次,比2007年增长1.5倍;乡村旅游收入年均增长20%以上,旅游收入在2013年达到53.9亿元,比2007年增长2倍。在扩大规模的同时,政府为提高档次和形成品牌做了大量工作。

据北京市旅游局相关负责人透露,由政府出资,平均每个民俗旅游村10万元,总设计费用为300万元,由15家创意策划公司针对京郊30个民俗旅游村设计的"农家乐"旅游特色策划方案已经评审完毕。30个"农家乐"村将开始软硬件的全面改造,形成各自的独有特色。那种睡农家炕、吃农家饭……京郊"农家乐"千村一面的老问题,将在专业策划公司的帮助下得以改观。

2008年,北京市旅游局从环境、卫生、投诉、安全、硬件和服务水平等方面对乡村民俗旅游村(户)加大考核和监管力度,以《北京市乡村民俗旅游村等级划分与评定》、《北京市乡村民俗旅游户等级划分与评定》为标准,对市级民俗村(户)进行了全面复核,考核范围包括全部市级乡村民俗旅游村和市级乡村民俗旅游户,其中市级乡村民俗旅游村全部通过了复核,595户市级民俗旅游户未通过复核,被撤销市级乡村民俗旅游户的称号。考核工作严格执行准入和退出的流动性竞争机制,从而达到控制现有民俗旅游接待规模,打造乡村旅游精品项目,引导服务质量升级的目标,促进全市乡村旅游产业的持续健康发展的目的。

(一)建立专门组织机构,规范管理

专门组织机构是"农家乐"特色旅游建设的必要组织。在民俗旅游发展中,许多事务属于公共事务。如餐饮收入依赖于有优势的旅游资源,但是旅游资源的规划、开发和发展,不可能是单个农户就能完成的;又如,各地区民俗餐饮的产品开发、环境绿化、生态农村建设等都属于公共服务,这些公共服务需要一个与之对应的组织机构来完成。再如,民俗旅游的管理涉及政府多个部门,政府各部门之间的协调工作是顺利发展民俗旅游的重要条件,有的民俗村沼气池迟迟建不成,是因为部门之间协调不到位使项目流产的。因此如同北京市为加强食品安全,成立北京市政府食品安全办公室综合协调处一样,"农家乐"旅游需要建立民俗旅游开发、管理的专门组织机构。

目前,"农家乐"旅游发展较好的区县均成立了区县旅游局所属的民俗旅游科等专门的政府服务与管理机构,凡是民俗旅游发展较好的村子,民俗旅游科均发挥了较好的作用。但是随着民俗旅游村和民俗户数量的日益增加和政府机构的日益精简,出现了一边快速发展、一边精简管理机构的矛盾。解决这个矛盾的途径有三:

(1)提高现有政府机构和工作人员的工作效率。配备必要的交通工具、通信工具,提供网络资源服务等。

(2)采取"集体管理、分散经营"的模式。按照《行政许可法》将政府不该管、管不了、管不好的事情,由民俗村自己来管。如成立"农家乐"管理委员会。

(3)在村委会和党支部领导下,成立村级民俗旅游协会。村级民俗旅游协会可根据本村特点,制定章程,规范服务行为,实行统一规划、统一管理、统一授牌、统一收费标准、统一宣传促销。

另外,在"农家乐"旅游发展中,对专门组织机构还需要提供政策扶持、资金扶持和智力扶持。

(二)建立土地制约条件下民俗旅游的发展思路

如前所述,农村宅基地的大小是民俗旅游发展的一个既定限制条件。在泥石流移民村和水库周边村庄,人均土地更是有限。我国的《土地法》是基本大法,土地使用制度有严格的规定,对"农家乐"接待户来讲,如何在现有接待条件的基础上,提高经济效益是摆在他们面前的关键性问题。为此,树立不断开发旅游新产品、提高服务质量的发展思路是农民致富的根本出路。

延庆县的柳沟村是京郊"农家乐"餐饮特色旅游发展较为成功的范例。柳沟村周围无山无水无旅游景点资源,是典型的特色餐饮型"农家乐"旅游。柳沟专门为游客修建了6 000平方米的停车场,可同时停车300辆,但是到"黄金周"车位仍然紧张,接待户家中的餐位也十分紧张。

在柳沟周围不足15分钟车程的临村开辟新的"农家乐"旅游接待是一条思路,但对柳沟本村来说,如何在不增加农户接待游客数量的情况下,增加每客的人均消费是"农家乐"旅游持续发展的方向。这不仅需要为游客提供更有吸引力的旅游产品和服务,而且需要借助村外智力资源和资金资源,这两种资源,在不能完全通过市场机制解决的情况下,需要政府提供更多的服务。如需要县一级或乡一级的政府职能部门,引导农民不断增强提高服务质量和产品质量的意识,不断进行更具现实意义的指导,不断提出更具可操作性的发展方案。

(三)加快信息化建设

在"农家乐"旅游发展中,政府扶持性投资多注重硬件建设(如道路建设、供电增容、拦河修坝、绿化、保洁等),并取得了明显的成绩。但是当游客希望能提前预订时,由于信息不够通畅,造成预订困难。许多游客需要临时寻找住宿地,这种不确定性因素不仅浪费时间,而且使游客知难而退。特别是在旅游旺季,这种情况更是普遍。"农家乐"旅游信息不畅严重影响了当地旅游业的发展。

为加快信息化建设步伐,"农家乐"旅游接待户可以借助景区网站开通网上预订业务,也可以公布预订电话,以方便游客提前预订,减少游客顾虑,提高服务质量。

(四)为可持续发展,提供教育服务

各区县、乡镇政府已经对"农家乐"旅游提供了各种相关的培训服务。根据村民文化程度和接受知识的能力状况,建议今后一个时期将培训重点放在民俗户人员综合素质的提高方面。为提高培训质量,获得较好的培训效果,建议采用下述方法:

(1)采用直观性强的多媒体方式进行培训。由于目前农村居民文化水平普遍较低,因此培训内容的表现形式应直观,最好采用多媒体方式培训,以提高培训效果。

(2)提供"套餐式"培训计划。目前,农户参加培训的决策依据不再是各级干部宣传或村里的安排,媒体宣传、亲友邻里的宣传越来越影响农户的决策行为。通过调研,发现大部分农户只参加或关注与自己目前经营有关的技术培训或信息,而为今后经营决策学习储备知识的意识比较淡薄。所以相关部门要多加系统引导,提供"套餐式"培训计划。

(3)加强面授辅导,采用互动性强的培训方式。有关研究表明,农民最喜欢的学习培训方式是:①参加培训班听专家讲课;②在实践中有专家亲临指导;③通过广播电视在家学习。这说明,在"农家乐"旅游接待户中开展教育服务,要加强面授辅导,采用交互性强的答疑培训方式。如可通过电视栏目,定期、不定期地为接待户提供学习相关知识的机会。

(4)发挥网络技术传播知识的优势。传统的书刊、光盘、电视是农民获取信息和知识的重要传播途径。新兴的网络技术则是当今传播知识的另一途径。目前北京郊区信息基础设施建设已经初具规模,初步形成了一个覆盖各区县、联系部分乡镇的计算机信息网络。为此,建议在网络建设比较完善的地区,利用现代化的信息技术手段开展网络教育,发挥网络教学方便农户任何时间都能参与学习,且学习成本低的优势。

"服务经济的下一步是走向体验经济,商家将靠提供这种体验服务取胜。"体验是通过实践认识周围事物的过程,是人们用一种从本质上说很个性化的方式来度过一段时间,并从中获得一系列可记忆的事件的过程。一项服务被赋予个性化之后,变得值得记忆,进而成为一种体验。如果顾客愿意为这类体验付费,那么体验本身也就可以看成某种商品,它创造的价值来自个人内在的感受。体验经济是继农业经济、工业经济、服务经济之后的人类经济生活发展的第四个阶段。它追求的最大特征就是消费和生产的个性化。

如果把传统旅游者与现代旅游者的特征进行比较,我们能更深刻地体会到体验经济已经到来。"农家乐"旅游满足现代旅游者的需求,成为体验经济在旅游业中的重要表现。"农家乐"旅游是城市居民生活需求和农村特别是城郊农业综合资源相互适应、相互作用的结果,它开辟了一条调整农业经济结构,通过传统农业增加农民收入的新途径;同时也为广大农民改变精神面貌、加快文明进程提供了机遇。因此,在体验经济的强势影响下,"农家乐"的可持续发展直接关系传统农业增效和农民增收,理应受到各级政府的关注。"农家乐"经营的基础是当地的景区资源与生态环境,如果"农家乐"经营只注重眼前利益而不顾长远利益,势必会造成景区资源的过度开发使用、生态环境的破坏,结果必然是当地生态、经济与社会不能可持续发展。所以,从长远利益来看,"农家乐"的发展必须走可持续发展之路。

第二章 旅游安全保障

随着经济的稳步发展和人们旅游休闲观念的改变,在北京及一些城市兴起了农家乐旅游热。农家乐旅游为农村打开了一扇窗,让农村与外界的接触越来越密切。怎样给游客留下旅游的美好印象?让游客了解民风、民情、民俗,尽享好山好水好心情?一句话,就是如何让客人玩好、吃好、住好?本章我们先来和大家聊一聊旅游安全保障问题。

旅游安全是旅游活动顺利进行的重要保障,也是农家乐得以持续发展的前提。旅游安全保障问题贯穿于活动的始终。它包括交通安全、消防安全、人身安全等。有序和安全是一对孪生兄弟,要安全必须有序,有序是安全的保障。

本章将向农家乐的经营者就旅游交通安全问题、消防安全问题、人身安全问题等进行介绍。

一、交通安全问题

目前北京有些地方的农家乐,由于受交通不便的影响,一些经营者自驾车或租车接送游客;有的经营者还为游客备车,带游客到附近的旅游景点参观。这样,在农家乐经营过程中,交通安全问题就不可避免地摆在了我们的面前。

(一)为什么会发生交通事故

交通事故发生的原因很多,也很复杂,但主要原因有以下几个方面。

1. 人为因素

人为因素主要是驾驶员本人不具备开车的资格。特别是一些驾驶员本人没有交通管理部门核发的相应等级的汽车驾驶证,就载客开车;有的驾驶员不熟悉道路情况或技术不够熟练,不能正确处理遇到的紧急情况;有的驾驶员长期疲劳驾驶或心情不畅,或开车时有游客与其聊天,致使驾驶员驾车时注意力不集中造成事故。

超载、超速本身是人为因素,而以机械因素的形式反映出来。车辆超载时,其固有的机械性能就没有保证;车辆超速时,遇紧急情况驾驶员的反应速度就很难有效地控制车辆,从而可能引起车祸。

2. 机械因素

机械因素主要指载客汽车本身的机械存在的问题。例如,车的制动系统失灵(刹车失灵等)、操作系统失灵(方向盘失灵等)、爆胎等。

3. 天气因素

刮大风、下大雨、下雪、下雾造成视觉不清;下雨造成路面泥泞、打滑,积水漫过地面使驾驶员不能正确判断路面情况;路面有雪导致路滑;山区,遇大雨而山体滑坡等都易引发交通事故。

4. 道路因素

道路因素有道路狭窄、崎岖不平,急转弯多,连续下坡等。

总之,旅游中发生交通事故会影响整个旅游接待计划的进行,会造成游客的伤亡和财产损失。为此,农家乐经营者朋友们一定要事先做好预防工作。比如,提醒接送游客的司机注意安全,不要酒后驾车;提醒游客在行车时不要与司机闲谈,更不能因为抢时间而催促司机违章操作、开快车等;每次出车前,仔细检查车辆的轮胎、制动系统和操作系统;随时注意天气变化,及时调整旅游计划等。

(二)遇上交通事故怎么办

一旦发生交通事故,作为农家乐经营者,只要你神智还清醒,身体未受重伤,也就是说,只要你能说话走路,那就必须沉着冷静,果断地采取一系列的措施:

(1)一旦发生交通事故,抢救重伤员是第一位的任务。要设法将受伤的客人送往离出事地点最近的医院进行抢救。

(2)要保护好现场,尽快通知交通、公安部门(记住:交通事故报警电话是122)。

(3)迅速向村镇旅游管理部门汇报。

(4)做好其他游客的安抚工作,如果有可能就按旅游接待计划继续组织参观游览活动。

(5)待事故原因查明后应向游客进行交代。最后要写出整个事故的书面报告向村镇旅游主管部门汇报。内容包括:事故发生的经过及处理方法、事故的发生原因及责任、事故的教训和今后的防范措施。

在旅游过程中,第一个看到交通事故发生的人不是民警,也不是医务人员,所以你除了做到上述几点外,为了保护自身的利益,还必须留心收集现场证据。比如事发地点的车行方向、车子相撞的部位、时间、天气和路面情况,以及附近有什么交通指示牌等。应该记下对方的车牌号码、车型、车的颜色等,记下对方的姓名、有效证件、保险公司名称。如果路上有其他的目击者,应该请他们作证并留下联络方式。这个时候,如果你车上有一架相机,那就非常方便了,不论是事发地点的情况、车子撞损的程度,还是车牌、车型,甚至路税牌,全部可以用相机拍下来。因为照片胜于雄辩,将来如果在索赔方面有任何争执,这些照片都可以派上用场,省下不少时间。

(三)交通事故中头部外伤的处理方法

一般情况下,因头部外伤死亡者占交通事故死亡游客的半数以上,而且多数游客死于伤后24小时以内。掌握一定的急救知识,有可能控制受伤者的伤势,减少受伤者死亡的数量。

1. 急救措施

发现受伤者,应尽快检查他的头部有无外伤,是否处于危险状态。最重要的是不要随便移动受伤者。要按以下程序迅速抢救:

让伤者呈昏睡体位:让负伤者侧卧,头向后仰,保证呼吸道畅通。

如果呼吸停止则进行人工呼吸,如果脉搏消失则进行心脏按摩。

如果头皮出血,就用纱布等干净的物品直接压迫止血。

如果头受伤后,有血液和脑脊液从鼻、耳流出,就一定要让负伤者平卧,受伤的一侧向下。即左耳、鼻流出脑脊液时左侧向下,右侧流时右侧向下。如果喉和鼻大量出血,则容易引起呼吸困难,应让受伤者取昏睡体位,以使其呼吸方便。

2. 注意事项

受伤后只有头痛头晕,说明是轻伤;如果除此外还有瞳孔散大、偏瘫或者抽风症状,那至少是中等以上的脑伤。

脑外伤病人一旦出现频繁呕吐、头痛剧烈和神志不清等症状,那就绝不可大意,应速送医院诊治。

受伤后如有脑脊液流出时,最好不要用纱布、脱脂棉等塞在鼻腔或外耳道内,因为这样易引起感染。

(四)交通事故中胸部外伤的处理方法

交通事故造成的胸部受伤,轻的只是胸壁被擦、受挫或受打击,主要症状是胸口痛,经过止痛、热敷、服用舒筋活血药等,几天就可以好。而重的可能造成肋骨骨折,还有可能由此引起血胸或气胸,致使受伤严重者呼吸困难,以至休克,甚至死亡。

胸部外伤,最危险的是每当呼吸时伤口有响声(开放性气胸)。此时应立即用铝片或塑料片密封伤口,再用胶布固定,不让空气通过。密封时,只要把伤口封严即可,覆盖物不必太大。一时找不到密封用的铝片时,可立即用手捂住,患部向下侧卧,等待救护车。

胸部发生骨折会有各种各样的情形。如相连的几根肋骨同时骨折,叫"浮动骨折"(连枷胸)。这时受伤者一定要患部向下安静地平卧。

如果胸部骨折只是有裂纹,断端未错开,问题就不大,只需紧裹胸部即可。要是断端成叉,就要警惕,万一叉端戳破了胸腔,甚至伤及血管和肺,那么,血积在胸腔里就成了血胸;肺破气泄,气积在胸腔里,就成了气胸,进而会把心肺压迫向对侧。此时,应让患者向下平卧。如果患者呼吸停止,则进行人工呼吸,注意使他的呼吸道保持畅通,等待救护车。

总之,心肺等维持生命的重要脏器,都位于胸腔,当胸部受伤时,要尽快地作急救处理,如密封伤口等,以防万一。

(五)交通事故火灾发生的原因及预防

在道路交通事故中,车辆起火是最严重的交通事故之一。汽车遭到撞击时油箱或油路受损,汽油外溢,或者汽车本身某些内部原因,都有可能引发火灾。火灾发生会危及生命,还会造成很大的经济损失。因此,注意交通事故中车辆起火的原因,做好预防工作,对保证行车安全和避免重大的经济损失有重要意义。

1. 道路交通事故火灾的特点

道路交通事故中的火灾,不同于工厂、企业、居民区的火灾,

它具有以下特点:

(1)交通事故火灾形成突然,往往使人措手不及,有时还因盲目扑救,使事故现场遭到破坏,导致交通管理部门调查取证困难。

(2)交通事故火灾多发生在公路上,流动性强,并且点多、线长、面广,全天候。

(3)交通事故火灾发生后,报警困难,现场灭火的条件差,旅客逃生和货物疏散比较困难。

(4)交通事故火灾常常会造成旅客群体烧伤,旅客挣扎、碰撞、拥挤,给组织营救带来困难。多数交通事故远离城区发生,伤员的救治和转移缺乏足够的时间。

(5)交通事故火灾除造成本身重大损失外,还会长时间地堵塞交通,带来一系列的负面效应。

2.交通事故火灾发生的原因

交通事故中火灾发生的原因有很多,如车辆、驾驶员、乘客、气候等方面的因素。

(1)车辆原因

目前使用的汽车绝大部分是汽油车,其燃料易挥发、易燃、易爆。且汽车油路、电路相互交错,一旦汽油外溢,遇到火花极易发生火灾。另外,现代汽车在设计中使用了大量塑料材料,这些材料在超过一定的温度极限后会突然起火,并很难扑灭,如车厢内的许多合成材料制品都具有很大的危险性。

若车辆在行驶途中发生火灾,一般有以下几种原因:第一,直接向化油器供油,使化油器回火,喷出火焰,导致火灾发生;供油时汽油漏出,遇到未熄火的发动机电火花而起火。第二,因电气绝缘部分破裂造成短路而起火。第三,汽车部件损坏脱落,与地面发生摩擦引起火灾。第四,乡村公路上晾晒谷草,缠绕在传动轴上摩擦起火。

（2）驾驶员的原因

驾驶员因违章驾驶造成碰撞、翻车后,使汽车上的油路、电路发生移动,汽车火线接头搭铁,引起强烈火花;油箱破裂、油管弯曲产生裂纹导致汽油外泄,遇火花后引起燃烧爆炸。

驾驶员不注重保养车辆,带故障行车,会埋下事故隐患。发生火灾后,又由于下列原因致使情况恶化。第一,没有按规定配备消防器材,或有消防器材而无药剂。由于汽车是流动性很大的交通工具,发生火灾多在途中,当发生火灾时没有消防器材,火势会迅速蔓延。第二,驾驶员不懂得消防规则,缺乏必要的专业训练,致使发生火灾后不知从何处下手,失去灭火的时机。

（3）乘客的原因

一是乘客违章吸烟或携带易燃、易爆品上车。当车辆发生碰撞时,这些危险品都是交通事故火灾发生的导火索。二是当汽车发生事故后,乘客惊慌失措,竞相脱身。尤其是在夜间,若受伤轻的乘客用火柴或打火机找人找物,一旦遇到汽油箱、油管外溢的汽油,会发生猛烈的燃烧,造成更严重的后果。

（4）环境气候的原因

不同的季节对驾驶员的影响也不同,如春天驾驶员容易疲劳驾驶,阴雨天气会干扰驾驶员的视线,炎热夏季燃油易挥发、外溢,这些都是交通事故火灾发生的潜在原因。

3. 防治对策

（1）强化车辆管理。加强对车辆的日常维护保养,坚持做到不带故障运行。及时检查通电导线接头是否有松动、脱落和短路等情况,更换漏电的点火线圈、分电器、高压线和火花塞。车上的"保险"设置应齐备,不能用加大规格的保险丝或其他金属丝代替。车上应装有电源总开关。

（2）加强驾驶员的消防意识。由于驾驶员是车辆的操纵者，又是交通事故火灾发生的当事人，因此，要从根本上遏制和减少交通火灾，首先要提高驾驶员的防火意识，禁止违章驾驶车辆。其次，驾驶员应具备一定的消防技能。

（3）把好车辆年检关。良好的车辆安全技术状况和必要的防火器材是预防交通事故火灾发生的物质基础。车辆出行必须按规定携带消防器材，并且要保持良好状况，把好车辆年检关。

（4）汽车的主人应经常检查车辆消防设施等，以达到监督司机安全驾驶的目的。

二、消防安全问题

（一）农村火灾多发的原因

农村之所以多发生火灾，是由多方面原因造成的。

（1）村民消防安全意识不强，防范意识较差。许多村民房前屋后堆放着大量的柴草；村民的住房又往往户户相连，没有任何分隔设施；儿童玩火、成年人吸烟乱丢烟头的现象极为普遍。这些都增加了火灾发生的可能性，火灾发生后，又极易蔓延成大面积的火灾。

（2）农村缺少消防设施和消防用水。一旦发生火灾，大多农村仍然是用"水泼"的方法，没有其他消防设施，消防用水十分匮乏。

（3）村镇缺乏统一的消防安全领导和明确的责任划分。消防安全责任制在农村往往形同虚设，基本上没有防范措施。

（4）农村用电管理比较混乱。近些年电业部门虽然下大力气进行了农村电网的改造，但乱拉、乱接、线路老化、超负荷用电现象仍然十分普遍，尤其是室内照明线路拉接更为随便，电气线路引发的火灾时有发生。

(5)农村的建筑耐火等级较低,砖木结构建筑仍占50%以上。

(6)建房缺少消防规划。以前农村建房,大多凭个人的想法,想到哪,建到哪,不考虑消防安全事宜,也谈不上配备相关消防设施和开展消防安全教育。

(二)农村预防火灾发生的措施

1. 切实加强消防组织建设

各村的村委会要成立消防安全组织,明确消防安全工作责任人,具体组织开展消防宣传教育,消防安全检查、巡查,督促消除火灾隐患。要充分发挥村民代表会议的监督作用,定期对村民委员会落实消防安全管理职责的情况进行评议,形成乡镇政府领导、村委会具体负责、村民代表共同参与、齐抓共管的农村消防工作机制。

2. 建立健全消防制度

要逐步建立健全农村消防工作制度、消防例会制度、消防宣传教育培训制度、消防检查巡查制度、消防器材管理维护制度和警示制度等各项消防安全制度。

3. 要加快多种形式的消防队伍建设

有条件的村镇可组建专职或兼职消防队、志愿消防队,配备消防车辆和必要的消防装备器材;村委会要组织青壮年党团员积极分子建立义务消防队,经济基础比较好、企业比较集中的村可以根据消防工作的需要建立多种形式的专职消防队伍。

4. 加强火灾隐患整改,改善消防安全环境

(1)整改电气线路,规范用电行为。要抓住农村电网改造的机会,彻底更换陈旧老化电气线路,重新规范铺设电气线路,杜绝乱拉乱接现象。相关职能部门要加大执法监督力度,打击假冒伪劣电气设备,改善农村用电环境。

（2）提高耐火等级，增加防火分隔。对现有的大面积连片的土木结构的农村后院，要动员村民更换建筑材料，或采用在可燃材料上涂泥抹灰等手段，推进后院硬棚化建设，增强简易建筑的耐火性能，提高耐火等级；通过建造防火墙、开辟防火通道等方法，改善防火条件；推广秸秆燃气和沼气池建设，将大量的易燃可燃柴草充分利用起来，彻底解决农村后院大量堆放柴草的问题，减轻农村后院的火灾隐患。

（3）加强火源的管理，改变不合理的用火习惯。农村生火做饭、点灯照明、烤火取暖等使用明火比较普遍，改善用火条件对预防农村火灾意义重大。生火做饭、取暖时，炉灶周围注意不要堆放柴草等可燃物，点燃的蜡烛不要靠近可燃物，睡觉或人离开时要熄灭灯火，点燃的蚊香放在不燃支架上，吸剩的烟头及时灭掉，大风天气不乱倒炉灰，不在农户周围生火。焚烧垃圾要有专人看管，人走火熄。火柴、打火机等火种要放在小孩不易拿到的地方，加强粮食、柴草堆场的管理。从点滴做起，改变不合理的用火习惯，可以有效地预防火灾。

5. 开展多种形式的宣传教育

各乡镇政府要将消防法律法规纳入当地普法教育的内容中，有计划地进行消防安全教育，提高农民消防法制观念；教育部门要将消防安全教育纳入农村中小学生素质教育之中，通过提高学生的消防素质带动村民整体消防观念的提高；农业、科技部门要加大农村科技开发力度，大力推广秸秆还田、秸秆转化等无害化处理技术，引导农民科学利用秸秆，避免因焚烧秸秆引发火灾。

（三）村里有火灾发生怎么办

村里任何一家失火，对本村的农家乐经营都会造成不良影响。所以所有人都应该尽全力帮助灭火。一家有难，百家相助，

第二章 旅游安全保障

这也是我们中华民族的传统美德。

(1) 首先应冷静,尽快拨打火警电话(火警电话是119)并及时通知村委会。在救火车到来之前,应派人到村口等待,以便为救火人员带路,尽快到达失火地点。

(2) 火灾发生时要想办法迅速切断火灾范围内的电源。因为,如果火灾是电气方面的原因引起的,切断了电源,也就切断了起火的火源;如果火灾不是电气方面的原因引起的,大火也会烧坏电线的绝缘外皮,若不切断电源,烧坏的电线会造成短路,引起更大范围的电线着火。

(3) 如果是家庭电气设备引起的火灾,应采用盖土、盖沙的方式或使用干粉灭火器进行扑救,此时绝不能使用水或泡沫灭火器,防止因导电而发生触电事故。

(4) 关紧煤气、天然气阀门。尽可能地移开离火源最近的易燃物品,如柴草、秸秆、棉织物等。及时打开离失火地点最近的消防用水管道的阀门。

(5) 被大火困在院内、平房屋内的人,应朝逆风或与火势相反的方向逃生。

(6) 有些村民住在二层小楼里,此时住在楼上屋内的人如果打算从门的方向逃生,应首先用手轻试门把手,如果门把手很烫,就说明门外楼道火势凶猛,不能开门逃生,可考虑从窗户逃生。

(四) 注意防止日光灯火灾

日光灯是我们百姓选用的一种最常见的照明器具,它具有省电、亮度高、灯管耐用等特点。由于日光灯是靠灯管内的气体放电激发荧光物质发光的,所以日光灯发出的光称做"冷光"。日光灯灯管在使用过程中温度很低,因此人们普遍认为日光灯是"最安全"的照明灯具,绝不会引起火灾。

然而事实并非如此。1993年8月12日22时左右,北京隆福商业大厦后楼一层的礼品柜台就因日光灯引起了火灾。消防队接到火警电话后,马上赶到现场,经过7个多小时的努力扑救,直到第二天早晨5时30分才将大火扑灭。这次火灾造成的直接经济损失达21 489万元。火灾是因为柜台的售货员下班后未按规定关灯,使安装在灯箱内的一根日光灯长时间通电,造成镇流器线圈短路,线圈产生的高温引燃固定镇流器的木质材料而发生的。可见日光灯并不是"最安全"的照明灯具。

为了防止日光灯引起火灾,在家庭中安装、使用日光灯时应注意以下几点:

(1)把好质量关,绝不购买质量低劣的镇流器,不能把火灾"隐患"带回家。

(2)镇流器不能安装在可燃烧的建筑构件上,如木梁、木柱及可燃的天花板、木板上。

(3)镇流器的功率和电压必须与灯管的功率、电压相同,并按规定的方法接线。

(4)不要长时间连续使用日光灯,一定要做到人走灯灭。

三、人身安全问题

人身安全主要指游客的身体安全,这一般包括游客遇到突发病和游客因饮酒引发急病等几种情况。

(一)对游客突发病的处理

1. 昏厥

游客发生昏厥大多数是由劳累引起的。主要症状是游客突然昏倒,不省人事,面色苍白,大汗淋漓。一旦发生这种情况,应该让患者躺下平卧,头部偏向一侧并稍放低。然后解开他的领口、衣服,使其呼吸畅通。此时千万不可随意搬动病人,应首先观察他的心跳和呼吸是否异常。如果发现心跳、呼吸正常,可以轻拍患者并大声呼唤把他惊醒。如无反应则说明情况比较复杂,应立即送医院急救。

在送往医院的途中,可以采取人工呼吸和心脏按摩的方法进行急救,也可以用指甲掐或用针刺患者的人中、涌泉等穴位,促使他苏醒。如果患者有心脏病史,可让他口服硝酸甘油、麝香保心丸。

2. 关节扭伤

旅游中扭伤关节是比较常见的事情。关节扭伤后,千万不要立即搓揉按摩,也不要用热毛巾敷。应该用冷水或冰块冷敷15分钟,然后外擦松节油或涂三七粉、云南白药,或用活血、散淤、消肿的中草药,如蒲公英、马齿苋等捣烂外敷包扎。

3. 中暑

夏天在烈日中活动,老人和体弱者容易中暑。发生这种情况后,应将中暑的游客抬到阴凉通风处躺下,解松他的衣扣,用冷水或冰水敷在他的头部降温。可让他适当喝一点凉茶、冷盐水,服用人丹、解暑片等药物。也可以在病人太阳穴上擦些清凉油、风油精。

4. 急性肠胃炎

由于旅途中吃的食物或喝的水不干净,非常容易引起各种急性的肠道疾病。如果游客出现呕吐、腹泻和剧烈腹痛等症状,应立即将他送到附近医院诊治,并将他的吐、泻物按防疫要求进行消毒处理,以防止病菌传播扩散。

以上应急措施如果仍然不能使游客的病情得到缓解,应立即将他送到医院或就近找医生诊断治疗。

(二)安全饮酒,减少伤害

说起酒的历史,可谓源远流长了。在我国,早在公元前16

世纪—公元前11世纪的商朝就已经开始酿酒。的确,适量饮酒可以使人消除紧张与疲劳,恢复自信,在社会交往中可以使人感觉轻松,活跃气氛。但过量饮酒引起的危害则不可小视。

"饮酒伤肝"是每个人都知道的常识。这是因为酒的主要成分是酒精(乙醇),当酒精摄入超过肝脏的分解能力时,就会对肝细胞产生毒害,从而引起肝脏生理病理性改变,它的发展过程为酒精性脂肪肝——酒精性肝炎——酒精性肝硬化。

过量饮酒还会使饮酒者发生急性胃炎、急性胰腺炎或急性胃溃疡。长期大量的饮酒会导致营养不良、贫血,甚至引起冠心病、猝死等。由于引起神经系统的功能与结构受损,饮酒者会出现记忆和定向力的障碍,甚至导致酒精中毒性精神障碍的产生。另外,长期大量的饮酒还会出现酒精依赖的情况。

农家乐经营过程中,酒水、饮料的销售虽然可直接影响接待户的经济收入,但是也要记住,客人醉酒也可能毁掉你的声誉,毁掉你的辛劳,毁掉你的一切。所以,接待户朋友们在客人要求上酒的时候,一定要注意"察言观色",做到适时、适量、适度。一定要避免酒精急性中毒的事件在自家的饭桌上发生。

下面教你几招"察言观色"的方法。酒精急性中毒的表现通常分为三期或称三度,每期饮酒者的表现和临时处理方法如下:

(1)兴奋期:轻度中毒

饮酒者大多面色和脖子发红(也有少数面色无变化),自觉身心愉快,说话爽直,毫无顾忌。有的表现为粗鲁无礼,感情用事,喜怒无常;有的高谈阔论,滔滔不绝;还有的则寂静无言,默不作声。对轻度中毒者,我们应立即让他停止饮酒,劝其不要再饮。

(2)共济失调期:中度中毒

饮酒者的动作逐渐笨拙,身体摇摇晃晃失去平衡,行动蹒跚,举步不稳,且说话语无伦次,含混不清;通常情况下,他们一再否认自己喝醉,还反复要求和旁人大杯对饮。对中度中毒者,不仅不能让他再饮酒,而且还要劝其离席休息;同时使他多喝白开水或茶水,让酒精尽快从尿中排出,以减轻中毒症状。

(3)昏睡期:重度中毒

此时饮酒者转入朦胧状态,可能会瘫倒在桌下,酣然入睡,并有鼾声。他们面色苍白,皮肤湿冷,口唇发紫,一般瞳孔散大(个别可能正常),呼吸均匀缓慢,脉搏增快,体温偏低。此外,还可有恶心、呕吐、腹胀、打嗝等生理现象。对重度中毒者,我们要立即将他送往医院抢救。入院前(或途中)要有专人照顾,注意防止呕吐物误入气管引起窒息。

(三)按规定挂牌,安全可靠

按照北京市旅游局的要求,所有市级民俗旅游接待户,必须经过市旅游局审查批准,而乡镇一级的民俗旅游接待户必须经过乡镇旅游局批准。凡是政府批准的接待户,自家的门前应该挂政府下发的牌子,以示你的正规、可靠、安全。不按规定挂牌子的,游客可能会认为你不是正式的民俗接待户。

图2-1 经营者要按政府规定挂牌

在接待游客的过程中,农家乐经营者要注意保证游客的安全。

(1)保证游客财产安全。保证游客财产安全,一方面要建立自家的防窃体系,如安好门锁,保证窗户的插销安全、有效;有必要时可购置保险柜。另一方面要随时提醒游客提高警惕,贵重物品不要随便乱放。

(2)保证游客人身安全。游客的人身安全主要靠社会治安这个大环境来保障。社会治安良好、街坊邻里和谐的村镇,农家乐势必发展兴旺并能持续发展。在旅游接待中,如遇突发的人为恶性人身伤害事故,应立即拨打110报警,同时及时报告村民委员会。

(3)保证游客用餐安全。游客的用餐安全包括食品安全和卫生安全两个方面。我们在后面的章节将专门解释。

第三章 食品安全

在目前的农家乐接待活动中,食品安全问题是人们最关心的问题之一。它不仅关系游客的饮食安全问题和接待户的钱袋子问题,而且关系农家乐旅游的可持续发展问题,因而必须引起我们的重视。那么什么是食品安全呢?

食品安全是指食品的制作或食用等活动符合国家标准和要求,不能使消费者受害。对食品安全我们可以从三个方面理解。第一,食品安全是指任何食品不应该含有可能损害或威胁人体健康的有毒、有害物质或因素;第二,不应导致消费者急性或慢性中毒或感染疾病;第三,不应产生危及消费者及其后代健康的隐患。

本章将向大家介绍震惊世界的几个食品安全性事件、食品的污染问题、食物中毒问题以及当食物中毒发生后应该怎么办等几个问题。

一、了解震惊世界的食品安全性事件

(一)二噁英

1. 问题的发现

1999年3月,比利时几家养鸡场发现蛋鸡下蛋数量减少,肉鸡生长异常。4月下旬,比利时有关部门对肉鸡的脂肪进行化验后发现,原因是比利时9家饲料公司生产的饲料中含有致癌物质二噁英,而且二噁英的含量超过世界卫生组织规定标准的140倍。

比利时是欧盟重要的禽、蛋生产国,产品60%以上供出口。1998年,比利时肉鸡和鸡蛋的出口额为130亿比郎。

二噁英食品污染危机导致比利时卫生部长、农业部长引咎辞职;一家饲料公司的两位经理涉嫌食品污染事件而被捕;执政党在比利时国会选举时惨败;执政党宣布集体辞职,成为二噁英的政治牺牲品。

2. 二噁英的基本性状

二噁英是一种无色、无味的脂溶性物质,极易溶于和积累于生物体内的脂肪组织中。毒性比氰化钾、砒霜还要大得多。1997年,WHO国际癌症研究中心把它从致癌名单中的二级致癌物改为一级致癌物(对人肯定致癌)。

3. 二噁英的危害

1995年,美国环境保护局评价二噁英除了具有致癌性外,还具有生殖毒性、内分泌毒性和抑制免疫功能的毒害。如,二噁英可以影响小孩的生长发育,如果母体中含量高,可导致婴儿畸形,特别是使男性雌性化。

世界卫生组织1998年建议二噁英的每日摄入量为每公斤体重$1\sim4$皮克(每皮克等于10^{-12}克),各国均有限制标准。英国、德国、荷兰和美国等都制定了相应的食品中最大允许限量标准。如德国规定每100万吨牛奶中只允许有5克二噁英存在,超过就有潜在的危险。0.1克的二噁英毒量就能致数十人死亡,置上千只禽类于死地。

如越南战争期间,美国在越南撒下大量除草剂,其中混入了二噁英,受害地区出生了大量的畸形儿,事后被证实为二噁英所致。

4. 二噁英的来源

二噁英并不天然存在,只有在森林着火的时候,才会产生一点点。它的主要来源是:焚烧垃圾、汽车尾气、纸张漂白。因此可以说它是工业活动造出来的。

如,日常生活中我们所用的胶袋、汽车轮胎等塑料、橡胶做的物品等都含有氯,焚烧这些物品时会释放出二噁英。二噁英悬浮在空气中,下雨时就随着雨水落在泥土或庄稼地上,植物或动物吸收后就被污染。

二噁英与其他污染物的区别是:第一,它对人类根本无用,不像铅、汞、镉、砷等有毒金属,是因为人类的工业活动要用到它们而会不慎使人受害。第二,它非常稳定,在环境中难以分解。第三,它在自然界存在量少,与人体接触的机会也少。

二噁英进入人体的途径是:呼吸吸入、皮肤接触、食物吃入。

(二)疯牛病

1. 问题的发现

疯牛病属于传染性海绵质脑病中的一种,1985年在英国奶牛中首次发现,因它可使性情本来温和的奶牛富于攻击性而得名。20世纪80年代以来,英国约有16万例疯牛病,死于疯牛病的人已有150个左右,他们都是因为食用牛肉制品而被感染的。特别应该警告的是,疯牛病对人的全面影响要到好多年后才会显现。

如一名40多岁男子在2001年12月出现焦躁不安等症状,约一年后被诊断为疯牛病,后来死亡。这名患者1989年曾在英国待过一个月,因此被认为存在感染疯牛病的可能性。

2. 疯牛病的危害和特点

疯牛病对人类的危害是,导致病人昏睡、痴呆或死亡。人类一旦发现患有疯牛病,病症就难于逆转,死亡率几乎为100%。

牛患疯牛病的潜伏期为4~5年,临床表现为:肌肉震颤使牛烦躁不安变得好斗,牛无法控制自己的动作,活动失去平衡。

病牛一般在6个月内死去。

人患疯牛病的潜伏期很长,可达30多年。临床症状为:心理能力退化,痴呆或神经错乱,视物模糊,出现平衡障碍、肌肉收缩和不能随意运动等现象。病人一般在出现症状后2年内死亡。

3. 疯牛病的预防

目前,还没有治疗疯牛病的特效药,因而要加强食品检疫。饲料加工工艺中禁止使用牛、羊等动物的内脏和骨头做饲料。

(三)禽流感

1. 问题的发现

禽流感是禽类(鸡、鸭、鹅、鸽子等)流行性感冒的简称,这是一种由甲型流感病毒的一种亚型引起的传染性疾病综合征,被国际兽疫局定为A类传染病,又称真性鸡瘟或欧洲鸡瘟。除了鸡以外,其他一些家禽和野鸟都能感染禽流感。

1997年5月11日,1个3岁的香港男性患儿因发热、咳嗽、腹痛而住进伊丽莎白医院,并于5月21日死于肺炎、肝衰竭与肾衰竭等多种并发症。患者气管分泌物被送往香港病毒鉴定所培养,发现有典型甲型(A)流感病毒生长,后来被送往世界卫生组织设在美国、英国与荷兰的流感实验室作进一步鉴定。当年8月美国与荷兰的鉴定结果同时证实其为禽流感病毒。这是历史上第一次从人类身上分离出禽流感病毒。

最早的禽流感记录是在1878年,当时意大利鸡群大量死亡,被称为鸡瘟。到1955年,科学家证实这是甲型流感病毒。此后,这种疾病改名为禽流感。禽流感开始只在鸡、鸭等家禽中发生,而1997年5月首次在香港发现了人类禽流感,并在当地开始流行,给人类的生活、社会经济带来巨大损失。在人体中发现禽流感后,引起全球性的食品恐慌,人们"谈鸡色变"。

近年来,韩国、日本、越南、马来西亚、泰国等东南亚国家和我国也不断受到禽流感袭击。禽流感发病急,传播快,人一旦感染病毒,致死率可达100%。《中华人民共和国动物防疫法》规定禽流感为一类疫病。

2. 禽流感的分类

按病原体的类型,禽流感可分为高致病性、低致病性和非致病性三大类。

(1)非致病性禽流感。不会引起明显症状,仅使染病的禽鸟体内产生病毒抗体。

(2)低致病性禽流感。可使禽类出现轻度呼吸道症状,进食量减少,产蛋量下降,出现零星死亡。

(3)高致病性禽流感。这种病症最为严重,发病率和死亡率高,感染的鸡群常常"全军覆没"。

高致病性禽流感与普通禽流感病毒相似,一年四季均可流行,尤其在冬季和春季容易泛滥,因为禽流感病毒在低温下抵抗力较强。不同品种和不同日龄的禽类均可感染高致病性禽流感。

3. 禽流感的传染源

许多家禽如鸡、火鸡、珍珠鸡、鹌鹑、鸭、鹅等都可感染发病,以火鸡和鸡最为容易感染,发病率和死亡率都很高;鸭和鹅等水禽的易感性较低,但可带毒或隐性感染,有时也会有大量死亡。

鸡感染流感病毒后在3天内发病死亡,人一旦被感染,潜伏期为几小时至21天。禽流感的传播途径主要有病禽与健康禽直接接触和病毒污染物间接接触两种。

禽流感病毒存在于病禽、感染禽的消化道、呼吸道和禽体脏器组织中,因此病毒可随眼、鼻、口腔分泌物及粪便排出体外。含禽流感病毒的分泌物、粪便和受死禽尸体污染的任何物体

(如饲料、饮用水、鸡舍、空气、笼具、饲养管理用具,还有运输车辆、昆虫以及各种携带病毒的鸟类等)均可传播禽流感,一般通过呼吸道和消化道感染,引起发病。

目前专家们认为,我国候鸟的迁徙是禽流感最主要的传播途径。天气转暖,候鸟迁徙,带病毒的候鸟的粪便、分泌物都可将病毒感染给散养的鸡、鸭、鹅。因而控制候鸟将病毒传播给禽类最好的办法是不要将家禽散养。

4. 禽流感的临床表现

成人与儿童均可发病,无性别差异。潜伏期在21天以内。主要表现为起病急、发热、咳嗽、全身不适、肌肉疼痛、鼻塞流鼻涕、腹痛、恶心、腹泻水样便。眼结膜炎与持续高热比较常见。部分患者病情迅速加重,出现病毒性肺炎、成人呼吸窘迫综合征与呼吸衰竭、心衰及肾衰等多器官衰竭。

大部分患者经过医生治疗可以完全康复。但是发生并发症的病人病死率很高。

5. 禽流感的预防

发现禽流感100多年来,人类并没有掌握有效的预防和治疗方法,仅能以消毒、隔离、大量宰杀禽畜的方法防止其蔓延。

专家指出禽流感病毒对热非常敏感。4℃时,可存活1个月;20℃时,可存活1周;70℃时,可存活10分钟;100℃时,1分钟即会死亡。

此外,禽流感病毒对乙醚、氯仿、丙酮等有机溶剂及紫外线也很敏感。阳光直射40小时到48小时以及使用常用消毒药均可杀死禽流感病毒。

(四)口蹄疫

1. 问题的发现

据美联社报道,2002年5月韩国爆发了口蹄疫。韩国一个农场里的几十头猪突然死亡,同口蹄疫的症状相同。韩国农业部很快证实该国确实爆发了口蹄疫。口蹄疫以极快的速度在牛群和猪群中蔓延,最终韩国有1.04万头牲畜被宰掉。后来这种病毒在日本、蒙古、俄罗斯、法国都制造过恐慌。它感染牛、猪、羊等偶蹄动物,潜伏期大约在2天到2周之间。

肉猪感染口蹄疫主要是因为吃了感染病毒的饲料。而病猪呼出的大量病菌,是这种传染病迅速扩散的原因。据研究人员介绍,口蹄疫传染率可达100%,但死亡率介于5%(成年牲畜)至75%(幼畜)之间。当幼畜的心脏感染病菌后,便难逃死亡,所以幼畜的死亡率非常高。

口蹄疫是一种极易传染的人畜共患的疾病,由病毒引起。染病牲畜首先出现发烧、奶牛的产奶量下降等症状。接着牲畜嘴上会出现水泡,会有流唾液、无精打采、食欲减退、跛腿等症状,水泡破裂后,裸露区进一步扩大,又会形成二次感染。

2. 口蹄疫的特点

口蹄疫病毒对外界的抵抗力很强,在自然情况下,在含病毒的组织和污染的饲料、饲草、皮毛及土壤中可保持传染性达数周至数月,在胸肉中可存活3个月,骨髓中的病毒更可生存半年以上。口蹄疫病毒对高温和酸、碱均较敏感,直射阳光60分钟或煮沸3分钟即可杀死。

3. 口蹄疫的主要传染源

主要为患病动物,如牛、羊、猪、骆驼等偶蹄动物。患病初期的动物排毒量大,毒力强,最具有传染性。患病动物通过破溃的水疱、唾液、粪、乳、尿、精液和呼出的气体向外界排出大量的病毒。处于潜伏期和治愈后的病畜都可携带病毒并向外排毒。人也会通过皮肤上的伤口感染口蹄疫。这种病毒可以随感染或被污染的动物、产品、物品甚至人,散播到很远的地方。

4.消灭口蹄疫病毒的方法

口蹄疫病毒在70℃下经过10分钟或在80℃下经过1分钟,在1%氢氧化钠(火碱、烧碱)中经过1分钟即被消灭;在pH值为3的环境中也会失去感染性。如世界杯足球赛期间,韩国旅游部门向入境的游客承诺,入境时只需在特制的地毯上停留几分钟,即可以避免口蹄疫的侵害。这块特制的地毯应该是用火碱处理过的。

(五)瘦肉精

1.问题的发现

2001年8月22日,广东省信宜县发生严重的瘦肉精中毒事件,有大约530人中毒,其中当地学生300人。2001年11月7日,广东省河源市又一次发生瘦肉精中毒事件,484人中毒。

"瘦肉精"是一种肾上腺类的神经兴奋剂(简称β-兴奋剂)。动物食用了含有瘦肉精的饲料,能够改善养分的代谢途径,促进动物肌肉特别是骨骼蛋白质的合成,抑制脂肪合成,从而加速动物生长速度,瘦肉相对增加。

2.瘦肉精的特点

瘦肉精学名精盐酸克伦特罗。它具有分布快、消除慢的特点。食用过量的瘦肉精,可导致心跳加速、四肢颤抖、腹痛头晕,同时伴有呼吸困难、恶心呕吐等症状。长期食用"瘦肉精",会导致染色体畸变,诱发恶性肿瘤。对心脏病、高血压病人危险性极大。

为了保证肉食消费者的食用安全,我国及世界大多数国家已将"瘦肉精"列为食品及饲料中的违禁药物。

二、食品污染问题

在食物运输、储存、生产、销售等环节中,外界有害物质进入食品的过程,我们称为食品污染。

在食品原有的组成成分中,本来是不含有害物质或有害物质含量极微,一般不会对人类产生危害的。但在食品生产、加工、贮存、运输、销售、烹调及食用过程中,可能会混入外来的有害物质并超过国家规定的标准,就造成了对食品的污染。

食品污染的原因比较复杂。污染物可通过各种途径进入食品,影响食品的卫生质量,并不同程度地对人体健康造成危害。食品在从生产到上餐桌的各个环节中均有可能被污染。

(一)食品污染的种类

食品污染主要包括生物性污染和化学性污染两大类。

1. 生物性污染

生物性污染包括微生物污染、寄生虫和虫卵污染、昆虫污染。

(1)微生物污染

构成污染的微生物主要是细菌和霉菌两种。食品中的细菌污染首先来源于原料的生产、采集等环节。食品在生产、贮存、运输及销售过程中都有可能被环境、设备、餐具、容器中的一些细菌所污染;细菌可以通过手、上呼吸道等渠道污染食品;在食品加工过程中,如果不能严格贯彻烧熟煮透、生熟分开等卫生要求,就可能会使家里的食品被污染上大量的细菌,细菌还会迅速繁殖生长,从而损坏食品质量,危害人的健康。

目前已知的对人和动物危害最大的另一种微生物污染是霉菌污染。对我们人类危害最大的霉菌主要是黄曲霉毒素。黄曲霉毒素具有极强的毒性和致癌性,因此这种毒素在食品安全工作中被全世界所关注。国内外流行病学的调查结果证明,人类肝癌的发病率与该地区粮油作物中的黄曲霉污染程度有很大关系。

在粮油食品中,以发霉的花生、发霉的玉米、发霉的大米污染最为严重;蔬果污染较少。此外在坚果、发酵类食品及啤酒中也检验出过黄曲霉毒素。动物性食品不适宜黄曲霉的生长、繁殖。但是使用含黄曲霉毒素的饲料喂养家畜、家禽后,动物的肉和乳、蛋中会残留黄曲霉毒素,其含量约为动物摄入量的0.1%。例如,奶牛食用含黄曲霉毒素的饲料后,经过牛的代谢,奶汁中黄曲霉毒素的含量约为摄入量的0.1%。

因此,如果你家中的花生、玉米、大米等食品发霉了,不仅人不能食用,也不能让牲畜食用。当然也不能用它们制作花生酱、爆米花等加工食品。

我国食品中黄曲霉毒素的允许量标准见表3-1。

表3-1 食品中黄曲霉毒素允许量

食品种类	黄曲霉毒素允许量(微克/千克)
玉米	20
花生及制品	20
大米	10
食用油	10
其他粮食、豆类及发酵食品	5
婴儿乳品	不得检出

(2)寄生虫及虫卵污染

生物界中,有一些低等动物不具备在外界过自生生活的能力,必须暂时或永久寄生在其他生物的体表或体内获取营养,并给其他生物带来损害,这些低等动物称为寄生虫。被寄生虫寄生的物体称宿主。例如寄生在人体小肠内的蛔虫是寄生虫,而人则是蛔虫的宿主。由寄生虫的寄生所引起的人畜共患的疾病,称为寄生虫病。日常生活中,有可能引起的寄生虫病主要有:囊虫病、华枝睾吸虫病、蛔虫病、姜片吸虫病等。

肉制品中常见的寄生虫病是囊虫病。猪囊虫呈圆形或椭圆形,透明或灰白色,米粒至豌豆大。人吃了未煮透的患有囊虫病的猪肉,就会造成人畜间的相互感染。人患病后对健康造成危害,特别是囊虫寄生在人体肌肉中,使肌肉感到酸痛、僵硬;寄生于脑内则会使脑组织因受压迫而出现神经症状,造成抽搐、癫痫、瘫痪甚至死亡;如果进入眼部会影响视力,甚至使人失明。

为控制和消灭囊虫病,要加强肉制品的卫生检验,不吃未经检疫的肉类。

鱼贝类食品中常见的寄生虫病是华枝睾吸虫病,又称肝吸虫病。华枝睾吸虫在螺蛳体内生长后,会在水中钻入淡水鱼类或虾类的体内,经23天发育。生吃或半生吃含有华枝睾吸虫的水产品后,人体会被感染。华枝睾吸虫的幼虫对温度的抵抗力较弱,大约1毫米厚的鱼片放入90℃的热水内1秒钟即可杀死内存的华枝睾吸虫的幼虫。但它在醋中可存活2小时,在酱油中可存活5小时。如果它存在较厚的鱼肉深部,经过爆炒或炸制时,常因时间短不易被杀死,而感染人体。

此病除了因习惯吃生鱼或未煮透的淡水鱼、虾感染外,也可以通过砧板、菜刀等用具污染食物,造成疾病的传播。人体感染华枝睾吸虫后主要表现为慢性消化机能紊乱,如不规则腹泻和便秘、食欲不振、上腹部胀满、肝肿大、胆囊炎等。北京发生的131人吃富寿螺感染疾病的情况,就属于这类寄生虫污染。

预防肝吸虫病发生的主要措施有:不吃淡水生鱼或半生不熟的鱼;不吃生的贝类、螺类;在加工鱼虾贝类后要及时洗手并对炊具和餐具等进行消毒,以防交叉污染;不给家畜及其他动物吃生鱼和鱼的内脏;淡水鱼养殖禁止用人粪作饲料。

蔬菜瓜果容易引起的寄生虫病是蛔虫病。这是一种蛔虫寄生于人体小肠内引起的寄生虫病。蛔虫是一种大型的线虫,虫体黄白色,雌雄异体,圆柱状。蛔虫的寿命为1~2年。

蛔虫的虫卵可直接随粪便排出而严重污染环境。蛔虫卵可通过灰尘、水、土壤或苍蝇、老鼠及带虫卵的手污染食物,人因生吃没有洗净的食物会导致感染。患肠蛔虫病的患者有食欲减退、恶心、呕吐、脐部腹痛、磨牙、烦躁不安、营养不良等症状;若蛔虫在胆管、肝脏、肺内生长,会造成致命的并发症。

预防蛔虫病的主要措施是:养成良好的卫生习惯,饭前便后洗手;不吃未洗净的菜;加强粪便管理,达到消灭虫卵的目的。

水生植物表面寄生的寄生虫会引起姜片吸虫病。姜片吸虫主要寄生于人、猪的小肠壁。水生植物的表面有姜片吸虫及虫卵,吃了带有虫卵的水生植物,如菱角、茭白、荸荠、藕、水浮莲等,就可能会感染姜片吸虫病。

人和猪生吃了带有虫卵的水生植物后,在小肠液及胆汁的作用下成为蚴虫。一条成虫每天产卵1 500~25 000个。

人感染姜片吸虫病后潜伏期为1~3个月。轻者除食欲不振外没有其他明显症状。长期反复感染的儿童,会导致发育障碍和智能减退,有可能发展成侏儒症(小人症)。少数病人由于长期腹泻,严重营养不良可能继发肠道、肺部感染。

(3)昆虫污染

昆虫污染主要是指苍蝇、蟑螂等污染食品。这些昆虫及有害动物是造成食品污染和传播疾病的重要媒介,是对食品卫生质量的严重威胁。

苍蝇是"四害"之一,是传播肠道传染病的重要媒介,也是散布病菌,造成食品污染,引起食物中毒的祸根之一。苍蝇的繁殖发育过程很快,每年可繁殖7~8代,卵产于粪便、垃圾、动物尸体、腐烂植物中。苍蝇寿命一般 1~2 个月,越冬苍蝇可存活 4 个月以上。

苍蝇身上沾满各种微生物并往返于人、畜的粪便与食物之间,常把病源微生物、寄生虫卵带到食物上。苍蝇的生活习性是边吐边吃边排泄,因而是各种肠道传染病、寄生虫病的重要传播媒介。

蟑螂俗称"油虫",是一种棕褐色、身体油亮、行动敏捷的杂食性昆虫。蟑螂成虫寿命为 2~9 个月。食物、粪便均吃,尤其喜欢吃淀粉或糖类食物,如米饭、面包、豆粉、红糖等。蟑螂耐饥饿,喜黑暗怕阳光,多聚集在温暖、潮湿和食物丰富的地方。在 24℃~32℃最活跃,低于 4℃即停止活动,在零下 5℃时 30 分钟即可被冻死。

蟑螂与苍蝇的生活习性近似,体表和肠腔极易携带多种致病菌和寄生虫卵,除造成食品、食具污染外,还会传播肠道传染病和寄生虫病。

2. 化学性污染

污染食品的有害化学物质主要包括某些有机和无机化合物及一些汞、铅、砷、铜、亚硝胺等金属毒物和多环芳烃类物质等。化学性污染的主要种类有化学农药污染、工业"三废"污染等。

(1) 化学农药污染

常用的化学农药按用途可分为杀虫剂、杀菌剂、除草剂、熏蒸剂、植物生长刺激剂等。

农药主要是随着食物或通过食物链进入人体的。例如:水源中如果含有农药的话,则水中的浮游生物中也会含有少量的农药,由于小鱼要吃浮游生物,则小鱼的体内农药的含量就会增加,大鱼吃了小鱼,大鱼体内也就含有了农药,因此吃大鱼的水鸟也就必然受农药污染。可想而知,当人吃了受农药污染的鱼类、贝类、虾类就会对人体造成危害。

农药还可通过生物富集作用作用于人体。例如试验证明上述食物链中,如空气及水面的DDT量为1,则水生小动物、小植物中DDT含量为1×10^4,小鱼中DDT含量为1.7×10^5,大鱼中含量为6.7×10^5,水鱼为8.33×10^5,人如果吃了水鱼,就会使体内DDT的含量更高。

(2)工业"三废"污染

工厂生产排出的废水、废气、废渣中,有的含有毒重金属镉、砷、汞、铅等,有的含非金属元素及有毒化学物质酚、多氯联苯、亚硝胺类等。如果这些有毒物质不加处理就排入农田、水域、大气中,就会污染周围环境。用没有经处理的工业废水灌溉农田,其中的毒物就可能进入粮食和蔬菜中;工业废水流入河流,所含有毒或有害物质,特别是重金属,会在水产动物、植物体内越积越多,人长期食用这些被污染的食物,可能会造成中毒。

(3)食品添加剂污染

随着食品工业和化学工业的发展,食品添加剂的种类和数量不断增加,防腐剂、发色剂、疏松剂、漂白剂、品质改良剂、香精、香料等的使用日益广泛,如果用量不当或添加剂本身不符合卫生要求,就会造成食品的污染。

例如在我国广大农村,红白喜事有做花馍的习惯。花馍用的红绿色素通常为化学合成色素。化学合成色素是用煤焦油做成的,所以又称为煤焦色素或苯胺色素。我国食品卫生法中规定食品加工中允许使用的化学合成色素有十几种,但由于苯和胺对人体有害,所以在使用量上有严格的规定。

市场上销售的化学合成色素的最大用量标准一定要牢记:红色素:0.05克/千克,黄色素:0.1克/千克,蓝色素:0.1克/千克。

在我国广大农村,有用硝酸盐或亚硝酸盐腌制肉类做腊肉的习惯,硝酸盐或亚硝酸盐的水溶液俗称硝水。用适量硝酸盐腌制肉类,不仅可以起到防腐作用,利于保存,而且腌过的肉风味好,色泽红润。但食用过多的硝酸盐对人体健康不利,所以我国在使用量上也有严格的规定。

记住,你可以用硝水腌肉,但是一定要注意用量。市场上销售的硝酸盐或亚硝酸盐,我国允许的最大用量标准为:硝酸盐:0.5 克/千克,亚硝酸盐:0.15 克/千克。

(4)食品包装材料污染

我国传统的食品容具,一般是用竹、木、金属、玻璃、搪瓷和陶瓷等制作的。多年的使用实践证明,大多数材料对人体比较安全。目前,随着食品工业和化学合成工业的发展,出现了很多新型合成材料制作的食具。塑料、涂料以及橡胶等都可用于制作食具,或作为包装食品的材料与食品直接接触。还有些人喜欢用报纸等包食物。请注意,报纸、印刷商标图案的油墨中可能含有多氯联苯、铅等对人体有害的物质,易被油脂多的食物所吸收;陶瓷容器中的铅、某些塑料包装材料中的氯乙烯等对人体有害的物质都可能污染食品。

还有一些农家乐经营户,本来使用的容器、包装材料是卫生的、安全的,但是在使用中由于个人的卫生习惯不好,使容器、包装物污染食品。如有些家庭将锅、盆、碗随手放在地上;洗好的容器不消毒、不遮盖等。这些不良的生活习惯都会造成食品污染。

菜点制作过程不科学也会造成食物污染。熏烤食物时,食品直接与炭火接触,会使食物受到污染,如明火烧烤鸡、羊等动物;烹调过程中,原料中的脂类因受高温而形成有害物质,如高温油炸食物;熟肉、鱼在腌制时加入了过量亚硝胺等有一定危害的物质。

(二)食品污染的危害

食品被污染以后,主要有三个方面的危害。

1. 使食品腐败变质

动物性食品的腐臭、粮豆的霉变、油脂的酸败、果蔬的腐烂等现象,都说明食品已腐败变质。腐败变质的食品失去了营养价值,不能食用,否则对人体有害,有时还会引起食物中毒。食品被污染后,更容易腐败变质,对人体造成危害。

2. 造成急、慢性中毒

食品受到污染后,在一定条件下,对人体可能产生一定的毒性。这些毒性对人体有毒害作用,会引起生理功能性的改变,出现急性或慢性疾病。如长期摄入微量黄曲霉毒素污染的粮、油食品,就会引起肝脏病理变化。由污染食品引起的慢性中毒不易被发现,影响面往往比急性中毒还大。如1959年日本由于工业污染了河流,造成水稻中镉的含量增加,使许多日本人得了"痛痛病"。

3. 致畸、致癌、致突变

自然界中的某些物质,包括食物中的部分外来化学物质,可以通过母亲身体的作用使胚胎畸形,这种作用称为致畸作用。

某些化学、物理、生物性因素能引发动物和人类患上恶性肿瘤,从而增加肿瘤发病率和死亡率。这种作用称为致癌作用。如过量使用发色剂对肉类进行加工,在食品中就可以形成强致癌物质。

突变是生物细胞内的遗传物质——染色体出现了变化。突变本来是生物界的一种自然现象,从生物进化的观点看,通过突变才能形成新物种,生物界才有进化,对生物群体有利。但对大多数个体来说,突变是有害的,会使细胞活力减弱,胚胎早期死亡,后代出现畸形和先天性遗传缺陷。从食品安全的角度看,人们一般认为突变是毒性作用的一种表现,食物中的某些外来物质会引起突变。

三、食物中毒问题

食物中毒是人吃了"有毒食物",引起的急性疾病的总称。食物中毒概念中的"有毒食物"指的是食用者是误食的有毒食物。这种食物看起来是可以吃的,吃的数量又很正常,吃过后却使健康人发病。食用各种被有毒有害物质污染的食品后,发生的疾病一定是急性疾病。食物中毒有以下特征:

第一,潜伏期短,突然地和集体地爆发。来势凶猛,短时间内可能有大量病人同时发病。潜伏期一般不会超过24小时。

第二,症状相似,所有病人都有类似的临床表现。多见的是急性肠胃炎症状。

第三,与可疑食物有关,使发病人数呈突然上升又迅速下降的趋势。发病范围局限在食用某种有毒食物的人群,一旦停止食用这种食物,人群中再也没有新的发病者。

第四,病人与健康人之间不直接传染。

(一)食物中毒的种类

1. 细菌性食物中毒

细菌性食物中毒主要包括沙门氏菌属食物中毒、蜡样芽孢杆菌食物中毒、副溶血性弧菌食物中毒、病原性大肠杆菌食物中毒。

(1)沙门氏菌属食物中毒

沙门氏菌属是细菌性食物中毒中最常见的致病菌。世界上最大的一起沙门氏菌属食物中毒事件发生在1953年,当时瑞典由吃猪肉引起了食物中毒,中毒人数有7 717人,死亡90人。

我国1959年在南宁市因吃鸡肉而发生了沙门氏菌属食物中毒，中毒人数有1 061人；1972年青海省同仁县因吃牛肉引起中毒，中毒人数1 041人。

沙门氏菌种类多、分布广，适宜繁殖的温度为37℃，但在18℃~20℃时也能繁殖。对热的抵抗力很弱，在60℃时经20~30秒即可被杀死。在自然环境的粪便中可生存1~2个月，在水、牛奶及肉类中能生存几个月。常见引起中毒的食品有各种肉类、鱼类、蛋类和乳类，其中以肉类占多数。

沙门氏菌属食物中毒的预防方法是：

第一，防止肉类制品生熟交叉污染，做到生熟分开。刀、案板、盆都应该做到生熟分开。

第二，低温冷藏是控制该菌繁殖的最有效方法。生肉买回家后，要把它放在5℃以下的冰箱冷冻室中冷冻，低温可使沙门氏菌受到抑制。熟肉买回家后，要放在冰箱的冷藏室中冷藏。食物放置一定要做到生熟分开。

第三，沙门氏菌一般在加热至75℃时，8~10分钟就会死亡；肉制品深部温度达到80℃时，细菌在12分钟内就会死亡。所以高温杀灭沙门氏菌是最有效的方法。

（2）蜡样芽孢杆菌食物中毒

蜡样芽孢杆菌广泛存在于自然界的土壤、灰尘中，在15℃~50℃范围内只要有充足的水分、适当的营养就可以繁殖。它最容易污染的食物是米饭、馒头、包子等淀粉类食品，尤其是剩米饭、剩面条，当这些食物留到下顿或第二天食用时，如果食用前不能充分加热，极易发生食物中毒。蜡样芽孢杆菌还容易污染熟肉制品和乳制品，引起食物中毒。

预防蜡样芽孢杆菌中毒最好的方法是抑制它的生长。平时家里做主食要有计划，做饭的数量以满足一餐需要为好。如果有剩饭一定要进行双加热。即当餐剩饭立即上笼屉加热,晾凉后低温存放;再食用前要再次加热。剩米饭不要与新米饭掺和在一起,否则也会引起中毒。

(3)副溶血性弧菌食物中毒

副溶血性弧菌又称嗜盐菌,它广泛存在于海水中。在温度、湿度适宜,含盐量3%左右的环境中可以迅速生长繁殖,海鱼、虾、蟹、贝壳类等海产品中这种菌的带菌率很高。夏秋季节捕捞的海产品比冬天捕捞的带菌率更高,可达80%~100%。

副溶血性弧菌对热的抵抗力较弱,加热到60℃,保持5分钟即可使细菌死亡;加热到80℃,1分钟即死亡。对醋或姜、蒜都很敏感,大蒜液对它有较强的致死力。副溶血性弧菌食物中毒主要是由于食用海产品引起的,如吃了被该菌污染较重的生拌鱼片、生拌螃蟹肉、咸蛤蜊肉等。烹调加热不充分,也可能会引起中毒。

预防副溶血性弧菌食物中毒的最有效措施是不生食水产品;食用水产品必须烧熟煮透。

(4)病原性大肠杆菌食物中毒

按大肠杆菌对人体肠道的影响,病原性大肠杆菌一般分为致病性大肠杆菌、非致病性大肠杆菌两大类。在致病性大肠杆菌中又有产肠毒素大肠杆菌、肠侵袭性大肠杆菌和肠出血性大肠杆菌三种。其中以产肠毒素大肠杆菌为多见,一般引起肠炎;以肠出血性大肠杆菌的毒性最强,可引起败血症。

致病性大肠杆菌食物中毒的预防与沙门氏菌属食物中毒的预防相同。

2. 动物性食物中毒

动物性食物中毒主要包括鱼类组胺中毒、河豚毒素中毒。

(1)鱼类组胺中毒

鱼是有鲜味的食物,使鱼呈鲜味的化学成分是一种构成蛋白质的成分,叫组氨酸。但是当鱼不新鲜有腥味或鱼体腐败后,组氨酸在鱼体内酶的作用下,就转变成为组胺。组胺能引起食物中毒。鲐鱼、金枪鱼、沙丁鱼、秋刀鱼、竹筴鱼等青皮红肉的鱼组氨酸含量较高。当鱼体不新鲜或腐败时,组胺生成也较多,引起食物中毒的可能性最大。

预防鱼类组胺中毒最好的方法是防止鱼类腐败变质。食用鲜、咸的青皮红肉类鱼时,烹调前应去内脏,洗净,切段后用水浸泡几小时,然后红烧或清蒸、酥焖,不宜油煎或油炸,可适量放些雪里红或红果,烹调时放醋,这样可以使组胺含量下降。

(2)河豚毒素中毒

河豚分布于世界各地,约有100多种。河豚嘴小头圆,背部黑褐色,腹部白色,大的长达1米,重10公斤左右,眼睛平时是蓝绿色,但可以随着光线的变化自动变色。身上的骨头不多,而且背鳍和腹鳍都很软,长着两排利牙,能咬碎蛤蜊、牡蛎、海胆等带硬壳的食物。河豚虽然有剧毒,但肉质柔嫩,口味鲜美无比。

河豚鱼肉虽然非常鲜美,但加工处理不当,就会引起急性中毒,而置人于死地。河豚的鱼皮、鱼血、鱼内脏都含有大量毒素且毒性很强;鱼的肠管、眼睛、鳃部等处毒性次之;鱼肉多数无毒,但个别品种的鱼肉中也含有一定量的毒素。河豚毒素为神经毒素,其毒性比氰化钾要高近千倍,河豚毒素对人的致死量为0.5毫克。

在日本,每年都有近200人因食河豚而死亡。故世界卫生组织已禁食河豚。在中国,为了保障人的生命安全,国家明文规定不允许餐饮业经营、加工、供应河豚。

3.植物性食物中毒

植物性食物中毒主要包括扁豆中毒、豆浆中毒、毒蘑菇中毒、鲜黄花菜中毒、苦杏仁中毒、发芽马铃薯中毒等。

(1) 扁豆(四季豆)中毒

扁豆按老百姓的说法叫豆角。不论是长的还是短的,也不管是圆棍的还是扁片形状的,我们统统称为扁豆。引起扁豆中毒的情况主要有两种:一是扁豆未炒熟、煮透,二是用扁豆做馅,吃饺子、包子等。

扁豆中含有一种苷类物质叫皂素,它对人体的消化道黏膜有强烈刺激作用,可以引起消化道充血、肿胀及出血性炎症,所以中毒后有恶心、呕吐、腹泻等症状。皂素还可以破坏红血球,有溶血作用。

另外在许多种豆类的种子里、下霜前后的扁豆皮中含有胰蛋白酶抑制素。胰蛋白酶抑制素对胃、肠道也有一定的刺激作用。无论是皂素,还是胰蛋白酶抑制素,都属于植物凝血素,都可以通过加热的方法使它们挥发掉。大量的调查资料表明,扁豆中毒的主要原因与制作方法有关。凡是采用急火快炒的方法做出的颜色青绿、生硬、吃起来豆腥味浓的扁豆,发生中毒的较多。凡是微火焖烧的扁豆,从未有中毒事件发生。所以预防扁豆中毒的方法很简单,煮熟焖透,它的毒素就会被破坏。

为什么说扁豆馅的包子、饺子容易引起中毒呢?因为包子、饺子的馅是包在面皮内部的,有毒物质在制熟过程中不易挥发。所以北京地区几乎每年都有因食用豆角馅的包子、饺子而中毒的事件,特别是集体食堂因一次加工太多的豆角,不易煮透而容易发生中毒事件。

(2) 豆浆中毒

豆浆与豆角一样,也含有胰蛋白酶抑制素。喝没有煮透的豆浆会发生豆浆中毒事件,这是因为未经煮沸的豆浆里含的胰蛋白酶抑制素,对人体的消化道有刺激作用。

煮豆浆时,我们常常把豆浆的"假沸"溢锅误认为是已煮开,其实此时豆浆的温度只有80℃,80℃时胰蛋白酶抑制素还没有挥发尽,必须将豆浆加热升温至100℃之后,待豆浆的泡沫由大泡转为小泡,再至自然消失,此时胰蛋白酶抑制素等有害物质才挥发干净。一般情况下,豆浆开锅后,要小火再煮10分钟。

(3)毒蘑菇中毒

毒蘑菇中毒往往是因误食野生蘑菇引起的,多发生在夏、秋季节。毒蘑菇的有毒成分较为复杂。主要有可以毒杀苍蝇而得名的毒蝇碱、毒蝇母、毒肽、毒伞肽等。毒蘑菇中毒时,往往是几种毒素的联合作用,中毒的症状也多样,如不及时抢救死亡率较高。

我国的毒蘑菇(毒菌)种类很多,分布也很广泛。在广大山区农村和乡镇,误食毒蘑菇中毒的事件比较普遍,几乎每年都有严重中毒致死的报告。毒蘑菇中毒曾经被作为多发性食物中毒的原因之一。那么哪些蘑菇是有毒的呢?下面我们介绍几种在我国华北地区常见的毒蘑菇。

第一种:毒粉褶菌

毒粉褶菌有毒,不可食用。误食中毒后,潜伏期短的约半小时,长的有时长达6小时,发病后出现强烈恶心、呕吐、腹痛、腹泻、心跳减慢、呼吸困难、尿中带血等症状。

第二种:毛头鬼伞

毛头鬼伞又称鸡腿蘑、毛鬼伞。春季至秋季在田野、道旁、公园内生长,雨季甚至可在茅屋顶上生长。这种蘑菇一般可食用,但含有一些刺激胃肠道的物质,食后可能引起中毒,与酒类(如啤酒)同吃更容易引起中毒。

第三种:白毒鹅膏菌

白毒鹅膏菌毒性极大,毒素为毒肽和毒伞肽。中毒症状主要以肝损害为主,死亡率很高。

第四种：臭黄菇

臭黄菇在广西叫鸡屎菌、黄辣子、牛犊菌，在四川叫油辣菇，在福建叫牛马菇。此菌在四川等地被群众晒干、煮洗后食用。在不少地区往往发生食后中毒的情况。主要表现为胃肠道病症，如恶心、呕吐、腹痛、腹泻，甚至精神错乱、昏睡、面部肌肉抽搐、牙关紧闭等症状。一般发病快，初期及时催吐可减轻病症。

第五种：粪锈伞

粪锈伞疑有毒，不可食用。

第六种：细褐鳞蘑菇

细褐鳞蘑菇带有毒性，有很强的石碳酸气味，食用后会引起呕吐或腹泻等中毒症状。

第七种：毛头乳菇

毛头乳菇有毒，含胃肠道刺激物。食用后可引起胃肠炎或产生四肢末端剧烈疼痛等病症。

第八种：粉红枝瑚菌

粉红枝瑚菌又称珊瑚菌、扫帚菌。不宜采食，食用后往往中毒，但经煮沸浸泡冲洗后可食用。中毒症状为比较严重的腹痛、腹泻等胃肠炎。

长期以来毒蘑菇的鉴别是人们十分关心的事，有关方面曾做过大量科普知识的宣传工作，但误食中毒事件仍屡有发生。

关于毒蘑菇的鉴别问题目前并没有可靠的方法。根据民间百姓的生活经验，人们总结了识别毒蘑菇的七种基本方法，我们可以借鉴一下。

第一，通过生长地判断。可以食用的蘑菇多生长在清洁的草地或松树上，有毒蘑菇往往生长在阴暗、潮湿的肮脏地带。

第二，通过颜色判断。有毒蘑菇的表面颜色一般比较鲜艳，有红、绿、墨黑、青紫等颜色，特别是紫色的蘑菇往往有剧毒，采摘后易变色。

第三,通过形状判断。无毒蘑菇的菌盖比较平,伞面平滑,菌面上无轮,下部无菌托;有毒的蘑菇菌盖中央呈凸状,形状怪异,菌面厚实板硬,菌秆上有菌轮,菌托秆细长或粗长,容易折断。

第四,通过分泌物判断。撕断采摘的新鲜野蘑菇的菌秆,无毒的蘑菇分泌物清亮如水(个别为白色),菌面撕断后不变色;有毒的分泌物稠浓,呈赤褐色,撕断后在空气中易变色。

第五,通过气味判断。无毒蘑菇有特殊香味,有毒蘑菇有怪异味,如辛辣、酸涩、恶腥等味。

第六,通过简单测试判断。在采摘野蘑菇的时候,可用葱在蘑菇盖上擦一下,如果葱变成青褐色,证明有毒,如果不变色则无毒。

在煮野蘑菇时,放几根灯芯草和一些大蒜或大米同煮,蘑菇煮熟后,灯芯草变成青绿色或紫绿色则有毒,变黄者无毒;大蒜或大米变色则有毒,没变色则无毒。

第七,通过化学方法判断。将采集或买回的可疑蘑菇,榨取汁液,浸湿纸后,立即在上面加一滴稀盐酸或白醋,若纸变成红色或蓝色就有毒。

(4)鲜黄花菜中毒

鲜黄花菜,也叫金针菜。绿梗、绿叶,开黄花,十分好看。鲜黄花菜中含有一种化学物质叫秋水仙碱,秋水仙碱本来无毒,人吃了以后因为在胃肠内吸收缓慢,可以氧化成二秋水仙碱。二秋水仙碱有剧毒。

鲜黄花菜中毒主要与食用方法和食用量有密切关系。中毒的主要原因是大量食用未经煮泡去水或急炒加热不彻底的鲜黄花菜。所以在食用鲜黄花菜时,必须用开水将菜烫透后捞出沥干水分,然后再烹调;或者先用水浸泡、过滤几次,加热后再食用。干黄花菜无毒,食用很安全。

(5)苦杏仁中毒

北京山区有许多地方产杏,杏仁的产量自然不低。杏仁有甜的,也有苦的,甜杏仁无毒,可做菜,做饮料,做点心馅,但苦杏仁中含有可以杀死人体细胞的剧毒物质氢氰酸,食用后可发生中毒。

氢氰酸是一种遇热容易挥发的物质,所以将果仁去皮后,再反复用沸水煮冷水泡可以去毒。注意,煮的时候不要加盖,要让有毒的氢氰酸充分挥发,即可以大胆食用。如我国有些地区爱喝杏仁茶,是将杏仁磨浆再煮熟,使氢氰酸挥发掉后制成的。

甜杏仁因含氢氰酸的量比较小,故可放心食用。但也有资料表明,即使是甜杏仁,一次吃多了,也有中毒表现。

(6)发芽的土豆中毒

土豆又称马铃薯,由于品种、贮存季节、制作方法、食用部位、食用量的不同,常常引起食物中毒。特别是食用发芽的土豆,带皮食用青皮或紫皮的土豆。

引起土豆中毒的毒素主要是龙葵素这种化学成分。这种有毒物质加热、水泡都不能去掉。龙葵素的中毒量一般认为是一次摄入 200 毫克即可发病。它对人体有腐蚀性及较强的黏膜刺激性作用,能溶解血球,引起脑充血和水肿,会使运动及呼吸中枢麻痹。病人多有咽喉瘙痒和心窝部烧灼感,继而恶心、呕吐、腹痛、头痛,时出冷汗,体温升高,瞳孔放大,全身无力,严重时将致人死亡。

龙葵素在土豆体内以发芽部位含量最多,100 克土豆芽约含龙葵素 1 275~2 000 毫克;土豆皮处次之,100 克土豆皮约含 81.2~137.5 毫克;土豆肉含量最少,100 克土豆肉约含 1.67~

19.4毫克。根据以上情况,我们只要把含龙葵素较多的土豆芽及芽眼周围0.2~0.5厘米处的土豆皮和肉的结合部分全部去除,把青、紫土豆皮全部削掉即可安全食用。

(7)鲜木耳

春夏季,特别是雨后,是木耳疯长的季节,有些农家乐接待户朋友认为,刚采摘的木耳鲜嫩可口。但是需要提醒大家的是:最好不要立刻食用,因为新鲜木耳含有一种卟啉类光感物质,人食用后,会随血液循环分布到人体表皮细胞中,受太阳照射后,会引发日光性皮炎。这种有毒光感物质还易被咽喉黏膜吸收,导致咽喉水肿。所以自采的木耳应该晒干后再食用。

(8)南瓜

南瓜不仅绵甜适口,而且含有大量的淀粉、糖类、矿物质和维生素等。正因为南瓜好吃,许多农家秋后都把南瓜贮存起来,以便冬季食用,存放时间一般都在三四个月左右。如果保管不善,南瓜会腐烂变质,人吃了这样的南瓜就会中毒。南瓜的瓜瓤含糖量很高,贮存时间长了,瓜瓤就要进行无氧分解,产生酒精。如果是破损的南瓜,瓜瓤就会进行有氧酵解,产生大量的亚硝酸盐,使瓜体生霉变烂,瓜味变臭。人吃了带酒精味的南瓜,会感到头昏、瞌睡、全身疲软,严重的还会上吐下泻。

如果吃了带亚硝酸盐的南瓜,部分人皮肤会出现青紫的颜色、头痛、晕眩、恶心、吐泻,严重的全身皮肤变青变紫,如不立即抢救,还会致人死亡。

所以预防南瓜中毒应注意以下几点:第一,凡有异味或腐烂的南瓜坚决不要吃。第二,不要存放嫩的或有破伤的南瓜。第三,老南瓜要放在通风干燥的地方,存放时间不要太长。

(9)鲜蚕豆

新鲜蚕豆比干蚕豆容易致病,研究发现新鲜或阴天采集的蚕豆皮中含有较多的毒性物质。晒干后,蚕豆皮中的有毒物质被氧化,毒性因而减低。

有的人体内缺少某种酶,食用鲜蚕豆后会引起过敏性溶血综合征(俗称蚕豆病)。症状为全身乏力、头晕、肠胃不适、贫血、黄疸、肝肿大、呕吐、发热,腰痛甚至血尿等,若不及时抢救,会因极度贫血而死亡。这主要是因为蚕豆中含有两种核苷,一种是蚕豆嘧啶葡糖苷,另一种是伴蚕豆嘧啶核苷,它们在弱酸环境中被 β - 糖苷酶分别水解为蚕豆嘧啶和异乌拉米尔。这两个糖苷配基在体内能降低红细胞的 GSH 含量,使红细胞不能将氧化的谷胱甘肽还原,从而干扰 β - 磷酸葡萄糖脱氢酶,造成还原型辅酶Ⅱ的缺乏,最终发生溶血。

维生素 C 对两个糖苷配基是有协同作用的,有的人吸入蚕豆花粉也能发生中毒,多数鲜蚕豆中毒发病于餐后 5~24 小时,曾有死亡报道。无论吃煮蚕豆或鲜生蚕豆后都可能发生中毒。

蚕豆病引起食物中毒发病情况比较复杂,一般只发生于某种酶(β - 磷酸葡萄糖脱氢酶)缺乏者,但并非所有的缺乏者吃蚕豆后都发生溶血;蚕豆病者每年吃蚕豆,但不一定每年都发病;而且与所食蚕豆量的多少无平行关系;一般成年人的发病率显著低于小儿。

(10)腐烂的姜

姜含有挥发性的姜油酚、姜油酮等,有芳香辣味,可解表散寒、解毒,所以在制作某些寒性食品时必须用姜;烹制水产原料时也必须用姜;制作某些野味时也无姜不烹。在烹调上常用的姜有两种:嫩姜和老姜。嫩姜又称"芽姜"、"子姜",质地脆嫩,含水分多,纤维少,辛辣味较轻。老姜多在 11 月份收获,质地老,纤维多,有渣,味较辣。

发芽的姜是可以吃的。我们把发芽的姜切开,可以发现里面的肉质干空、纤维变粗,说明姜的营养成分已经开始减少,营养价值降低,但其主要成分并没有发生变化,因此此时食用不会出现中毒或其他不良反应。而实际上,市面上大多数的姜都有芽,只是不明显而已。但姜发芽后如保存不当,就会开始腐烂并滋生细菌,这时如果吃下就会造成腹泻。民间有"烂姜不烂味"的说法,意思是烂的姜一样能吃,这其实是错误的。

因为当生姜腐烂时,姜体内会产生毒性很强的黄樟素,人食用后会使肝细胞变性、坏死,从而诱发肝癌,严重影响身体健康。因此绝对不能食用。

那么,怎样才能使姜保存得更久?办法很简单,只要将姜装在塑料袋里,再把塑料袋口密封就可以了。这样袋内姜蒜释放出的二氧化碳就无法散发出去,同时也阻隔了水分的进入,使姜处于适宜休眠的状态,可以防止腐烂。

(11)变质白木耳

银耳又叫白木耳,是我们食用和馈赠亲友的高级营养滋补品。但由于有变质银耳的掺入,食后往往会造成食物中毒。

变质的银耳中含有大量的黄曲霉菌,其毒素在一般蒸煮条件下尚不能被破坏,食后极易引起中毒。大多是在食后 3~72 小时发病,患者开始表现为头痛、头晕、呕吐,有少数人可伴有腹泻、舌及肢体的麻木,有的还会出现咳血、尿血、少尿或尿闭,病情严重时表现为神志不清、四肢抽搐,皮下淤点淤斑,有的人甚至出现四肢发凉、脉搏微弱、血压下降,最后可因肾功能衰竭、肝坏死、脑疝、脑水肿而导致休克及死亡。因此,一旦发生银耳中毒,应立即到医院进行急救。

正常的干银耳为略带黄色的白色耳片,蒂头无黑斑或杂质,手感干燥,肉质肥厚,无异味,在水中浸泡可膨胀到 8~15 倍,无酸味和其他怪味;变质后晒干或干燥后又受潮变质的银耳,色泽呈暗黄,蒂头不干净,甚至有黑斑,手感发潮发软,有酸霉味和其他异怪味。此外,市场上有一种表面上看色泽晶莹的银耳,实际上是用变质发黄发黑的银耳用硫黄熏制加工的,存放不久便会"原形毕露"。识别的方法是:取一片银耳放入口中咀嚼,感觉有明显刺辣味的便是变质的。

(12)霉变红薯

红薯储存不当,特别是碰伤裂口破皮的地方,易被黑斑病菌污染引起霉变。红薯受到黑斑病菌的污染,就会使表面出现黑褐色斑块。黑斑病菌排出的毒素中含有番薯酮和番薯酮醇,会使番薯变硬、发苦,所产生的剧毒对人体肝脏影响很大。这种毒素即使用煮、蒸和烤的方法均不能破坏。所以无论是生吃或熟吃有黑斑病的番薯,均能引起中毒。中毒的表现为恶心、呕吐、腹泻、肌肉震颤、瞳孔散大,重者危及生命。病死率可达16%。

预防黑斑病番薯中毒的方法主要有以下两点:第一,不要吃变质、发硬、味苦的番薯和霉变的番薯干。第二,储存番薯前,要将番薯表皮晒干。地窖应选择地势高、干燥、不漏水处,垫草要洁净。种在低洼处的甘薯或被水淹过的番薯应尽早食用,且不宜做种子。

表3-2 容易引起食物中毒的食物

食物名称	原因	有害物质	中毒症状	预防措施
扁豆	未烹熟	凝集素、溶血素	头痛、头晕、恶心、呕吐、腹泻	煮透
黄花菜	新鲜	二秋水仙碱	恶心、呕吐、腹痛等,重者便血尿血	晒干

续表

食物名称	原因	有害物质	中毒症状	预防措施
白薯	有黑斑、发硬	黑斑病菌	恶心呕吐、腹痛腹泻、体温升高、呼吸困难、肌肉震颤、瞳孔扩大甚至引起死亡	不食
酸菜	未腌透	亚硝酸盐	急性亚硝酸盐中毒	腌制后两星期以上食用
南瓜	久存	酒精		去尽瓜瓤,检查有无酒精味
苦瓜	瓜子苦	苦瓜甙	头晕,腹痛	不食
蔬菜（菠菜、莴苣、萝卜）	储藏过久	硝酸盐还原成亚硝酸盐	头痛、腹痛、腹泻、呕吐	不食
姜	烂	黄樟素	引起肝细胞中毒、变性,损害肝功等	不食
西红柿	色青	龙葵素	口腔有苦涩感,会出现恶心、呕吐、头晕、流涎等症状	不食
豆浆	未熟	胰蛋白酶抑制素	刺激消化道	煮沸后小火煮10分钟

续表

食物名称	原因	有害物质	中毒症状	预防措施
蘑菇	毒	毒蝇碱、毒蝇母、毒肽、毒伞肽	恶心、呕吐、腹痛、腹泻、心跳减慢、呼吸困难、尿中带血等多种症状	不食未食过的蘑菇
杏仁	苦	氢氰酸		煮泡
土豆	发芽	龙葵素	咽喉瘙痒、心窝部烧灼感,恶心呕吐,腹痛、头痛,时出冷汗,体温升高,瞳孔放大,全身无力,直至人死亡	不食

4.化学性食物中毒

经营农家乐的朋友们,你可千万不要认为化学性食物中毒与自家没有直接关系。化学性食物中毒在我国的发生率农村高于城市,且没有明显的季节性,一年四季都可能发生。化学性食物中毒发病率和病死率都较高,大多为集体性爆发。发病的原因主要有以下几种。

(1)化学农药中毒

我们在农作物上洒用的农药都有严格的安全使用标准,以保证农作物上市后农药残留量不超过国家允许的残留标准,保证长期食用不影响人体健康。农村百姓家庭中造成农药食物中毒的原因大多是由于违反农药使用和管理制度,滥用和误用农药。例如将盛放化肥的盛器与食品容器混用,刚刚施过化肥的农作物就采摘食用。在这里提醒有果园的朋友们,在水果采摘的季节,不要喷洒化学农药。

(2) 砷化物中毒

常见的引起砷中毒的砷化物是三氧化二砷,俗称砒霜、信石,三氧化二砷有剧毒,可引起急性中毒致人死亡,也可因蓄积作用而致慢性中毒。天然食品中含砷量很少,不致引起中毒。造成食物中毒的主要原因是由于砷化物混入食品,如食品原料中含砷过高、含砷杀虫剂等混入食物等。如1957年,日本就发生了一起固体酱油引起的砷中毒事件。

(3) 甲醇中毒

甲醇的毒性比其他醇类要大。中毒后的病理变化是脑水肿、充血,脑膜出血,肺出血,肺水肿等。甲醇的致死量是30毫升,摄入5~10毫升可引起严重中毒,摄入10毫升以上则可导致眼睛失明。甲醇对视网膜细胞有特殊的毒性作用,会使视觉神经萎缩,还可引起视神经系统的功能障碍,对肝脏也有毒害作用。

甲醇食物中毒的主要原因是食用假酒。有些不法商贩用工业酒精兑制假酒销售,这极易引起甲醇食物中毒。所以,经营农家乐的朋友们,一定要从正规的商店进货,千万不能贪图一时的小便宜,而造成大祸。

一旦发生甲醇中毒,必须及时去医院救治。

(4) 亚硝酸盐中毒

腐烂的蔬菜最易形成亚硝酸盐。腌肉制品,如咸肉、香肠等,为了使肉显红色,而过量采用硝酸盐或亚硝酸盐(俗称快硝),食用后很有可能引起中毒,另外,用不清洁的器皿盛熟菜

(蔬菜),存放时间过久,细菌大量繁殖,也有可能生成亚硝酸盐。

亚硝酸盐中毒量为0.3~0.5克,致死量为3克。为预防亚硝酸盐中毒,必须妥善保管蔬菜。剩蔬菜不要存放过久,尤其是绿叶菜,应现买,现烹,即食,最好不吃过夜的剩菜,不吃腐烂的蔬菜。同时,不能用蒸锅水煮饭,不喝反复烧开的"千滚水"。

另外,家里腌制咸菜时,一定要放足量的盐,并且要腌透。因为食盐的浓度在12%以下易产生亚硝酸盐,没有腌透的咸菜盐与菜中的化学成分反应可产生较多的亚硝酸盐,所以家庭腌制咸菜必须在20天以上才可食用。

四、食物中毒的现场处理

根据食物中毒的特点,当确认食物中毒事件发生时,首先应及时将中毒的病人送往最近的医院。食物中毒的抢救工作是否正确、及时,直接关系病人的生命安危,因此必须尽快进行抢救。其次要尽快报告当地卫生防疫部门,以便对食物中毒作及时的现场处理。

(一)剩余食物及患者排泄物处理

对引起食物中毒的残余食品不能随便乱仍,应在煮沸15分钟后销毁,液体食品可与漂白粉混合消毒。患者的排泄物可用20%的石灰乳或漂白粉乳状液、5%的来苏水等消毒,饮食器具应用1%~2%的碱水或肥皂水煮沸或用漂白粉溶液进行消毒。污染的家具、墙壁、地板也应洗擦消毒。

(二)及时处理污染源

家中如有肠道传染病患者、带菌者,以及患上呼吸道感染或化脓性皮肤病的人员,应暂时停止农家乐经营。

(三)及时报告

食物中毒如果是由于购买的食品带菌或含有有毒物质引起的,应及时报告当地卫生防疫站,采取必要措施,以防止有毒食物继续销售,防止食物中毒事件继续发生。

此外,还应针对此次食物中毒事件,找出中毒的原因,并制定有关卫生制度、规则,落实防范措施,杜绝食物中毒事件再次发生。

第四章　营养搭配

我们平时所吃的食物本身具有十分复杂的成分,人体本身也是一个非常复杂的有机体。因此,食物进入人体后,不同的食物之间、食物与人体之间不可避免地会发生各种生理反应。如胃胀、不通气、不通便等。食物中的各种营养物质在人体中的作用也各不相同。因此就有了所谓的食物间的相宜与相克,即食物进入人体后,是否有利于人体营养和生理平衡,有利的食物搭配就叫相宜,不利的就叫相克。

食物进入人体后有两种有利的作用叫食物的转化作用和食物的协同作用。它们属于食物的相宜。食物的转化作用是指在特定条件下或由于身体里酶的作用,一种营养物质转化为另一种营养物质。如糖类在体内可以转变成脂肪。食物的协同作用是指一种营养物质促进另一种营养物质在体内的吸收或存留,从而减少另一种营养物质的需要量,更有益于机体健康。如维生素 A 可以促进蛋白质合成,维生素 C 可以促进铁的吸收。

食物在进入人体后还有一种情况叫拮抗作用。它是指食物在吸收代谢中由于两种营养物质间的性能或数量比例不当,使一方阻碍另一方吸收或存留的现象。在日常生活中,草酸会阻碍肌体钙和铁的吸收,即我们所说的相克。

由此可见,食物的相宜与相克是膳食结构中经常遇到的问题,我们只有了解了食物的相宜与相克,才能做到科学合理搭配膳食。

本章将向大家介绍我国居民营养与健康的现状、《中国居民膳食指南》、膳食营养搭配与平衡问题和中国居民平衡膳食宝塔。

一、了解我国居民营养与健康现状

国民营养与健康状况是反映一个国家或地区经济与社会发展、卫生保健水平和人口素质的重要指标。我国曾于1959年、1982年和1992年进行过三次全国营养调查;2002年8~12月,在卫生部、科技部和国家统计局的共同领导下,在全国范围内开展了"中国居民营养与健康状况调查",这是我国进行的第四次营养调查,也是我国首次进行的营养与健康综合性调查。

调查的主要结果显示:最近十年我国城乡居民的膳食、营养状况有了明显改善,营养不良和营养缺乏患病率持续下降,但同时我国仍面临着营养缺乏与营养过度的双重挑战。

(一)居民营养与健康状况明显改善

这主要表现在以下几个方面:

1. 居民膳食质量明显提高

我国城乡居民能量及蛋白质摄入基本得到满足,肉、禽、蛋等动物性食物消费量明显增加。城乡居民动物性食物分别由1992年的人均每日消费210克和69克上升到248克和126克。与1992年相比,农村居民膳食结构趋向合理,优质蛋白质(动物性和豆类蛋白质)占蛋白质总量的比例从17%增加到31%,脂肪供应能量的比率由19%增加到28%,碳水化合物供应能量的比率由70%下降到61%。

2. 儿童、青少年生长发育水平稳步提高

婴儿平均出生体重达到3 309克,低出生体重率[①]为3.6%,

---

① 低出生体重率,指在28~42周期间出生,体重低于2500克的婴儿,即体低重出生儿,所占新生儿的比例。

已达到发达国家水平。全国城乡3~18岁儿童青少年各年龄组身高比1992年平均增加3.3厘米。但与城市相比,农村男性平均低4.9厘米,女性平均低4.2厘米。

3.儿童营养不良患病率显著下降

5岁以下儿童生长迟缓率为14.3%,比1992年下降55%,其中城市下降74%,农村下降51%;儿童低体重率为7.8%,比1992年下降57%,其中城市下降70%,农村下降53%。

4.居民贫血患病率有所下降

城市男性的患病率由1992年的13.4%下降到10.6%;城市女性由23.3%下降到17.0%;农村男性由15.4%下降至12.9%;农村女性由20.8%下降至18.8%。

(二)居民营养与健康问题不容忽视

1.城市居民膳食结构不尽合理

畜肉类及油脂消费过多,谷类食物消费偏低。2002年城市居民每人每日油脂消费量由1992年的37克增加到44克,脂肪供应能量的比率达到35%,超过世界卫生组织推荐的30%的上限。城市居民谷类食物供应能量的比率仅为47%,明显低于55%~65%的合理范围。此外,奶类、豆类制品摄入过低仍是全国普遍存在的问题。

2.一些营养缺乏病依然存在

儿童营养不良在农村地区仍然比较严重,5岁以下儿童生长迟缓率和低体重率分别为17.3%和9.3%,贫困农村分别高达29.3%和14.4%。生长迟缓率以1岁组最高,农村平均为20.9%,贫困农村则高达34.6%,说明农村地区婴儿辅食添加不合理的问题十分突出。

铁、维生素A等微量营养素缺乏是我国城乡居民普遍存在的问题。我国居民贫血患病率平均为15.2%;2岁以内婴幼儿、

60岁以上老人、育龄妇女贫血患病率分别为24.2%、21.5%和20.6%。3~12岁儿童维生素A缺乏率为9.3%,其中城市为3.0%,农村为11.2%。全国城乡钙摄入量仅为391毫克,相当于推荐摄入量的41%。

(三)慢性非传染性疾病患病率上升迅速

1. 高血压患病率有较大幅度上升

我国18岁及以上居民高血压患病率为18.8%,估计全国患病人数1.6亿多。与1991年相比,患病率上升31%,患病人数增加约7 000多万人。农村患病率上升迅速,城乡差距已不明显。大城市、中小城市、一类至四类农村①高血压患病率依次为20.4%、18.8%、21.0%、19.0%、20.2%和12.6%。我国人群高血压知晓率为30.2%,治疗率为24.7%,控制率为6.1%;与1991年的26.6%、12.2%和2.9%相比有所提高,但仍处于较差水平。

2. 糖尿病患病者增加

我国18岁及以上居民糖尿病患病率为2.6%,空腹血糖受损率为1.9%。估计全国糖尿病患病人数现在为2 000多万,另有近2 000万人空腹血糖受损。城市患病率明显高于农村,一类农村明显高于四类农村。与1996年糖尿病抽样调查资料相比,大城市20岁以上的糖尿病患病率由4.6%上升到6.4%,中小城市由3.4%上升到3.9%。

3. 超重和肥胖患病率呈明显上升趋势

我国成人超重率为22.8%,肥胖率为7.1%,估计人数分别

---

① 一类农村指沿海经济区的农村;二类农村指华北平原、四川盆地、长江中游经济区的农村;三类农村指汾渭谷地、太行山、大别山经济区的农村;四类农村指湘鄂川黔、秦岭大巴山、云贵高原、黄土高原经济区的农村。

为 2.0 亿和 6 000 多万。大城市成人超重率与肥胖患病率分别高达 30.0% 和 12.3%，儿童肥胖率已达 8.1%，应引起高度重视。与 1992 年全国营养调查资料显示的结果相比，成人超重率上升 39%，肥胖率上升 97%，预计今后肥胖患病率将会有较大幅度增长。

4. 血脂异常值得关注

我国成人血脂异常患病率为 18.6%，估计全国血脂异常患病人数有 1.6 亿。不同类型的血脂异常患病率分别为：高胆固醇血症 2.9%，高甘油三酯血症 11.9%，低高密度脂蛋白血症 7.4%。另有 3.9% 的人血胆固醇边缘升高。值得注意的是，血脂异常患病的比率，中、老年人相近，城乡差别不大。

5. 膳食营养和体力活动与相关慢性病关系密切

本次调查结果表明，高能量、高脂肪饮食和较少进行体力活动与超重、肥胖、糖尿病和血脂异常的发生密切相关；高盐饮食与高血压的患病密切相关；长期大量饮酒，患高血压和血脂异常的危险就很大。特别应该指出的是脂肪摄入最多、体力活动最少的人，患上述各种慢性病的机会最多。

二、营养搭配与膳食平衡问题

(一)膳食营养搭配

1. 膳食中常见的不合理营养搭配

(1) 含磷食物与含钙食物同时食用

磷和钙都是人体需要的矿物质元素，但是含磷丰富的食物与含钙丰富的食物同时食用，磷就会阻碍钙的吸收，所以医学界称钙磷相克。如果膳食中经常采用钙磷相克的搭配，就会使人体缺钙，从而引起小儿佝偻病、软骨病和中老年骨质疏松症。

例如，方便快餐牛奶加汉堡包就属于此类搭配。美国营养学者认为这样的配餐是不科学不合理的。因为牛奶里含有大量的钙,而瘦肉里则含磷,这两种营养物质在人体中不能同时吸收。

(2)含草酸或鞣酸多的食物与含钙多的食物同时食用

食用含草酸多的食物时,舌头有发涩的感觉。如菠菜、柿子皮。含草酸或鞣酸多的食物与含钙多的食物一起食用时,草酸或鞣酸会与钙结合成不溶性的钙盐,不能为人体吸收,以至在体内形成结石。

例如豆腐和菠菜就不应该一起煮。因为豆腐中含有丰富的钙质,菠菜中含有大量的草酸。菠菜和豆腐同煮,菠菜中的草酸会使豆腐中的钙质变成沉淀的、不宜被人体吸收的草酸钙,从而影响人体对钙的吸收。但是菠菜豆腐是我国民间百姓席间的一道传统菜肴,更有"金镶白玉牌,红嘴绿鹦哥"的传说。那么怎样做菠菜才能去掉草酸呢？实验证明:采用急火快炒菠菜,可以使草酸损失25%,采用沸水焯料的方法可以使草酸损失60%。因此,做菠菜时要么大火短时间炒,要么将菠菜在滚开的水中烫一下,这样都可以减少草酸和鞣酸对钙吸收的影响。

另一个例子是含钙丰富的海米、发菜最好不要与苋菜同食,因为苋菜中含草酸较多,它们混合食用后,会使钙的吸收率大幅度下降。

(3)含锌食物与含纤维素、植物酸的食物同时食用

锌与纤维素都是人体需要的营养物质。锌被誉为人体"生命之花",锌具有促进生长发育与组织再生的作用。人体缺锌会导致生长停滞,幼儿在脑组织生长期缺锌,就会造成脑组织损伤;成年人如果缺锌,当身体有外伤或动手术时,创伤不易愈合。

纤维素是现代营养学中非常重视的一种物质,因为它对于预防现代富贵病有重要作用。纤维素具有代谢胆固醇预防高血

脂、排除肠道有害物质预防结肠癌和帮助减肥的作用。但是含锌食物与含纤维素的食物同时食用,纤维素就会减少肌体对锌的吸收。

这一配餐的典型例子是牡蛎与蚕豆、玉米制品或黑面包同食。因为牡蛎含锌非常丰富,每一公斤里含量接近于 1 280 毫克,而蚕豆、玉米和黑面包是高纤维食品,它们混合食用,会使人体对锌的吸收减少 65% ~ 100%。

另外,吃馒头比吃烙饼,更有利于人体对锌的吸收。因为用酵母发酵制作馒头、面包时,面粉中的植物酸可明显减少。而未经发酵的烙饼、面条含植物酸较多。营养学家分析,这也是引起我国北方居民缺锌的一个因素。

(4)含纤维素或含草酸的食物和含铁的食物同时食用

铁是人体需要的重要的矿物质元素。铁是人体构成血红蛋白、肌红蛋白和细胞色素的主要成分。肌体缺铁,将会造成缺铁性贫血。

动物的肝脏、蛋黄和大豆中含有丰富的铁元素,它们不适合和芹菜、萝卜、甘薯等纤维素丰富的食物或苋菜、菠菜等含草酸丰富的食物同煮或同食。因为动物肝脏、蛋黄、大豆中均含丰富的铁质,而芹菜、萝卜、甘薯等含纤维素多,菠菜、苋菜含草酸较多,纤维素与草酸都会使人体对铁的吸收下降。

(5)含维生素 C 丰富的食物与虾同时食用

维生素 C 是人体需要的最重要的维生素之一。它具有促进胶元蛋白合成,增加肌体抗体形成等重要作用。人体缺维生素 C 将会得坏血病。

大虾是味道很鲜美的海产品,它含有丰富的蛋白质和钙等营养素,但同时也含有五价砷。五价砷本身无毒,但与维生素 C 含量丰富的食物相遇时,会发生氧化还原反应,使维生素 C 被破坏,使五价砷被还原成三价砷。特别应该注意的是三价砷毒性极大,会引起食物中毒。所以吃虾的时候,不应该大量食用含维生素 C 丰富的水果、蔬菜,否则就有可能生成新的不易消化的物质,从而刺激胃肠,引起不适,出现肚子痛、呕吐、恶心等症状。

听了这些讲解,我们可以发现,膳食结构的不合理,轻则影响营养物质的吸收,造成浪费,重则引起中毒。因此,食物间的搭配应趋利避害,科学安排。

2. 膳食中常见的合理营养搭配

在了解营养素间相克关系的同时,我们应更多地了解营养素间的协同作用。营养素间如果协同,可以提高营养价值,促进机体健康,有益于机体营养和生理平衡。

(1)产热营养素之间的协同

在维持人体生命活动的基础物质蛋白质、脂肪、糖类、维生素、无机盐、水和膳食纤维几种营养素中,蛋白质、脂肪和糖类是产热营养素,是机体热能的主要来源。它们三者之间在某些情况下可以互相转化,如在糖类和脂肪供应不足时,蛋白质也可供给热量。糖类、脂肪和蛋白质这三大类营养物质,在人体内的代谢过程中有着密切的协同关系。

例如,糖类对蛋白质在体内的代谢十分重要,因蛋白质在消化过程中被分解为游离的氨基酸,而氨基酸在体内重新组合成为机体需要的蛋白质以及进一步代谢,都需要较多的能量,这些能量主要由糖类提供。所以摄入蛋白质并同时摄入糖类,可以使糖类和蛋白质的营养价值增效。糖类与脂肪同样也具有协同作用。

(2)维生素之间的协同

维生素大都存在于天然食物中,一般在人体内不能合成,有些在人体内能合成数量也很少,不能满足机体需要,所以必须经常从食物中摄取。各种食物维生素之间既有相宜关系,也有相克关系。如果维生素搭配科学合理,就会形成协同关系,使其营养增值。

每一种维生素都具有它特殊的生理功能。例如,维生素A的功能名是抗干眼病维生素,缺乏时,人容易得夜盲症;维生素D的功能名是抗佝偻病维生素,缺乏时人容易得佝偻病;维生素K的功能名是抗凝血维生素,缺乏时人如果流血,容易造成止血困难;维生素B_1的功能名是抗脚气病维生素,缺乏时容易得脚气病,造成神经炎和心脏肿大;维生素B_5的功能名是抗癞皮病维生素,缺乏时容易有"三D"症状——皮炎、腹泻、痴呆。

维生素有水溶性维生素和脂溶性维生素之分,水溶性维生素只有在有水的情况下才能溶解被人体吸收,而脂溶性维生素必须溶解在油脂中才可被人体吸收。维生素A、维生素D、维素E、维生素K都属于脂溶性维生素,B族维生素和维生素C都在水里溶解,是水溶性维生素。

了解了维生素的功用和性质,就一定要在搭配菜肴时尽量对维生素吸收有利,例如用植物油炒猪肝、羊肝,使植物油中的维生素E与猪肝、羊肝中的维生素A产生协同作用,油脂有利于它们的吸收;用煮花生米凉拌芹菜,使花生中的维生素B_1、维生素B_2协同且促进芹菜中维生素C的吸收。

(3)维生素与产热营养素间的协同

糖类在体内转变成能量需要B族维生素的参与,维生素B_2、维生素B_6与蛋白质的代谢密切相关。进食高蛋白食物时需要同时食用更多的维生素B_2、维生素B_6。

例如胡萝卜的营养价值很高,其中胡萝卜素的含量在蔬菜中名列前茅。胡萝卜素在小肠内受酶的作用,在肝脏中可以转变为维生素A。维生素A有维护上皮细胞功能正常、防治呼吸道感染、促进人体生长发育、参与视紫质的形成等重要的生理作用。但胡萝卜素属于脂溶性物质,只有溶解在油脂中时,才能在人体的肝脏中转变成维生素A,为人体所吸收。如果生食胡萝卜,就会有90%的胡萝卜素成为人体的"过客"而被排泄掉,不能发挥营养作用。所以,吃胡萝卜最好与含油脂丰富的肉、干果、食用油一起炖、炒、凉拌,一般不宜生吃。

应该指出的是维生素A具有怕酸的特性,用醋来炒胡萝卜就会将胡萝卜素破坏掉。因此,炒胡萝卜一般不应该放醋。

(4)无机盐之间的协同

食物中的无机盐是人体内生命活动不可缺少的物质,在维持人体的生命活动、促进机体的营养代谢过程中,无机盐各元素之间,都存在密切的协同关系。

这些协同关系的表现形式为:第一,无机盐之间要保持一定的比例,达到数量的平衡。如钙与磷之间的比例是3:1时,才能在保持机体环境的平衡、维持人体神经肌肉兴奋性和细胞膜通透性等生理功能方面达到最佳的协同关系。第二,无机盐相互之间有加强溶解或增进吸收的作用。如,微量元素铜和铁都参与人体造血过程,铜会影响铁的吸收和利用——合成血红蛋白和细胞色素系统。铜可促使铁由人体不易吸收的无机铁变为人体容易吸收的有机铁。所以含铜食物与含铁食物,如肉类、肝脏、鱼类、豆类、牡蛎、蘑菇和花生、瓜子等共同食用是相宜的。第三,共同参与组成具有主要生理功能的物质。如,铜是人体造血过程中(铁的吸收、利用、红细胞成熟和释放)的原料和调节因素,而锰能促进机体对铜的利用。

(5)无机盐与营养素的协同

无机盐广泛地参与人体的新陈代谢,维持着渗透压和酸碱平衡,在组织细胞的生命活动中发挥着极其重要的作用,这就决定了它们与各营养素之间存在着协同关系。无机盐与蛋白质、水、维生素都有极其密切的协同关系。

例如,钙与蛋白质、乳糖具有协同关系。在日常饮食中,如果蛋白质、乳糖供应充足,则有利于钙的吸收。鱼头炖豆腐、虾皮炒鸡蛋都是能使蛋白质促进钙吸收的好菜。

(6)无机盐与维生素的协同

无机盐与维生素之间的协同作用主要体现为两个方面:一是增加吸收,提高营养价值。如维生素 D 促进钙的吸收;维生素 C 促进铁的吸收。二是相互辅助。如硒能加强维生素 E 的抗氧化作用;锌对维持人体血浆中维生素 A 的水平有一定作用。

(二)膳食营养平衡

人体所需要的各种营养物质,必须通过每天所吃的食物不断得到供应和补充。那么,究竟应该吃什么,吃多少,各种食物之间如何最佳搭配呢? 这就关系到膳食平衡问题。

膳食平衡是指在人体的生理需要和膳食营养供给之间建立的平衡关系。它必须同时在四个方面使膳食营养供给与人体生理需要之间建立平衡关系。这四个平衡关系就是:各种氨基酸之间的平衡,热量营养素构成的平衡,酸碱平衡和各种营养素摄入量之间的平衡,只有这样才有利于营养物质在人体内的吸收和利用。

1.氨基酸平衡问题

食物蛋白质营养价值的高低,很大程度取决于食物蛋白质中所含的 8 种必需氨基酸的种类、数量及比例,只有 8 种必需氨基酸的种类齐全、数量充足、比例与人体需要接近时,才能更好地被人体吸收和利用。也就是我们通常所说的营养价值才高。

反之则会影响食物中蛋白质的利用。

能达到氨基酸全部平衡的蛋白质,我们称之为完全蛋白质。如,鱼类、瘦肉类、乳类、蛋类和大豆就是营养价值较高的高蛋白食物。而我们日常吃的大多数食物含的是氨基酸构成不够平衡的蛋白质,这些食物的营养价值就受到影响,如各种谷类、坚果、蔬菜,我们称这些食物的蛋白质为半完全性蛋白质。只有吃多种食物,使各种食物中的蛋白质中的氨基酸互相补充,才可以达到氨基酸平衡,从而满足人体的需要。这就是营养学中著名的"蛋白质互补"作用。

由此可见,以植物性食物为主的膳食,应注意食物的合理搭配,纠正氨基酸构成比例的不平衡。如将谷类与豆类混合制作,谷类与蔬菜、肉类混合搭配,都可以提高蛋白质的吸收和利用程度。

2. 热量营养素构成平衡

食物中的糖类、脂肪、蛋白质都能为人体提供热量,所以叫热量营养素。当这三种营养物质的摄入量适当时,它们各自的特殊作用就可充分发挥,并互相起到促进和保护作用,这种情况我们称为热量营养素构成平衡,反之将会对身体产生不利影响。

通过动物试验和对人体的观察,我们发现糖类、蛋白质、脂肪三者进入肌体的比例应当合适。当膳食中糖类摄入量过多时,就会使体重增加,人的消化系统和肾脏系统的负担也会增加,减少摄入其他营养素的机会。当膳食中的脂肪热量供应量过高时,将引起肥胖、高血脂和心脏病。蛋白质热量供应量过高时,则影响蛋白质正常功能的发挥,造成蛋白质白白消耗,影响人体内氮的平衡。相反,当糖类和脂肪热量供给不足时,就会削弱对蛋白质的保护作用。三者之间是互相影响的,一旦出现不平衡,将会影响身体的健康。

3. 各种营养素摄入量间的平衡

各种营养物质之间存在着错综复杂的关系,并且不同的身体状态、不同的生理活动对营养物质的需要量也有所不同。因此中国营养学会对各种营养物质的每日供给量提出了建议。这就是我们常说的标准供给量。我们膳食中所摄入的各种营养物质在一定的周期内(5~7天),保持在标准供给量上下的误差不应超过10%的范围。这种相互间的比例,即可称为营养素间的基本平衡。

4. 酸碱平衡

正常情况下人血液的 pH 值一般保持在 7.3~7.4 之间。人们食用适量的酸性食品和碱性食品,将会维持体液的酸碱平衡,但食品若搭配不当,则会引起生理上的酸碱失调。

常见的酸性食品有:蛋黄、大米、鸡肉、鳗鱼、面粉、鲤鱼、猪肉、牛肉、干鱿鱼、啤酒、花生等。

常见的碱性食品有:海带、菠菜、西瓜、萝卜、茶叶、香蕉、苹果、草莓、南瓜、四季豆、黄瓜、藕等。

当食品搭配不当,酸性食品在膳食中超过所需的数量时,就会导致血液偏酸性,血液颜色加深、黏度增加,严重时还会引起酸中毒。同时还会增加体内钙、镁、钾等离子的消耗,而引起缺钙。这时人就会成为酸性体质,影响身体健康。

例如鳝鱼与藕合在一起吃就很有好处。因为鳝鱼属酸性食品,它身上有一种黏液,这种黏液是由黏蛋白和多糖类物质结合而成的,它能促进蛋白质的吸收和合成,还含有大量人体所必需的氨基酸、维生素 A、维生素 B_1、维生素 B_2 和钙等。藕是碱性食品,藕也有黏液,藕的黏液也是由蛋白质组成的,它还含有维生素 B_2、维生素 C 和一些优质氨基酸及食物纤维,吃鳝鱼的时候同时吃藕,能保持酸碱平衡,对滋养身体有较高的功效。

(三)膳食平衡的七个基本指标

要根据人的年龄、性别、生理状态、从事工作的劳动强度设计膳食,同时达到七个方面的指标。

1.膳食摄入量充足,品种多样

一般一位普通劳动者,每天应该吃20种各类食物大约1500克,才能基本保证膳食平衡的要求。

表4-1 建议每人每天平均摄入食物种类及数量

食物类别	品种数	摄入量(克)
粮谷类及薯类	3	400~500
干豆、鲜豆及豆制品	1	50~80
蛋及蛋制品	1	50
畜肉或禽肉	1~2	30~50
乳及乳制品	1	250
蔬菜及其制品	3~4	350~400
水果	1~2	200
菌藻类食品	1	30~50
硬果类食品	1	20
植物油	1	15~20
食盐		10
水产品	1	50(一周内一次)
动物内脏	1	50(一周内一次)

2.热量食物来源构成合理

膳食中的热量主要来自四类食物,对它们的组成结构我国营养学会建议如下:粮谷类食物提供热量60%~70%,薯类食物提供热量5%~10%,豆类食物提供热量5%,动物性食物提供热量20%~25%。其中豆类及动物性食物所提供的热量要保证在30%左右。

3. 热量营养素摄入量比值合理

我国营养学会建议在膳食中糖类、脂肪、蛋白质三者的摄入量要保持合理的比值,才能组成合理的热量分配。糖类、蛋白质、脂肪三者摄入量的比值建议为:糖类6.5,蛋白质1,脂肪0.7。

4. 热量结构合理

我国营养学会对三种产热营养素所提供的热量比例建议为:糖类提供热量60%~70%,脂肪提供热量20%~25%,蛋白质提供热量10%~15%;三餐热量比例建议为早餐:30%,午餐:45%~50%,晚餐:20%~25%。

5. 蛋白质食物来源组成合理

植物性蛋白质约占70%,其中谷类50%,蔬果类20%;动物性蛋白质约占25%;豆类蛋白质约占5%。其中动物性和豆类蛋白质,即优质蛋白质,应在30%以上。

6. 脂肪食物来源组成合理

我国营养学会建议,一日食物中植物性脂肪应约占60%,动物性脂肪约占40%。其中饱和脂肪酸(存在于动物脂肪中)所产的热量,应占总热量的10%以下。

7. 各种营养素的摄入量均达到供给量标准

不同人群,各种营养素的供给量标准不同,每日各种营养物质的摄入量,在一个周期内(5~7天)在标准供给量上下的误差要不超过10%。

(四)平衡膳食的营养物质的来源分析

平衡膳食的主要食物包括谷类食物、肉类食物、果蔬类食物、油脂类食物、调味品和食物添加剂五大类。

1. 谷类食物

谷类包括米、面、杂粮,也包括薯类中的土豆、红薯、木薯等。谷类食物主要供给糖类、植物蛋白质、无机盐和维生素,它们也是膳食纤维素的重要来源。这类食物的营养特点是:产热快,是热能的重要来源。其缺点是:优质蛋白质含量不足。人们食用这类食物最好是粗细搭配,多种食物混合食用。

2. 肉类食物

肉类食物包括各种肉类、鱼类、禽蛋类、乳类等。这些食物是动物蛋白质和脂肪的主要来源,它们所提供的蛋白质是完全性的优质蛋白质,同时也能提供一部分无机盐和维生素。在人体一天进食的蛋白质中,这类食物蛋白质的摄取量应占全天蛋白质总摄入量的1/3。肉禽类含蛋白质10%~20%,鱼类含蛋白质15%~20%,蛋类含蛋白质13%~15%,乳类含蛋白质3%。

3. 果蔬类食物

机体所需要的维生素、无机盐及膳食纤维素主要来源于果蔬类食物,所需要的一部分糖类也可由这类食物提供。其中绿叶蔬菜及红、黄色蔬菜和水果中的柑橘类、酸味水果,所含的维生素、无机盐最为丰富。果蔬类含蛋白质约1%~3%,维生素、矿物质都比较丰富。

4. 油脂类食物

油脂类食物主要包括各类硬果类食物、植物油和动物脂肪。这类食物主要提供热能、不饱和脂肪酸和部分脂溶性维生素。其中植物油是必需脂肪酸的主要来源。如大豆油中必需脂肪酸含量最多。

但是油脂的食用量不宜过多。

5.调味品及食品添加剂

调味品主要包括酱油、盐、料酒、黄酱、番茄酱、豆豉等。食品添加剂主要包括酵母、小苏打、泡打粉等。这类食物是无机盐及部分维生素的主要来源,如食盐是氯和钠的来源。它们对食物的营养及色、香、味能够起到理想的补充作用。

(五)合理烹调降低营养素损失的措施

食物中的营养物质在烹调加工过程中会发生一系列复杂的变化。有些营养素(如蛋白质、脂肪、糖类等)通过烹调变得更容易被人体消化吸收,有的营养素(如维生素)则或多或少地会损失掉一些。所以,我们应该了解营养物质损失的原因,采取合理的烹调措施,以便最大限度地保存营养物质,使营养合理。

1.食物中营养物质损失的原因

食物中所含的营养物质经过烹调加工,除了蛋白质、脂肪和糖类损失破坏较少外,维生素及各种无机盐都容易遭到不同程度的破坏和损失,其原因可归纳为以下几点:

(1)溶解流失

一般食品原料在烹调加工之前都需要清洗、切配。由于清洗、切配方法不得当,而造成一些水溶性维生素及无机盐的流失。例如,厨房中传统的淘米方法,会使米中的水溶性维生素随着被弃掉的水而大量流失,其中维生素损失达36%～60%,而无机盐损失也近20%。

所以,淘洗大米时,在保证卫生的前提下,应尽量减少淘洗和揉搓的次数,这样可以最大限度保留米中的水溶性维生素。又如蔬菜和水果先切后洗,就会造成部分维生素和无机盐通过切口溶解到水里而损失掉。蔬菜、水果切得越碎、冲洗的次数越多、用水浸泡的时间越长,营养物质就损失得越多。

另外,一些不良的烹调方法及饮食习惯也会造成营养素的损失。如吃捞面条时将面汤弃掉,会使维生素 B_1 损失 49%,维生素 B_2 损失 57%,维生素 PP 损失 22%。用捞饭法做米饭把米汤去掉再蒸,一部分营养物质就会随米汤损失。其中维生素 B_1 损失 67%,维生素 B_2 损失 50%,维生素 PP 损失 76%。

(2)加热损失

加热是将原料制成成品的主要方法,它一方面可以使食物中的营养素易于被人体消化吸收,另一方面又会使一些营养素遭到破坏,特别是维生素 C、胡萝卜素等遇热损失尤为严重。

例如,煮肉汤时,肉中的可溶性蛋白质、矿物质、脂肪会溶于汤中,使汤不仅味美,而且营养丰富。但是,不耐热的维生素会有所损失。如维生素 B_1 在红烧和清炖时会损失 60%~65%;蒸和油炸时会损失 43%~47%;炒时损失较少,仅为 13%。

又如,大部分绿叶蔬菜炒熟后,其维生素 C 会损失 15%~35%,胡萝卜素会损失 20% 左右。加热的温度越高,时间越长,维生素的损失也就越多。菠菜切成段,用油炒 9~10 分钟,维生素 C 损失 16%,胡萝卜素损失 13%。油菜切成段用油炒 5~10 分钟,维生素 C 损失 36%,胡萝卜素损失 24%。油炸食品中,维生素 B_1、维生素 B_2 及维生素 PP 损失多达 50% 左右。

(3)氧化损失

食物中的一些营养素有被氧化而遭破坏的特性,当食物被切开后与空气中的氧气接触而使一些营养素被氧化损失。例如,黄瓜切成薄片后 1 小时,其中的维生素 C 就损失 33%~35%,放置 3 小时,损失可达 41%~49%。另外,原料切得越小、越碎,氧化的面积越大,维生素损失就越多。

(4)加碱损失

我国传统的做馒头兑碱的方法,是我国人民膳食结构中严重缺少维生素 B_1 的主要原因。

有些农家乐接待户朋友在做绿色蔬菜时,为使菜颜色嫩绿而加碱;在做肉类菜时,为了使肉更嫩而加一点小苏打;还有的接待户朋友煮粥时为增加粥的黏稠度,煮豆时为使豆容易熟而加碱。这样都会使 B 族维生素大量被破坏。而且用碱越多,碱性越大,营养素损失就越多。这是因为维生素 C、维生素 B_1、维生素 B_2 等营养物质遇到碱性物质很容易被破坏,钙、铁等矿物质的吸收也会受到影响。因此在做饭时一般不能加碱,否则会造成维生素的损失,会影响矿物质的吸收。

2. 保护食物中的营养物质的方法

在菜肴烹制加工过程中,为减少蔬菜营养的大量损失,使食物中的营养物质充分被人体所吸收,我们可以采取下列保护措施。

(1)合理清洗,科学切配

对于各种食品原材料,应避免用力搓洗和多遍淘洗,对于蔬菜,要先洗后切,洗净为度。千万不要太用力搓洗,以免将原料的表面细胞壁搓坏,使营养物质随水流失或氧化损失。

农家乐接待中还有一些不良的切配习惯。最明显的是由于客人多,许多人早晨就将一天的菜切洗出来。这样使蔬菜过早地暴露在空气中,会使大量的维生素氧化损失。因此厨房蔬菜的细加工,应随炒随切。做不到这一点时,也应尽量减少切配与烹炒之间的间隔时间。切配与烹炒之间的时间间隔越长,营养物质损失得就越多。

(2)上浆挂糊,勾芡保护

上浆挂糊就是在要炸制的食物表面沾上鸡蛋淀粉糊。这样可以使食物的表层形成保护层,从而避免食物中的营养物质受高温而遭破坏,同时减少原料汁液的流出。菜肴勾芡就是在有汤汁的菜肴出锅前,放一点水淀粉。这样可以使菜肴汤菜融合,特别是淀粉中所含的某些物质具有保护维生素 C 的作用,也避免了营养物质的损失。

(3)适当加醋

食物中几种重要的维生素极易被碱破坏,而酸性液体能使维生素较稳定。在菜肴烹调中适量加醋,可使维生素 B_1、维生素 B_2、维生素 C 增加稳定性。

例如豆芽中饱含水分,在烹炒时易出汤软蔫。炒时如用醋烹一下,可使豆芽既断生,又不出水软化。因为醋酸对蔬菜中的蛋白质有显著的凝固作用,能使豆芽增强脆性。同时,豆芽含有较丰富的维生素 C,炒制时易被氧化而遭到破坏,加醋可以达到保护营养素的目的。

另外在动物性原料中适量加醋可促进原料中钙的溶解和吸收。如炖排骨时适当加一点醋,可以使汤中钙的含量大大提高。炖鱼时加醋可以使鱼骨钙化,不仅口感酥,而且有利于人体吸收。在凉拌菜中加醋,还有杀菌消毒的作用。如凉拌海蜇时,用醋消毒,可以杀灭大量的副溶血性弧菌。另外醋还能促进人体的食欲。

(4)提倡鲜酵母发酵

制作面食时使用鲜酵母发酵,一方面可增加 B 族维生素,另一方面可破坏面粉中的植酸盐,有利于钙和铁的吸收。

(5)正确使用烹调方法

食物中的营养素在不同烹调方法中会受到不同程度的破坏和损失,因此要正确使用烹调方法。

例如煮粥的时候,米就应该开水下锅。因为生水中含有一定量的氯气,会大量破坏粮食中的维生素 B_1。而维生素 B_2 的损失程度与烧饭时间、烧饭的温度成正比,一般情况要损失30%,而用开水煮饭则可保护粮食里的维生素 B_1 和维生素 B_2。

对于植物性原料特别是绿叶蔬菜应采取急火快炒的烹调方法。急火快炒可以避免水溶性维生素的流失,同时还可以去掉原料中的草酸和植物酸,有利于人体对钙的吸收。对于动物性原料,为避免大量汁液流出,应采取先急火后慢火的方法。如烤制肉类菜肴时,应先用高温使原料表层形成硬壳,然后再改用小火烤制,避免因原料内部汁液流出而损失营养素。

另外从营养学的角度看,生吃蔬菜对营养物质的保留吸收最好。但应该注意必须将菜清洗干净。

三、《中国居民膳食指南》介绍

中国地域广阔,人口众多,饮食习惯千差万别,有些饮食习惯对健康有利,有些则是属于饮食的误区。为了指导中国居民合理搭配膳食,吃出营养,吃出健康,中国营养学会 1995 年根据我国居民的特点,提出了《中国居民膳食指南》,以引导我国人民合理膳食。

(一)《中国居民膳食指南》的基本特点

《中国居民膳食指南》强调平衡膳食、合理营养、促进健康,具有很强的科学性和具体的针对性。

(1)体现了我国膳食模式的基本特点,即以谷类为主,多种副食搭配,使食物的多样性更为具体化。

(2)强调乳类、豆类的摄入,以适应居民缺钙的实际需要。

(3)强调维持体内的能量平衡,要有适当的体力活动。

(4)强调适当吃动物性食物的必要性。

(5)强调蔬果和薯类在膳食中的重要性。

(6)强调少吃盐,多吃清淡食物。

(7)强调食品卫生的重要性,食品卫生是获得营养的保证。

(二)《中国居民膳食指南》的主要内容

1. 食物多样,谷类为主

人类的食物是多种多样的,各种食物所含的营养成分不完全相同。除母乳外,任何一种天然食物都不能提供人体所需的全部营养素。平衡膳食必须由多种食物组成,才能满足人体对各种营养素的需要,达到合理营养、促进健康的目的。

第一类为谷类及薯类:谷类包括米、面、杂粮;薯类包括马铃薯、甘薯、木薯等。主要提供糖类、蛋白质、膳食纤维及B族维生素。

第二类为动物性食物,包括肉、禽、鱼、奶、蛋等。主要提供蛋白质、脂肪、矿物质、维生素A和B族维生素。

第三类为豆类及其制品,包括大豆及其他干豆类。主要提供蛋白质、脂肪、膳食纤维、矿物质和B族维生素。

第四类为蔬菜水果类,包括鲜豆、根茎、叶菜、坚果等。主要提供膳食纤维、矿物质、维生素C和胡萝卜素。

第五类为纯热能食物,包括动物油、淀粉、食用糖和酒类,主要提供能量。植物油还可提供维生素E和必需脂肪酸。

另外,要注意粗细搭配,经常吃一些粗粮、杂粮等。稻米、小麦不要碾磨得太精太细,否则谷粒表层所含的维生素、矿物质等营养素和膳食纤维会大部分流失到谷糠之中。

2. 多吃蔬菜、水果和薯类

蔬菜、水果含有丰富的维生素、矿物质和膳食纤维,蔬菜的种类繁多,包括叶、茎、花,有坚果、鲜豆、蘑菇等。深色蔬菜中维生素含量多于浅色蔬菜和一般水果。

水果中的维生素不如新鲜蔬菜多,但所含的果糖、柠檬酸、果酸、果胶等物质比蔬菜丰富。

有些蔬菜还具有减肥作用。如绿豆芽,它含水分多,热量少。韭菜,含纤维素较多,能促进肠胃蠕动,有通便的作用。黄瓜,含丙醇二酸,能抑制食物中的糖类转化为脂肪。冬瓜,含水多,热量极少,对减肥也有利。

为什么膳食指南要特别提出吃薯类的问题呢?这是因为薯类含有丰富的淀粉、膳食纤维、多种维生素和矿物质。据测试,每公斤土豆里含有蛋白质20.2克,糖类146克,脂肪16.2克,粗纤维7克,还有丰富的维生素C、维生素B_1、维生素B_2及胡萝卜素等。其蛋白质的质量接近动物蛋白质,并含18种氨基酸和多种微量元素如钙、磷、铁等。土豆能供给人体大量多糖和蛋白的混合物,它能预防心血管系统的脂肪沉积,保持动脉血管的弹性,防止动脉粥样硬化过早发生,避免过度肥胖,可防止肝脏、肾脏中结缔组织的萎缩,保持呼吸道、消化道的滑润。因此,国内外营养学家认为它是"十全十美的食物",并称其为"第二面包"。常食土豆有益健康。与土豆有同样重要作用的薯类还有地瓜、山药、芋头等。

可见,多吃蔬菜、水果和薯类不仅可以满足身体对维生素的需要,而且还可以控制肥胖,预防心血管病的发生。

3. 每天吃奶类、豆类或其制品

奶类除含丰富的蛋白质和维生素外,含钙量较高,且利用率也高,是天然钙质的极好来源。我国居民传统膳食中提供的钙量普遍较低,只能达到营养学会推荐供给量标准的一半左右,因此,应大力发展奶类的生产和消费。

豆类是我国的传统食品,含丰富的优质蛋白质、不饱和脂肪酸、钙及维生素,应大力提倡食用豆类,特别是大豆及其制品。这是提高农村人口蛋白质摄入量及防止城市过多消费肉类所带来的危害的极好办法。

应该特别注意的是许多人虽然有早餐喝牛奶的习惯,但却认为牛奶营养丰富,早餐光喝一杯牛奶就行了,不用吃别的东西。这样喝牛奶很不科学。牛奶虽然含有大量的优质蛋白质和脂肪等营养成分,但更多的成分是水,约占83%。牛奶进入胃肠道后,一方面稀释了胃液,不利于营养的消化吸收;另一方面,牛奶在肠道内存留的时间很短,也不利于各种营养成分被充分吸收。因此,最好在喝牛奶前吃一点东西,如面包、饼干,然后再喝牛奶,这样牛奶就会浸入这些食物并由此加长在胃肠中的存留时间,以使胃肠道能对其进行充分吸收。

还有些人由于受乳糖不耐症的影响,喝牛奶常常感到肠胃不适。凡有这种情况的人,可以用酸奶替代牛奶。酸奶是用新鲜牛奶加入活性乳酸菌经过发酵制成的。酸奶保存了鲜奶中丰富的营养素,但又和鲜奶有所不同。酸奶中的蛋白质由于受到乳酸菌的作用,成为微细的凝乳,变得更容易消化,更易为人体吸收。酸奶中不仅维生素含量比鲜奶高,还含有大量对健康非常有益的活性乳酸菌。但有人担心酸奶太凉,冷天喝了怕闹肚子,想加热后再喝,这是很不科学的。因为酸奶经过煮或蒸后,它的物理性状就会发生变化,其特有的风味就会消失,乳酸菌会全部被杀死,营养价值也会下降。

豆浆也是素食中的佼佼者。在植物性食品中,豆浆是唯一的完全性蛋白质食品。它含有人体所必需的8种氨基酸,还含有大量的不饱和脂肪酸,易被人体消化吸收。黄豆中富含磷脂,磷脂是构成人体细胞膜的重要组成成分,对生长发育和神经活动具有重要作用。

豆浆与牛奶,两者的营养价值各有千秋。豆浆中含铁量和铁吸收率高于牛奶;豆浆含有植物固醇,人体吸收植物固醇后可降低对胆固醇的吸收;豆浆中还含有丰富的维生素 E。但是喝豆浆要注意"四忌":一忌冲红糖。红糖里的有机酸会与豆浆中的蛋白质结合,产生变性沉淀。二忌不煮透,煮不透的豆浆,喝了会出现恶心、呕吐、腹泻等症状。三忌装保温瓶,豆浆中的皂素能够溶掉保温瓶里的水垢,而且瓶装时间长了会引起细菌繁殖,喝后会出现腹痛、腹泻等症状。四忌喝过量。一次喝豆浆过多,容易引起进食性蛋白质消化不良,出现胀满、腹泻等不适症状。

4. 经常吃适量鱼、禽、蛋、瘦肉,少吃肥肉和荤油

鱼、禽、蛋和瘦肉等动物性食物是优良蛋白质、脂溶性维生素和矿物质的良好来源。适量食用鱼、禽、蛋、瘦肉,它们含的优质蛋白质还可以促进肌体对钙和铁的吸收。例如我国民间名菜沙锅鱼头炖豆腐、红烧鱼块炖豆腐等,既鲜美又有营养。因为鱼中含有丰富的蛋白质,豆腐中则含有丰富的钙质。鱼与豆腐同时烹调,鱼中的蛋白质能促进豆腐中钙的吸收和利用。如果单吃豆腐,人体对钙就不能充分吸收。

我国相当一部分城市和绝大多数农村居民平均摄入动物性食物量不足,应适当增加摄入量;而部分大城市居民,食用动物性食物过多,谷类及蔬菜摄入不足,这对健康不利。肥肉和荤油是高热量和高脂肪食物,摄入过多往往引起肥胖,是构成某些慢性病的危险因素,应当少吃。

5. 食量与体力活动要平衡,保持适宜体重

进食量与体力活动多少是影响体重的两个主要方面。食物为人体提供热量,体力活动消耗体内热量。如果进食量过大而活动量不足,多余的热量就会在体内以脂肪的形式积存,增加体重,久之会发胖。相反,食量不足,劳动或运动量过大,会由于热量不足,消耗体内脂肪而引起消瘦,久之会造成劳动能力及抵抗

力下降。保持进食量与热量消耗间的平衡,对于脑力劳动或活动量较少的人来说,应增加锻炼,如快走、慢跑、游泳等。对于消瘦的儿童应增加进食量和油脂的摄入,以维持正常生长发育的需要。

6.吃清淡少盐的食物

吃清淡食物是指不要吃太油腻、太咸、过多油炸和烟熏食物。

目前城市居民油脂摄入量越来越高,不利于健康。近些年来,我国居民食用脂肪的量越来越多。食用脂肪过多,会引发冠心病。高胆固醇血症是冠心病发病的三大危险因素之一,降低和控制血清总胆固醇含量,已成为防治冠心病的重要手段。所以我们必须控制脂肪的摄入量。

研究表明不少食物具有降低和控制血清总胆固醇含量的作用,经常食用这类食物,对冠心病和高胆固醇血症有治疗作用,对无高胆固醇血症者有预防作用。如五谷杂粮和豆类中所含的谷固醇、豆固醇在吸收时有与胆固醇竞争性抑制吸收的性能,有较明显的降低食物胆固醇吸收的作用。食用脂肪也应尽量食用植物脂肪,因为植物油中的必需脂肪酸有降低胆固醇的作用。研究表明,含必需脂肪酸丰富的食用油有大豆油、米糠油、玉米胚芽油、芝麻油、猕猴桃种子油、沙棘种子油等,这些油均含有较多的不饱和脂肪酸,可以抑制胆固醇的吸收。

我国居民膳食中食盐摄入量的平均值是世界卫生组织建议值的2倍。世界卫生组织建议每人每日食盐摄入量以不超过6克为宜。应从幼年开始就养成少吃盐的习惯。因为一个人吃盐的数量多,得高血压的可能就大。例如,日本一个岛上的居民平均每天吃25克食盐,这个岛上的居民有40%患高血压;而爱斯基摩人平均每天只吃4克食盐,爱斯基摩人几乎没有得高血压的。

7. 饮酒应限量

高度数的酒含热量高,但不含其他任何营养物质。所以无节制地饮酒,会使食欲下降,食物摄入减少,这样就会导致多种营养物质的缺乏,还会造成酒精性肝硬化。过量饮酒会增加患高血压和中风的危险,并可导致各种事故及暴力事件的发生。

8. 吃清洁卫生不变质的食物

在选择食物时,应选择外观好,无污泥、杂质,没有变色、变味并符合卫生标准的食物,严把病从口入关。进餐要注意卫生条件,包括进餐环境、餐具和供餐者的健康卫生状况。集体用餐要提倡分餐制,减少疾病传播机会。

四、中国居民平衡膳食宝塔

中国居民平衡膳食宝塔是根据《中国居民膳食指南》,结合中国居民的膳食结构特点设计的。它既是膳食指南的具体化,又是宣传推行膳食指南的工具。它以中国人的膳食实践为基础,以合理营养为目标,它以最具体、最形象的方法告诉中国的普通百姓每天应该吃什么,吃多少。其表达方法易于为群众理解、接受,便于实行。膳食宝塔提出了一个营养上比较理想的膳食模式。

(一)平衡膳食宝塔说明

平衡膳食宝塔(见图4-1)共分5层,包含每天应吃的主要食物种类。宝塔各层位置和面积不同,这在一定程度上反映出各类食物在膳食中的地位和应占的比重。谷类食物位居底层,每人每天应吃300~500克;蔬菜和水果位居第二层,每天分别应吃400~500克和100~200克;鱼、禽、肉、蛋等动物性食物位于第三层,每天应吃125~200克(鱼虾类50克,畜、禽肉50~

100克,蛋类25~50克);奶类和豆类食物位居第四层,每天应吃奶类及奶制品100克和豆类及豆制品50克。第五层塔尖是油脂类,每天食用不超过25克。

油脂类:每天25克
奶或奶制品:每天100克
豆类及豆制品:50克
畜禽肉:每天50~100克
鱼虾类:每天50克
蛋类:每天25~50克
蔬菜:每天400~500克
水果:每天100~200克
谷类:每天300~500克

图4-1 中国居民平衡膳食宝塔

宝塔没有对糖的摄入量提出建议,因为我国居民现在平均吃糖的量还不多,少吃些或适当多吃些可能对健康的影响不大。但多吃糖对健康也有种种不利,所以我们不应吃太多的糖和含糖食品。食盐及饮酒的问题在《中国居民膳食指南》中已有说明。

(二)膳食宝塔所含食物分析

宝塔建议的各类食物的摄入量一般是指食物的生重。各类食物的组成是根据全国营养调查中居民膳食的实际情况计算的,所以每一类食物的重量不是指某一种具体食物的重量。

1. 谷类

谷类是面粉、大米、玉米、高粱等的总和。它们是膳食中能量的主要来源,在农村中也往往是膳食中蛋白质的主要来源。多种谷类掺着吃比单吃一种好,特别是以玉米或高粱为主要食物时,更应当重视搭配一些其他的谷类或豆类食物。加工的谷类食品,如馒头、烙饼、切面等应折合成相当的面粉量来计算。

2. 蔬菜和水果

蔬菜和水果经常放在一起,因为它们有许多共同特性。但蔬菜和水果毕竟是两类食物,各有优势,不能完全相互替代。尤其是儿童,不可只吃水果不吃蔬菜。蔬菜、水果的重量按新鲜的重量计算。

一般说,红、绿、黄等颜色较深的蔬菜和深黄色水果含营养物质比较丰富,所以应多食用深色蔬菜和水果。

3. 鱼、肉、蛋

鱼、肉、蛋归为一类,主要提供动物性蛋白质和一些重要的矿物质和维生素。但它们彼此间也有明显区别。鱼、虾及其他水产品含脂肪很低,有条件可以多吃一些,这类食物的重量是按购买时的新鲜重量计算的。肉类包含畜肉、禽肉及内脏,重量是按屠宰清洗后的重量来计算的。这类食物尤其是猪肉含脂肪较高,所以也不应吃得过多。蛋类含胆固醇相当高,一般每天不超过一个为好。

4. 奶类和豆类食物

奶类及奶制品当前主要包括鲜牛奶和奶粉,膳食宝塔建议的100克按蛋白质和钙的含量来折合约相当于鲜奶200克或奶粉28克。中国居民膳食中普遍缺钙,奶是首选的补钙食物,很难用其他类食物代替,有些人饮奶后有不同程度的肠胃道不适,可以试用酸奶或其他奶制品。豆类及豆制品包括许多品种,膳食宝塔建议的50克是平均值,根据其提供的蛋白质可折合为大豆40克或豆腐干80克等。

5.食用油脂

宝塔的最顶层是食用油脂,每天食用应该在25克左右。

五、烹饪原料的营养特点

(一)粮食的营养

粮食包括稻米、小麦、玉米、小米、高粱、红薯等。它们是人体热能最主要的来源。我国人民膳食中,70%以上的热量和50%的蛋白质是由谷类提供的。谷类供给的B族维生素和无机盐也占有相当的比重。

1. 不同粮食的营养特点

(1)稻米。为五谷之一,含有约75%的淀粉,此外还含有纤维素、半纤维素和可溶性糖。籼米、粳米所含直链淀粉较多,易溶于水,容易被淀粉酶完全水解,变成麦芽糖,被人体消化。

稻米蛋白质含量约为8%,蛋白质生物价为77。谷类易缺的赖氨酸、苏氨酸等在稻米中含量丰富,各种氨基酸的比值接近人体的需要。此外,稻米中含有丰富的维生素B_1,所含无机盐主要是钙、磷、铁等。

(2)大麦、小麦、荞麦。小麦内含淀粉、蛋白质、糖类、淀粉酶、脂肪酶、蛋白分解酶、脂类、维生素E、维生素B_1、维生素B_2等。另外还含有麦芽糖酶、卵磷脂和无机盐钙、磷、铁等。我国北方人的主食主要是馒头,馒头140克(用面粉100克)含蛋白质13.8克、脂肪2.5克、糖类59.5克,可提供1 327.2千焦热量,53毫克的钙,375毫克的磷和5.9毫克的铁。因为含有多种酶,所以营养成分易于被人体消化吸收。

大麦的营养成分与小麦十分相似,只是大麦中的纤维素比小麦多,虽然不如小麦好吃,但营养和药用价值高。大麦芽中含有"消化酵素"和多种维生素,有营养益胃作用。

荞麦中蛋白质含量略高于米、面,蛋白质中赖氨酸、精氨酸也超过米、面的含量;脂肪含量约3%,其中油酸、亚油酸含量很高,维生素B_2、烟酸含量明显地高于小麦粉;所含无机盐有磷、铁、镁等。还含有粮食中很少具有的芦丁成分。油酸、亚油酸、烟酸、芦丁具有降血脂和胆固醇的作用,可以有效地保护血管,预防心血管病的发生。另外,荞麦面中还含有前列腺素的主要组成激素。

(3)玉米。所含营养成分丰富,每100克玉米中含蛋白质8.5克,脂肪4.3克,糖类72.2克,钙22毫克,磷210毫克,铁1.6毫克;还含有维生素B_1、维生素B_2、维生素E等,鲜玉米中还含有维生素C。

玉米中所含的脂肪为精白米的3～4倍,并含不饱和脂肪酸,其中50%为亚油酸,还含有谷固醇、卵磷脂。玉米油是营养、药用价值较高的植物油。

玉米中蛋白质的含量略高于大米,其中胶蛋白占30%,通常在肉类中含量较高的球蛋白、清蛋白也占20%～30%。玉米蛋白质中氨基酸的比值不适合人体的需要,缺少某些必需氨基酸,如色氨酸。

玉米中含镁很丰富,镁具有防癌抗癌的作用。另外,玉米中丰富的膳食纤维,可起到利便的作用。

(4)白薯又称红薯、甘薯、番薯、山芋、地瓜等,是公认的价廉味美、粮菜兼用、老少皆宜的健康长寿食品。白薯中含丰富的蛋白质,蛋白质所含各种氨基酸的组成与大米近似,其中黏蛋白对人体有特殊的功能,能维持人体血管壁的弹性,阻止动脉硬化发生。白薯中含有较多的淀粉和纤维素,食后能在肠内大量吸收水分,增加便量和体积,可预防便秘。白薯是碱性食物,能与肉、蛋、米、面所产生的酸性物质中和,调节人体酸碱平衡。另外,各种粮谷易缺乏的维生素 C 和胡萝卜素,在白薯中也有一定的含量。

2. 粮食加工、储存中营养价值的改变

谷类加工后,尽管除去了杂质和谷皮,利于食用和消化吸收,但由于谷粒的一些营养素在谷胚及表层含量较多,若过分提高加工精度将造成营养素大量损失。因此,加工谷类时既要使谷类有较高的消化吸收率及良好的感官性状,又要最大限度地保存营养成分。本着经济和营养兼顾的原则,我国一般将稻米加工成"九二"米,即 100 千克糙米加工成 92 千克白米;将 100 千克小麦加工成 85 千克面粉,即"八五粉"、标准粉。从营养学的角度上看,标准米、标准粉中维生素、无机盐含量比精白米、面丰富,消化率比糙米和全麦粉高,更符合人体需要。同时,合适的出米率和出粉率,也可以减少粮食的浪费。

粮食储存中由于环境温度和湿度不同,营养素含量会有所改变,对营养价值产生影响。在储存初期,粮食所含的部分糖类被水解为麦芽糖和糊精,故新米饭较为黏稠。继续储存,酶的活性逐渐降低,粮食内的还原糖含量增加。而一旦粮谷含水超过 15%,则还原糖氧化为二氧化碳和水,如粮谷水分继续增加,碳化物受微生物作用,可产生醇和醋酸,从而产生"酸味"。

粮谷储存过程中,粮谷中的酶和微生物的作用,可使蛋白质逐步分解为氨基酸。当环境温度较高、湿度较大时,蛋白质会加速分解。

粮谷储存期间,无机盐的含量没有改变。如长期储存,则有机物质含量减少,无机物质的含量增加。

粮谷在储存期间维生素含量会发生变化。谷粒中含水量在 17% 时,5 个月内可损失 30% 的维生素 B 族;水分含量在 12% 时,可损失 12%。

3. 提高粮食食品食用价值的措施

首先应提倡食粮混食。由于各种粮食的营养成分不完全相同,混合食用可提高其营养价值。膳食中兼用一部分粗粮和杂粮不仅可增加维生素、无机盐的摄入量,还可以利用它们之间蛋白质的互补作用,提高食物蛋白质的营养价值。

其次要注意合理烹调。水溶性维生素及无机盐均易溶于水,因此淘米时要避免过分揉搓。要尽可能蒸饭及焖饭,捞饭会损失大量营养成分,米汤及煮汤应尽量设法利用。另外,把适当的营养强化剂加到食品中可以弥补食物固有的不足,提高谷类营养价值。如可在米面中加入适量赖氨酸等。强化剂的量要科学,各种氨基酸的比例要适当。

(二)豆类及其制品的营养

按照营养素的组成特点,豆类可分为两种类型:一类是以含蛋白质、脂肪为主的大豆;另一类是以含蛋白质和糖类为主的各种杂豆。

1. 不同豆类的营养特点

(1)大豆及其制品。大豆所含营养素全面且丰富。每100克大豆含蛋白质36.3克,是等量大黄鱼、瘦猪肉或鸡蛋所含蛋白质的两倍多。从蛋白质的质量看,大豆蛋白质富含人体不能合成的8种必需氨基酸,特别是赖氨酸、亮氨酸、苏氨酸含量比较丰富,而蛋氨酸含量较少。

大豆含脂肪丰富,黄豆中含18.4%。大豆脂肪含有多种人体所必需的不饱和脂肪酸。大豆脂肪不含胆固醇,只含少量的豆固醇,可以起到抑制机体吸收动物食品所含胆固醇的作用。大豆中还含有皂草甙,能降低血液中胆固醇含量。所有这些都是肉类所不能及的,故人们美誉大豆为"植物肉"。大豆中含有1.64%的磷脂。磷脂是人类营养中不可缺少的物质。大豆含维

生素 B_1 较多,并含维生素 B_2、尼克酸等。含无机盐丰富,以钙、磷、钾含量较高。同时也是微量元素的"仓库",即富含铁、铜、钼、硒、锌、锰等微量元素。

(2)杂豆的营养价值。除了大豆以外的豆类都属杂豆类,主要指蚕豆、豌豆、芸豆、绿豆、红小豆、豇豆等。

杂豆含有 55%~67% 的糖类物质,20%~30% 的蛋白质和少量的脂肪,无机盐和维生素的含量也较丰富。

大部分杂豆都用来作粮食食用。它们与谷类食物混合,可提高蛋白质的营养价值。豆类是难以得到的高钾、高镁、低钠食品,用于心血管病人的营养治疗效果显著。如果一个人每天能吃到 50 克左右的豆类,不论是对于增加饮食蛋白质还是防治心血管病都会受益匪浅。

绿豆。绿豆具有很高的营养价值。它的蛋白质含量比鸡肉还多(21.5%),并富含赖氨酸、亮氨酸和苏氨酸,也属于完全蛋白质。中医认为,绿豆性甘寒,能清热解毒、利水消肿、消暑止渴。误食了某些毒物以后,可以用绿豆汤来解毒。

干蚕豆。干蚕豆的蛋白质含量高达 29.4%,是杂豆中最高的。鲜蚕豆是春末夏初上市的一种菜,无论是炒食或配在素、荤菜中烧汤,均翠绿清香,软嫩鲜美。它的营养价值很高,每 100 克净鲜蚕豆中含蛋白质 9 克,糖类 12 克,可提供 378 千焦的热量,并富含胡萝卜素、维生素 B_1、维生素 B_2、维生素 C 和铁。

干豌豆。干豌豆的营养价值与干蚕豆近似。它的维生素 B_1 含量相当丰富,每 100 克含 1.62 毫克,比猪肝还要多 1 倍。鲜豌豆中维生素 B_1、胡萝卜素、维生素 C 等营养素的含量也很丰富。鲜豌豆的嫩茎叶称豌豆苗,有较强烈的清香味,用它烧汤味美可口,营养价值可与大多数绿叶菜媲美。豌豆中的蛋白质属不完全蛋白质。

2. 提高大豆营养价值的烹调方法

食用大豆的方法不同,其蛋白质的利用率也不同。吃法得当,大豆蛋白的消化率可达 92% ~ 96%;反之则会浪费一半。这是因为大豆的细胞壁由纤维素组成,大豆蛋白被细胞壁紧紧裹住,使肠胃中的消化酶很难同它接触;大豆所含的胰蛋白酶抑制素能抑制胃蛋白酶对蛋白质的分解作用,使大豆蛋白不能完全分解成人体可吸收的各种氨基酸。食用干炒大豆时,因加热时间短又不易嚼碎,大豆的细胞壁和胰蛋白酶抑制素很少破坏,因而消化率仅为 50%;煮熟的大豆消化率为 65%;制成浆后,由于经过磨细、过滤、加热等加工过程,大豆的细胞壁和胰蛋白酶抑制素破坏得较彻底,消化率可达 85%;如果将豆浆中的蛋白凝固变性,制成豆腐及豆制品,消化率则可提高到 92% ~ 96%。

干豆类不含抗坏血酸,但发芽后维生素 C 和维生素 PP 有较多的增加。如黄豆芽含有维生素 C,在缺少蔬菜的地区,可利用豆芽菜当蔬菜,是补充膳食中维生素 C 不足的有效办法。

(三) 蔬果

蔬菜是膳食的重要组成部分。大多数蔬菜的含水量在 90% 以上,糖类的含量不高。只有含淀粉较多的根菜,如土豆、芋头、山药等含热量较多,每 100 克可提供约 336 千焦热量。蔬菜中蛋白质含量很低,一般在 1% ~ 3%,缺少赖氨酸和蛋氨酸。脂肪含量更少,一般含量在 0.5% 以下。因此蔬菜不能作为热量的来源。但是蔬菜在膳食中非常重要。蔬菜可分为叶菜类、根茎类、瓜茄类及鲜豆类。其中叶菜类富含胡萝卜素、维生素 C、维生素 B、叶酸、胆碱等,比如油菜、苋菜、雪里红、菠菜、生菜、小白菜等。同时,叶菜也是钙、磷、铁等无机盐的宝库,尤其是含铁量丰富。

根茎类如芋头、山药、土豆、藕中的淀粉含量较多,土豆、芋头中蛋白质的含量、维生素的含量也较多。

瓜茄类的营养价值一般较低,但辣椒、西红柿、黄瓜、苦瓜等的营养价值很高。

鲜豆类的蛋白质、维生素、无机盐均比其他蔬菜含量多,蛋白质的质量也较谷类为好,在膳食中作为副食与谷类食品蛋白质可起到互补作用。鲜豆类中的铁易被人体利用。

1. 几种主要蔬菜的营养特点

(1)白菜。白菜古时称菘,又称结球白菜、黄芽菜、包心菜等。原产我国,其历史比粮食作物还要久远,已有6 000多年的历史。大白菜是我国北方人冬、春两季的主要菜品之一。

白菜含丰富的维生素C、钙和磷。每100克含维生素C 37毫克、钙140毫克。另外含铁、胡萝卜素和B族维生素。成年人一天吃350~400克大白菜就可满足维生素C的需要。大白菜中富含微量元素锌,锌能促进儿童的生长发育。此外,与中枢神经活动有密切关系的微量元素锰与能促进人体造血的铜在大白菜中的含量也很丰富。大白菜中还含有钼,钼能阻断体内亚硝胺的形成,具有防癌作用。白菜要现吃现炒,不要吃隔夜或放置时间过久的白菜,更不能吃腐烂的白菜。

(2)菜花。又名椰花菜、花菜,原产于欧洲。菜花中含有多种营养素,特别是维生素C的含量可观,每100克中达60毫克以上。菜花中含有多种能增强动物对苯并芘等致癌物的抵抗力的成分,因而具有抗癌作用。

菜花宜用急火快炒的方法烹制。可采用水焯及滑油的方法让其断生,再放入炒锅颠翻几下,调味后迅速出锅,能较好地保持其营养成分。

(3)洋白菜。又名卷心菜、大头菜、圆白菜等,学名为球叶甘蓝,是千年前从西域传入我国的菜种。洋白菜营养价值高,每

第四章 营养搭配

100克洋白菜含维生素C60毫克以上,而且在适度加热时,维生素C含量不但不会因遭破坏而减少,反而数量还会有所增加,这是抗坏血酸结合物转化为维生素C的结果。洋白菜含有丰富的钙和微量元素钼、锰等。新鲜的洋白菜汁可提高胃肠内膜上皮的抵抗力,使代谢正常化,起到防治胃溃疡的效果。洋白菜中的果胶、纤维素能结合并阻止肠内吸收胆固醇、胆汁酸,因而对动脉硬化、胆石症患者及肥胖者有益。洋白菜中的糖主要是葡萄糖和果糖。另外,洋白菜汁含有植物杀菌素和芥子挥发油,可起到抑菌作用。

(4)西红柿。每500克西红柿可提供给人体9克的糖,1.4克的脂肪,2.8克的蛋白质和多种维生素,如胡萝卜素、B族维生素。西红柿中还含有占总重量0.6%的各种无机盐,其中以钙、磷较多,锌、铁次之。此外还含有镁、氯、钾、锰、碘等。西红柿中含有苹果酸、柠檬酸、番茄素,苹果酸对维生素C有保护作用,番茄素有杀菌、抑菌作用。

西红柿中的维生素P可保护血管,防治高血压;维生素PP可保护皮肤健康,维持胃液的正常分泌。果汁中的氯化汞对肝病有辅助治疗作用。注意,不能生吃未成熟的西红柿。因未成熟的西红柿中含有毒性物质"番茄碱",吃多了会发生中毒。这种有毒物质的含量随西红柿的不断成熟而逐渐降低,成熟后基本消失。

2. 水果的营养特点

水果分为鲜果类、干果类和硬果类。

鲜果类主要含水分、无机盐和维生素C。有色鲜果,如红果、橘子、鲜枣、樱桃,不但维生素C含量丰富,而且含有较多的胡萝卜素和多种有机酸。有机酸在体内可较快氧化,因此进食酸性水果不会引起机体酸碱平衡的紊乱,还有助于钙和铁的吸收。

干果由新鲜水果加工干制而成,维生素特别是维生素 C 损失较多,但干果中一般含铁、钙等无机盐相对较多。

常见的硬果有花生、核桃、栗子、松子、白果、榛子、杏仁和各种瓜子。这些硬果仁中脂肪、蛋白质、铁和钙等的含量都相当丰富,有些还含有较多的维生素 B。

3. 食用菌的营养特点

食用菌既不同于植物性食物,又不同于动物性食物,可以称为真菌食物。白蘑菇、平菇、香菇、草菇、猴头、黑木耳、白木耳等均属真菌。

食用菌营养丰富,味道鲜美,具有高蛋白低脂肪的特点,因而有"保健食品"的美称。新鲜蘑菇蛋白质含量为 3%~4%,比大多数蔬菜高得多;而干蘑菇中蛋白质含量高达 40%,大大超过动物性食物中蛋白质的含量。

食用菌蛋白质的氨基酸组成较平衡,尤其是赖氨酸和亮氨酸含量较多。食用菌的维生素含量也很丰富,主要含维生素 B_1、维生素 B_2 和维生素 C。维生素 B_{12} 含量高,是膳食中维生素 B_{12} 的良好来源。成人每天食用 25 克鲜蘑即可满足一天对维生素的需要。另外,食用菌还含有丰富的钠、钾、锰、锌、碘等,以及己糖醇、海藻糖、甘露醇、酪氨酸酶等物质。

(四)肉类

肉类分为家畜肉和禽类肉两类。畜肉类包括牛、羊、猪、兔等;禽类包括鸡、鸭、鹅等。它们的营养成分含量随种类、年龄、部位及肥瘦程度的不同而有着显著差异。

1. 肉类的营养成分

肉类蛋白质的含量一般为 10%~20%,其中以肝脏含量最高,达 21% 以上,其次是瘦肉,含量约 17%。肉类脂肪含量约为

10%~30%,其主要成分为各种脂肪的甘油三脂及少量卵磷脂、胆固醇和游离脂肪酸等。肉品中以饱和脂肪酸为主。肉中的糖类以糖元形式存在,含量约为1%~5%。

肉类无机盐的总量为0.6%~1.1%,其中以钙、铁较多;含磷多,每100克达170毫克,且吸收率高。肝、肾中的无机盐含量更高,如100克猪肝约含铁25毫克;100克牛肝中含铁量为9毫克,是肌肉组织中的10倍。肉类中维生素的含量以动物的内脏,尤其是肝脏内含量最高。不仅含有丰富的B族维生素,还含有大量的维生素A、维生素D、叶酸、尼克酸等。肉类的肌肉组织中维生素含量少,但猪肉中维生素B的含量较高。

2. 肉类的营养特点

肉类蛋白属完全蛋白质。其氨基酸的组成接近人体组织蛋白质所需的模式,消化率很高,是膳食中优良蛋白质的来源之一。肉类脂肪以饱和脂肪酸居多,如猪脂肪中含40%,牛脂肪中含53%,羊脂肪中含57%,不易被人体消化吸收。另外,肉类含有较多的动物胆固醇,100克肥猪肉、牛肉、羊肉中的胆固醇含量一般可达100~200毫克。内脏及脑中含量更高。

肉类烹调后,能释放出肌溶蛋白、肌肽、肌酸、肌肝、嘌呤碱和氨基酸等物质,总称为含氮浸出物。肉汤中的含氮浸出物越多,味道越鲜美,刺激胃液分泌的作用也越大。一般来说,幼小动物的肉比成年动物的肉浸出物少;而禽类肉含氮浸出物较多(尤其是年龄大的),所以鸡肉汤鲜美。

一般来说禽类肉所含的营养成分与畜肉接近。由于禽肉有较多的柔软的结缔组织,而且脂肪均匀地分布于肌肉组织中,所以禽肉比畜肉味道更鲜美、脆嫩,易于消化。

(五)蛋类

蛋类的蛋白质含量约为13%~15%。蛋黄含量高于蛋清,约为16%。蛋黄中主要为卵黄磷蛋白,蛋清主要为卵清蛋白。这是目前天然食物中最好的蛋白质,称"基准蛋白"或"足价蛋白"。蛋类氨基酸的组成与人体组织蛋白质所需的模式十分相似,其蛋白质几乎能被人体全部吸收和利用。

用35%的鸡蛋蛋白和65%的土豆蛋白混食,至今其生物价是食品中最高的。

蛋中的脂肪含量约为11%~15%,几乎全部集中在蛋黄中。其中39%为中性脂肪,15%为卵磷脂,3%~5%为胆固醇。一个约50克重的鸡蛋约含胆固醇200毫克,主要集中于蛋黄中。蛋黄中尚有4%左右的卵磷脂蛋白。卵磷脂进入血液后,会使胆固醇、脂肪颗粒变小,并使之保持悬浮状态,从而阻止胆固醇和脂肪在血管壁上沉积。正常的老年人每天吃两个鸡蛋,其100毫升血液内的胆固醇值最多增加2毫克。

(六)奶类的营养

奶类含水分86%~87%;总乳固体13%,其中脂肪3.4%~3.8%,蛋白质3.3%~3.5%,乳糖4.6%~4.7%,无机盐0.7%~0.75%。

奶中的蛋白质主要为酪蛋白,其次是卵球蛋白和卵白蛋白,它们中含有人体必需的氨基酸,是婴幼儿生长发育必需的物质。乳中蛋白质的消化率为87%~89%,生物价为85。一升牛乳就可以满足成年人每日所需的氨基酸。

奶中的脂肪颗粒很小,呈高度分散状态,消化率高。其脂肪酸分为水溶性挥发脂肪酸、非水溶性挥发脂肪酸、非溶性不挥发脂肪酸。其中水溶性挥发脂肪酸构成的脂肪风味最好,是其他动物、植物脂肪所不能比拟的。脂肪中油酸占30%,亚油酸、亚麻酸仅占3%。100克奶中胆固醇含量约为7~17毫克,奶油中则高达168毫克。

奶中的碳化物(乳糖)含量为 4.6%~4.7%。乳糖的甜度为蔗糖的 1/6,是一种双糖,有利于幼儿的生长发育,能促进肠道内有益的乳酸菌生长,还可以促进钙和其他无机盐的吸收。乳中的无机盐含量约为 0.7%~0.75%,以钙、磷、钾为主。100 克奶中含钙 120 毫克,且吸收率很高。

乳中的维生素以维生素 B_2、维生素 A、维生素 B_1 为主,是维生素 B_2 的良好来源。此外,夏季动物食用青草饲料,可使乳中含有部分胡萝卜素和维生素 C。

酸奶是鲜奶经人工加入纯净的发酵菌——乳酸菌并添加白糖让其自然发酵产酸制得的奶制品。酸牛奶不但保留了牛奶原有的全部营养成分,而且酸奶的蛋白质、脂肪变得易于消化,钙、磷、铁利用率也大为提高。酸奶中乳酸等有机酸成分,可有效地抑制肠道内伤寒杆菌、痢疾杆菌、葡萄球菌的繁殖;乳酸可增进食欲,促进胃肠蠕动,具有防治老年便秘和小儿不良性腹泻的功效;酸奶可维持肠道菌丛的平衡,增加有益菌群,抑制腐败菌,防止腐败菌分解蛋白质,产生毒物堆积,对防治肿瘤具有重要意义。

(七)水产品的营养

水产品包括海产鱼、河湖淡水鱼及各种水产动物、植物,如虾、蟹、贝类、海参、海带等。它们是膳食中蛋白质、无机盐、维生素的良好来源。

鱼类蛋白质的含量约在 15%~20%。蛋白质中必需氨基酸的组成与肉类很接近,属于完全蛋白质,是生物价较高的优良蛋白质之一,尤其是蛋氨酸、赖氨酸的含量较高。鱼肉由肌纤维较细的单个肌群组成,在肌群中存在着相当多量的可溶性成胶物质,组织结构柔软,是动物性肉类中最容易消化的一种。鱼肉煮熟后损失的水分只有 10%~30%,比畜肉少(畜肉失水达

50%),因此肉质细嫩、松软,进食后容易受到消化液的作用,消化吸收率高达87%~89%,是老幼皆宜的良好食物。

鱼类脂肪含量约为1%~10%,一般在3%以下。个别鱼种脂肪含量高,如鳊鱼(武昌鱼)为15%,鲥鱼可达17%。脂肪主要集中在鱼皮、内脏和脑部,成分与组成和畜肉明显不同,大部分为不饱和脂肪酸,而且多价不饱和脂肪酸占的比例很大。鱼类脂肪的消化率可达95%以上。

常吃鱼有健脑、改善记忆的作用,还可以预防老年性记忆力衰退和痴呆。"鱼油"的保健作用已被确认,能改善大脑机能,提高记忆力,降低胆固醇,具有防止血栓形成、防治动脉粥样硬化和冠心病的作用。

鱼类无机盐含量比畜禽肉类高,达1%~2%。主要含钾、钙、磷等,也含有硫、铁、铜、碘等微量元素。鱼含维生素B_2、维生素PP比动物瘦肉多。鱼肝脏内维生素A、维生素D都很丰富。

(八)调味品的营养

烹饪肴馔的调味,不管是烹制前的调味,还是烹制过程中的调味或烹熟后的调味,均需要不同的调味品。饮食中常见的调味品主要有天然调味品和再制调味品。调味品在烹调过程中用量不多,却应用广泛,能改善和增加食品的感官性状,促进食欲,有的可起到杀菌消毒的作用。

通常使用的调味品有食盐、酱油、味精、醋、葱、姜、蒜、花椒、大料等。

1. 食盐

食盐是膳食中最主要的调味品,是百味之首。盐能提起各种原料的鲜味,具有解腻、除膻、去腥的功效。食盐不仅能调味,而且还能维持人体血液一定的渗透压和酸碱平衡。

第四章 营养搭配

正常成年人一日摄入3克食盐就能满足生理需要。考虑到饮食习俗，食物调味的实际需要，每日每人摄入量以10克以下为宜。过量摄入食盐会增加血流量，使血压明显上升，这往往是形成原发性高血压病的主要原因。

2. 酱油

酱油是大豆或豆饼、面粉、麸皮等经发酵加盐酿制而成的液体调味品。酱油的酿造经过了淀粉糖化、蛋白质水解、酒精发酵等生化过程。其色、香、味都是在这些过程中逐步形成的。

酱油含有水、食盐、蛋白质、氨基酸、糖类及少量醋酸等，以咸味为主，兼有特殊的香气和鲜味。香气的主要成分是甲基硫，鲜味主要来源于其富含的氨基酸。

3. 醋

醋是酸性液体调味料，包括酿造醋和人工合成醋两大类。

醋的主要化学成分是乙酸。烹调时加醋，乙酸与料酒中的乙醇以及原料中的油脂发生化学反应，生成乙酸乙酯，使菜肴具有特殊的香气。醋也是烹调中调和复合味的重要原料，同时还具有抑菌杀菌的作用和去腥除异味的功用。醋还有一定的保健作用，可软化血管、开胃健脾、促食欲、清心益神、降低血压、防治流感等。

醋能分解食物中的钙、磷和铁等无机盐，保护维生素C在加热中少受破坏或不被破坏，还能溶解植物纤维，促进无机物吸收。

4. 葱、姜、蒜

葱是膳食中离不开的蔬菜和调味品。葱中胡萝卜素、维生素C的含量丰富，同时富含无机物钾。葱叶的营养成分含量比葱白高。

葱含有特殊香气的挥发油，其主要成分为葱蒜辣素，具有较强的杀菌作用。大葱能刺激人体汗腺,有发汗解表的作用,并可促进消化液的分泌,具有健胃功能。

洋葱(葱头)含有硫化合物,可以降低血压、血脂。

姜含有挥发油。油中的主要成分为姜醇、姜烯、姜酚等。姜中的黄色油状液体是结晶性姜酮及油状液姜烯酮的混合物,能解除腥膻异味,提味增香。用生姜调味,辛辣芳香,可使原料更加鲜美。

生姜有很高的药用价值。姜中的"姜辣素"可祛寒降热、治疗感冒。生姜还有降血脂、预防胆石症的功效。

大蒜含有挥发性的"蒜辣素",对多种病菌、病毒甚至肠道寄生虫,均有强大的抑制和杀灭作用。大蒜治疗肠炎、细菌性痢疾、流感、流脑都有好的效果。凉拌菜中加入蒜蓉儿、蒜末儿,既可调味又可杀菌。

(九)饮料的营养价值

1. 酒类

酒是人们日常生活中的一种常见饮料。适量饮酒有兴奋神经、增进食欲、舒筋活血、祛湿御寒等作用。另外,在医疗方面也有一定的功效。

(1)白酒。白酒是以富含淀粉的谷物、薯类等为原料经过糖化、发酵、蒸馏等制成的蒸馏酒。其主要成分是酒精和水,此外还含有少量的其他成分,如醛酸、高级醇及酯等,还含有对人体有害的成分。

(2)啤酒。啤酒是以大麦为原料,加入具有特殊香气的酒花,经过糖化、发酵酿制而成的。啤酒的营养成分丰富,含有人体必需的 8 种氨基酸;发热量高,1 升麦芽汁浓度为 12% 的啤酒产热量可达 1 785 千焦;啤酒中(以黄啤酒为例)含 5% 的糖类、0.5% 的蛋白质、0.3% 的二氧化碳,还含有 B 族维生素等多种维生素及钙、磷、铁等无机物,大多可被人体直接吸收。经常饮啤酒有健胃、消食、清热、利湿、强心、镇静、杀菌等功能。啤酒花又称香蛇麻草,是一种作用显著的利尿药材;鲜啤酒中的鲜酵母可以促进胃液分泌,增进食欲。因此,坚持适量地饮用啤酒,对人体健康有益。

啤酒不仅是优良的饮料,而且也是调味品。用啤酒调生粉,淋在肉丝、肉片上,由于啤酒中酶的作用,可增加肉质的鲜嫩。烹调鱼及肉时用啤酒代替料酒或水能除腥增香,使鱼、肉别有风味。另外,摊制面饼时,若在面粉中掺些啤酒,会使制成的饼又脆又香。

啤酒虽是营养饮料,但患慢性胃炎、哺乳期妇女、泌尿系统结石病人等不宜饮用。更要注意的是,不论身体健康与否,啤酒都不可一次饮得过多,过量会损害身体。一次饮啤酒不要超过1升。

(3)葡萄酒。葡萄酒是用葡萄或葡萄干经发酵、贮存、冷热处理后制成的酒。分为红葡萄酒和白葡萄酒两种。前者是将红葡萄连同果皮放在一起发酵,红色素溶于酒中,因而酒液呈红色;后者是将葡萄压出汁液后,在色素还未溶出前即将汁液单独发酵而成,故不呈红色。

葡萄酒营养丰富,含有能直接被人体吸收的葡萄糖、果糖等糖类和多种氨基酸、B族维生素和维生素 C,还含有可防治疾病和与人体代谢密切相关的果胶质、黏液质、各种有机酸和矿物质。葡萄酒酒精含量一般在12%~18%之间,经常适量饮用对人体健康有益无害。以每天饮用100毫升以下为宜。

2. 茶

茶是我国的传统饮料,也是世界三大饮料之一。茶叶中所含的化学成分有300多种,包括矿物质元素、多酚类物质、蛋白质、糖类、生物碱、维生素、芳香物质、有机酸等。

茶叶中的矿物质元素有磷、钾、铁、氟、锰、硒等30余种。其中氟、锰比一般植物含量高。这些矿物质的50%～60%可溶于茶汤中。因此，人们饮茶后可获得多种矿物质元素。

茶叶中含多酚类物质，对人体具有多种药理功效，能抑制某些细菌在体内的生长繁殖，能保持组织的弹性和肌肤表皮的健美，有较显著的抗衰老功效；还能降低胆固醇和血脂，防止动脉硬化的发生。

茶叶中所含生物碱主要为咖啡碱、茶叶碱、可可碱等。可以刺激神经中枢，消除疲倦，提神醒脑，促进内脏神经下的血管收缩，有助于消化以及尿的排泄；能中和酒精，促使酒精排出体外；可增大呼吸量，是尼古丁的有效抗剂，可缓解酒精和尼古丁的中毒症状。

茶中的芳香物质主要是芳香油，有溶解其他脂肪的能力，帮助消化，并能中和偏食脂肪所引起的酸性中毒，消除口臭。

此外，茶中所含的蛋白质、糖类、维生素和有机酸等对人体均具有一定的营养和药理作用。

第五章　食品卫生

食品卫生问题是关系人民身体健康,人民正常生产、生活和社会秩序稳定的大问题。我国早在十多年前,就经第八届全国人民代表大会常务委员会第十六次会议,通过了《中华人民共和国食品卫生法》(以下简称《食品卫生法》),并且在当天就开始施行。

《食品卫生法》将我们国家长期以来实行的、行之有效的食品卫生工作的方针、政策,用法律的形式确定下来,使这个法成为全社会食品卫生安全保障的行为准则,使我国的食品卫生工作置于国家和广大人民群众监督之下,这标志着我国食品卫生工作已经进入了法制管理的轨道。《食品卫生法》的颁布,是全国人民生活中的一件大事,也是我国人民建设社会主义物质文明和精神文明的一件大事,它具有重要的现实意义和深远的历史意义。

认识、理解、懂得《食品卫生法》,按照《食品卫生法》的法律条文开展食品卫生工作,是保证农家乐稳定发展的重要保证。本章在介绍《食品卫生法》基本内容的同时,按照食品卫生法的要求,介绍了食品卫生的各项制度、农家乐旅游接待中接待户家庭的个人卫生与环境卫生问题、餐具的清洗与消毒问题、各类烹饪原料的卫生问题。

一、《食品卫生法》的主要内容

《食品卫生法》共九章,五十七条。

第一章《总则》,共五条。这一章明确了《食品卫生法》的宗旨、目的、意义和最基本的原则。规定了国家实行食品卫生监督制度和制度的适用范围,以及人民群众的监督权利,这一章是《食品卫生法》的总纲。

第二章《食品的卫生》,共五条。这一章主要规定了对食品本身的卫生、营养、感官性状的要求和食品生产经营过程中必须做到的卫生要求;禁止生产经营的食品;食品不得加入的药物。这些规定都是食品生产经营者应当履行的法律义务,一旦违反要承担法律责任。相关条文如下:

第八条 食品生产经营过程必须符合下列卫生要求:

(一)保持内外环境整洁,采取消除苍蝇、老鼠、蟑螂和其他有害昆虫及其滋生条件的措施,与有毒、有害场所保持规定的距离;

(二)食品生产经营企业应当有与产品品种、数量相适应的食品原料处理、加工、包装、贮存等厂房或者场所;

(三)应当有相应的消毒、更衣、盥洗、采光、照明、通风、防腐、防尘、防蝇、防鼠、洗涤、污水排放、存放垃圾和废弃物的设施;

(四)设备布局和工艺流程应当合理,防止待加工食品与直接入口食品、原料与成品交叉污染,食品不得接触有毒物、不洁物;

(五)餐具、饮具和盛放直接入口食品的容器,使用前必须洗净、消毒,炊具、用具用后必须洗净,保持清洁;

(六)贮存、运输和装卸食品的容器包装、工具、设备和条件必须安全、无害,保持清洁,防止食品污染;

(七)直接入口的食品应当有小包装或者使用无毒、清洁的包装材料;

(八)食品生产经营人员应当经常保持个人卫生,生产、销售食品时,必须将手洗净,穿戴清洁的工作衣、帽;销售直接入口食品时,必须使用售货工具;

(九)用水必须符合国家规定的城乡生活饮用水卫生标准;

(十)使用的洗涤剂、消毒剂应当对人体安全、无害。

第九条 禁止生产经营下列食品:

(一)腐败变质、油脂酸败、霉变、生虫、污秽不洁、混有异物或者其他感官性状异常,可能对人体健康有害的;

(二)含有毒、有害物质或者被有毒、有害物质污染,可能对人体健康有害的;

(三)含有致病性寄生虫、微生物的,或者微生物毒素含量超过国家限定标准的;

(四)未经兽医卫生检验或者检验不合格的肉类及其制品;

(五)病死、毒死或者死因不明的禽、畜、兽、水产动物等及其制品;

(六)容器包装污秽不洁、严重破损或者运输工具不洁造成污染的;

(七)掺假、掺杂、伪造,影响营养、卫生的;

(八)用非食品原料加工的,加入非食品用化学物质的或者将非食品当做食品的;

(九)超过保质期限的;

(十)为防病等特殊需要,国务院卫生行政部门或者省、自治区、直辖市人民政府专门规定禁止出售的;

(十一)含有未经国务院卫生行政部门批准使用的添加剂的或者农药残留超过国家规定容许量的;

(十二)其他不符合食品卫生标准和卫生要求的。

第十条 食品不得加入药物,但是按照传统既是食品又是药品的作为原料、调料或者营养强化剂加入的除外。

关于食品本身的卫生问题,本章将在第二个大问题"各类烹饪原料的卫生"中详细介绍。

第三章《食品添加剂的卫生》。这一章规定了生产经营和使用食品添加剂,必须符合食品添加剂使用卫生标准和卫生管理办法;不符合卫生标准和卫生管理办法的食品添加剂,不得经营和使用。

第四章《食品容器、包装材料和食品用工具、设备的卫生》。这一章共两条,它明确规定了食品容器、包装材料和食品用工具、设备必须符合卫生标准和卫生管理办法,同时要求制作食品的容器、包装材料、食品用工具、设备必须采用符合卫生要求的原材料且产品应当便于清洗和消毒。

第五章《食品卫生标准和管理办法的制定》,共三条。对批准颁发食品卫生标准、管理办法的机关、程序和批准权限,以及各有关部门的职责及关系作了明确规定。

第六章《食品卫生管理》,这一章共十五条。这是《食品卫生法》中条文最多的一章,其主要内容有食品生产经营企业的主管部门和企业必须建立健全本系统、本单位的食品卫生管理、检验机构或配备食品卫生管理人员及规定其职责;食品企业建筑工程、新资源的利用、新品种的生产等的申请、审批程序;食品标签的内容和食品生产经营者采购食品索取检验合格证的要求;食品生产经营的许可证制度;城乡食品卫生管理;进出口食品卫生的监督、检验制度。相关条文如下:

第二十六条　食品生产经营人员每年必须进行健康检查;新参加工作和临时参加工作的食品生产经营人员必须进行健康检查,取得健康证明后方可参加工作。

凡患有痢疾、伤寒、病毒性肝炎等消化道传染病(包括病原携带者),活动性肺结核、化脓性或者渗出性皮肤病以及其他有碍食品卫生的疾病的,不得参加接触直接入口食品的工作。

第二十七条 食品生产经营企业和食品摊贩,必须先取得卫生行政部门发放的卫生许可证方可向工商行政管理部门申请登记。未取得卫生许可证的,不得从事食品生产经营活动。

食品生产经营者不得伪造、涂改、出借卫生许可证。卫生许可证的发放管理办法由省、自治区、直辖市人民政府卫生行政部门制定。

第七章《食品卫生监督》,本章共七条。它主要规定了各级卫生行政部门及食品卫生监督机构的职责。相关条文如下:

第三十三条 食品卫生监督职责是:

(一)进行食品卫生监测、检验和技术指导;

(二)协助培训食品生产经营人员,监督食品生产经营人员的健康检查;

(三)宣传食品卫生、营养知识,进行食品卫生评价,公布食品卫生情况;

(四)对食品生产经营企业的新建、扩建、改建工程的选址和设计进行卫生审查,并参加工程验收;

(五)对食物中毒和食品污染事故进行调查,并采取控制措施;

(六)对违反本法的行为进行巡回监督检查;

(七)对违反本法的行为追查责任,依法进行行政处罚;

(八)负责其他食品卫生监督事项。

请农家乐经营者朋友们特别注意:对违反食品卫生法的行为,严重的是要依法追究当事人法律责任并进行行政处罚的。所以,我们一定注意要依法经营。

第三十四条 县级以上人民政府卫生行政部门设立食品卫

生监督员。食品卫生监督员由合格的专业人员担任,由同级卫生行政部门发给证书。

第三十七条 县级以上地方人民政府卫生行政部门对已造成食物中毒事故或者有证据证明可能导致食物中毒事故的,可以对该食品生产经营者采取下列临时控制措施:

(一)封存造成食物中毒或者可能导致食物中毒的食品及其原料;

(二)封存被污染的食品用工具及用具,并责令进行清洗消毒。

经检验,属于被污染的食品,予以销毁;未被污染的食品,予以解封。

第三十八条 发生食物中毒的单位和接收病人进行治疗的单位,除采取抢救措施外,应当根据国家有关规定,及时向所在地卫生行政部门报告。

县级以上地方人民政府卫生行政部门接到报告后,应当及时进行调查处理,并采取控制措施。

第八章《法律责任》,这一章共十五条。本章详细规定了违反《中华人民共和国食品卫生法》要承担的相应的法律责任及罚款的相应数额。相关条文如下:

第三十九条 违反本法规定,生产经营不符合卫生标准的食品,造成食物中毒事故或者其他食源性疾患的,责令停止生产经营,销毁导致食物中毒或者其他食源性疾患的食品,没收违法所得,并处以违法所得一倍以上五倍以下的罚款;没有违法所得的,处以一千元以上五万元以下的罚款。

违反本法规定,生产经营不符合卫生标准的食品,造成严重食物中毒事故或者其他严重食源性疾患,对人体健康造成严重危害的,或者在生产经营的食品中掺入有毒、有害的非食品原料的,依法追究刑事责任。

有本条所列行为之一的,吊销卫生许可证。

第四十条 违反本法规定,未取得卫生许可证或者伪造卫生许可证从事食品生产经营活动的,予以取缔,没收违法所得,并处以违法所得一倍以上五倍以下的罚款;没有违法所得的,处以五百元以上三万元以下的罚款。涂改、出借卫生许可证的,收缴卫生许可证,没收违法所得,并处以违法所得一倍以上三倍以下的罚款;没有违法所得的,处以五百元以上一万元以下的罚款。

第四十一条 违反本法规定,食品生产经营过程不符合卫生要求的,责令改正,给予警告,可以处以五千元以下的罚款;拒不改正或者有其他严重情节的,吊销卫生许可证。

第四十二条 违反本法规定,生产经营禁止生产经营的食品的,责令停止生产经营,立即公告收回已售出的食品,并销毁该食品,没收违法所得,并处以违法所得一倍以上五倍以下的罚款;没有违法所得的,处以一千元以上五万元以下的罚款。情节严重的,吊销卫生许可证。

第四十七条 违反本法规定,食品生产经营人员未取得健康证明而从事食品生产经营的,或者对患有疾病不得接触直接入口食品的生产经营人员,不按规定调离的,责令改正,可以处以五千元以下的罚款。

第四十八条 违反本法规定,造成食物中毒事故或者其他食源性疾患的,或者因其他违反本法行为给他人造成损害的,应当依法承担民事赔偿责任。

第四十九条 本法规定的行政处罚由县级以上地方人民政府卫生行政部门决定。本法规定的行使食品卫生监督权的其他机关,在规定的职责范围内,依照本法的规定作出行政处罚决定。

第五十条 当事人对行政处罚决定不服的,可以在接到处罚通知之日起十五日内向作出处罚决定的机关的上一级机关申请复议;当事人也可以在接到处罚通知之日起十五日内直接向人民法院起诉。

复议机关应当在接到复议申请之日起十五日内作出复议决定。当事人对复议决定不服的,可以在接到复议决定之日起十五日内向人民法院起诉。

当事人逾期不申请复议也不向人民法院起诉,又不履行处罚决定的,作出处罚决定的机关可以申请人民法院强制执行。

第五十一条 卫生行政部门违反本法规定,对不符合条件的生产经营者发放卫生许可证的,对直接责任人员给予行政处分;收受贿赂,构成犯罪的,依法追究刑事责任。

第五十二条 食品卫生监督管理人员滥用职权、玩忽职守、营私舞弊,造成重大事故,构成犯罪的,依法追究刑事责任;不构成犯罪的,依法给予行政处分。

第五十三条 以暴力、威胁方法阻碍食品卫生监督管理人员依法执行职务的,依法追究刑事责任;拒绝、阻碍食品卫生监督管理人员依法执行职务未使用暴力、威胁方法的,由公安机关依照治安管理处罚条例的规定处罚。

请农家乐经营者朋友们特别注意:对违反食品卫生法的行为,不仅要依法追究当事人法律责任,进行行政处罚,同时对于构成犯罪的还要追究刑事责任。所以我们在进行经营时,一定要强化法律意识。

第九章《附则》,这一章共四条。它以立法的形式对《食品卫生法》中的重要用语作了定义;同时对实施细则和出口食品的管理办法的制定程序,对《食品卫生法》的生效日期作了说

明。相关条文如下:

第五十四条　本法下列用语的含义:(有删节)

食品:指各种供人食用或者饮用的成品和原料以及按照传统既是食品又是药品的物品,但是不包括以治疗为目的的物品。

食品添加剂:指为改善食品品质和色、香、味,以及为防腐和加工工艺的需要而加入食品中的化学合成或者天然物质。

食品容器、包装材料:指包装、盛放食品用的纸、竹、木、金属、搪瓷、陶瓷、塑料、橡胶、天然纤维、化学纤维、玻璃等制品和接触食品的涂料。

食品用工具、设备:指在食品生产经营过程中接触食品的机械、管道、传送带、容器、用具、餐具等。

食品生产经营:指一切食品的生产(不包括种植业和养殖业)、采集、收购、加工、贮存、运输、陈列、供应、销售等活动。

食品生产经营者:指一切从事食品生产经营的单位或者个人,包括职工食堂、食品摊贩等。

二、食品卫生管理制度

为防止食品污染、食物中毒的发生,保证食品的卫生质量,保护食用者的健康,饮食业必须加强食品卫生科学管理,建立卫生组织机构,健全规章制度和岗位责任制。

(一)经常性卫生制度

针对对食品卫生质量有严重影响的各个生产环节和比较容易出现的卫生问题,如工具、容器、餐具的清洁消毒,个人卫生,原料与成品质量检查等,要建立健全卫生制度,使卫生工作经常化、制度化、习惯化。

《食品加工、销售、饮食企业卫生五四制》是各类食堂、餐馆一项经常性的卫生制度,同样也是我们农家乐经营者必须遵守的一项制度。它是搞好饮食卫生的成功经验,严格执行这项卫生制度,可有效地预防肠道传染病和食物中毒事件的发生。

它的具体内容是:

(1)由原料到成品实行"四不"制度。即采购员不买腐烂变质的原料;保管验收员不收腐烂变质的原料;加工人员(烹调师)不用腐烂变质的原料;营业员(服务员)不卖腐烂变质的食品。

农家乐经营者集采购员、保管员、烹调师和服务员于一身,除了做到以上"四不"以外,还要做到不用手拿食品,不用废纸和废物品包装食品。

(2)成品(食物)存放实行"四隔离"制度。即食物要生与熟隔离;成品与半成品隔离;食物与杂物、药物隔离;食品与天然冰隔离。

(3)用(食)具实行"四过关"制度。即一洗,二刷,三冲,四消毒。

(4)环境卫生采取"四定"制度。即定人、定物、定时间、定质量。划片分工,包干负责。

(5)个人卫生做到"四勤"制度。即勤洗手、勤剪指甲,勤洗澡、勤理发,勤洗衣服和被褥,勤换工作服和毛巾。

(二)健康检查制度

(1)饮食行业从业人员,集体食堂的管理员、炊事员,由生产、经营主管部门负责定期组织进行健康检查。凡患有碍食品卫生的疾病的人员,不得参加入口食品的生产、销售工作,应当迅速调离直接接触食品的工作岗位,治愈后方可恢复原工作。

(2)新参加食品经营的人员(含临时工)应进行健康检查,待取得卫生监督机构签发的"健康证"后方可参加工作。

(3)当工作人员家属患传染病时,工作人员应自动申请进行带菌检查及医学观察,以防传染。农家乐经营者如家中有人患有传染病、肺病、皮炎等不宜从事餐饮行业的疾病时,应暂时停止经营活动。

(4)按照卫生防疫部门的规定,实施预防接种。

(三)餐具消毒制度

(1)碗、筷、杯、盘等饮食器具使用后,应用温热水洗刷干净,消毒后设专柜保管。

(2)切菜板、砧、刀及容器应生熟分开,用后及时洗刷、刮净、消毒。切菜板、砧、刀消毒后应立放。其他勺、铲等厨房用具用毕后亦应洗刷干净。

(3)设施、设备、机械要定期消毒。一般采用消毒灯消毒。

(四)卫生知识教育制度

饮食行业的从业人员必须每年接受卫生防疫部门的卫生知识教育,学习《中华人民共和国食品卫生法》和有关卫生法规、法令及卫生知识,掌握本行业的卫生要求。

三、农家乐旅游接待中的个人卫生问题

从事食品工作的人员天天接触食品,个人卫生的好坏直接或间接影响食品卫生质量。因此,要求从事食品工作的人员必须讲究个人卫生。

(一)接受定期身体检查

根据《中华人民共和国食品卫生法》规定,食品生产经营人员每年必须进行健康检查;新参加工作和临时参加工作的食品生产经营人员必须先进行检查,取得健康证后方可参加工作。定期检查身体(一年或半年一次),不但在公共卫生上具有重要意义,而且有利于职工掌握本身健康状况。

影响食品卫生质量的疾病,根据《食品卫生法》的规定,有痢疾、伤寒、病毒性肝炎、活动性肺结核、化脓性或渗出性皮肤病。另外,《食品卫生法》中指出的其他有碍食品卫生的疾病是指:流涎症状,患肛门漏、膀胱漏、腹泻等。在健康检查中发现患上述疾病的人员,不得参加直接入口食品的生产。患有疾病的人员要及时就诊治疗,凭治疗单位出具病愈的证明方能继续参与食品生产。

(二)养成良好的个人卫生习惯

1. 坚持"四勤"

要勤洗手、勤剪指甲,勤洗澡、勤理发,勤洗衣服和被褥,勤换工作服和毛巾。要保持卫生、整洁的仪表。

保持手的清洁对食品业从业人员尤为重要。手在一天生活中接触的东西很多,梳头、穿衣、提鞋、数钱、翻书看报、做饭、吃东西、上厕所等都离不开手。所以,必须要保持手的清洁,要做到在厨房做饭前和便后用肥皂洗手,洗手应按程序进行,打肥皂后按六步法搓洗。接触直接入口食品的人员,应坚持手的消毒,不得用手抓取直接入口的食品。

六步搓洗法:搓洗前,用水将手冲湿,打上肥皂后——

第一步:掌心相对,手指并拢,相互搓擦。

第二步:手心对手背,沿指缝相互搓擦,交换进行。

第三步:掌心相对,双手交叉,沿指缝相互搓擦。

第四步:一手握另一手大拇指旋转搓擦,交换进行。

第五步:一手握拳在另一手心旋转搓擦,交换进行。

第六步:将五个手指尖并拢在另一手掌心旋转搓擦,交换进行。

这样就将手的掌心、掌背、指缝、指甲缝、手褶皱处都搓到了。最后用流动水将手冲洗干净。

2. 严格遵守作业场所卫生规程

农家乐经营者朋友在为游客准备饭菜期间,严禁在操作间内吃东西、抽烟或随地吐痰;不能挖鼻孔、掏耳朵、剔牙;不允许对着食品打喷嚏;不允许用勺子直接品尝(品尝的勺、碟专人专用)食品。切配冷餐原料时,应该戴口罩。

农家乐经营者家里的擦手布(抹布、带手布)要随时清洗,每天煮沸消毒,经常在日光下晾晒。不能一布多用,以免交叉污染。消毒后的餐具不要再用抹布擦抹。

做饭菜时不能戴戒指、手镯、手表,更不允许涂指甲油。

3. 养成良好的操作卫生习惯

要注意养成良好的操作卫生习惯,如实行切配和烹调双盘制;配料的水盆要定时换水;案板、菜砧用后及时刷洗,并要立放;油盆(或罐)要把新、老油分装等。

(三)讲求职业道德

农家乐经营者应积极参加卫生知识培训,不断提高营养卫生知识水平。同时,还要不断地提高思想水平,遵守职业道德,这些是做好个人卫生的保证。

四、农家乐经营中的环境卫生问题

食品卫生除了包括食品质量的卫生、食品工作人员的个人卫生外,还包括食品作业场所的环境卫生。环境卫生包括外环境卫生和内环境卫生。做好外环境卫生工作首先要考虑的是远离有毒有害物质污染源,如粪场、垃圾堆等。内环境卫生包括采光、通风、排烟、防尘、污水处理,以及消灭有害蚊蝇等卫生工作。

(一)设置作业场所的卫生要求

烹饪场地的设置必须符合国家城乡规划卫生要求。水源要好,符合饮水卫生要求,无任何有害物质的污染;自然条件良好,空气新鲜,地势高,利于排水;利于排烟、排气,通风良好,符合卫生法规要求。

(二)厨房的卫生要求

厨房包括初加工、洗涤、切配、冷菜、烹调操作和主食制作的房间。房间内要有防尘、防蝇、防虫害设备。

厨房的上水、下水设施十分重要,应按国家环境卫生法规要求设计、使用。厨房下水道要有单独的阴沟,最好设油水分离装置。

厨房的冷藏设备宜配备两套,以做到生熟分开,防止生熟食品的交叉污染。

(三)餐厅的卫生要求

餐厅卫生包括两方面的含义。一是日常性清洁卫生,二是餐厅进食条件的卫生。

卫生工作的范围涉及地面、桌面、墙壁、门窗、玻璃窗等的清洁。卫生工作的重点是清除地面、桌面的油污,餐厅卫生工作要经常化、制度化、标准化,严禁在顾客用膳尚未结束时开始卫生工作。另外,要通过卫生工作为顾客创造良好的进食条件。

(四)冷荤加工间卫生要求

(1)进入冷荤间加工制作冷荤之前,要打扫厨房卫生,清洁操作台、地面、水池,确保无杂物。

(2)备足刀、墩、案板、盆、筐等专用工具,并对专用工具进行消毒。

(3)备足开餐使用的烹饪原料,包括主料、配料、调料。

(4)根据客人数和菜品实际销售情况清洗、加工原料,不用腐败、变质、过期的原料。

(5)冷菜制作、切配前,操作人员必须严格按照"六步洗手法",认真洗手。并做到专人、专室、专用工具、专用消毒设备、专用冷藏设备。冷荤切配时,宜戴一次性口罩。

(6)冷荤装盘完毕,如果不能立刻上桌,必须覆盖保鲜膜,置于阴凉处或保鲜柜中储存。

(7)对隔夜成品、半成品,每天检查一次,防止不合格产品出售,对存放12~24小时的肉类熟制品,必须加热确保安全后再出售。

(8)调味汁必须当日制作,保证新鲜。

(9)当天未销售的剩余冷菜必须放入保鲜盒进入冰箱保存。

(10)营业结束后,熄灭灶火、清洁灶台。

(11)操作工具清洗、消毒、定位存放。

(12)打扫操作间卫生,保证地面、工作台干净无杂物。

(13)开启紫外线灯消毒30分钟(一天两次)。

(五)贮藏室卫生

烹饪原料的贮藏、保管是一项细致的工作,应该认真做好贮藏室的卫生工作。

贮藏室应通风、干燥、防霉,无虫害;不同种类的原料应分类存放;食品与非食品要分别存放;成品与半成品分别存放;短期存放与较长时间存放的食品分别存放;易吸附异味的食品要设隔离间单独存放。

特别要注意,贮存室只能贮藏烹饪原料,绝不能堆放药物(如鼠药等)及其他对人体有害的物品。

(六)冷藏设备(冰箱、冰柜)卫生

(1)食品冷藏前必须新鲜,无污染。取用时应本着先进先出的原则。

(2)冷藏设备的温度不能忽高忽低。开启不要过于频繁。

(3)冷藏设备内严禁存放药品和杂物,以防污染食品或发生误食。

(4)长期冷藏的原料应定期检查食品质量的变化,如肉是否腐败,脂肪是否酸败,植物性原料有无霉变现象等。

(5)冷藏设备要定期清洗和定期除霜、消毒,彻底消除有害微生物污染。

(七)灭鼠与除虫

1. 灭鼠

消灭鼠害是做好烹饪卫生工作的重要环节。可采用的灭鼠方法主要有:

(1)生态学灭鼠,又称间接灭鼠或防鼠。主要是改变或破坏鼠类赖以生存的条件,从而达到灭鼠的目的。可采用多设防鼠设备、经常进行搬家式大扫除等方法。这在灭鼠工作中是极为重要的。

(2)器械灭鼠。主要是利用食物作为诱饵,按照力学平衡及杠杆原理制造捕鼠器械,如鼠夹、鼠笼等。这种方法对人畜安全,使用简单,极易推广。特别适合家庭灭鼠。

(3)药物灭鼠,即采用化学毒饵灭鼠。这是目前广泛使用的方法之一。其基本要求是:毒饵对鼠类毒性强,对人、畜的毒性小,毒饵的适口性好,价格便宜,可推广。目前常用的灭鼠药物有:磷化锌、敌鼠(又称敌鼠钠)、灭鼠灵、安妥、三氯硝基甲烷、二氧化硫等。但是家庭的厨房、餐厅及食品仓库一般不使用此法灭鼠。

2. 灭蝇

蝇类不仅传播疾病,还影响人的活动、休息,对人类危害极大。消灭苍蝇必须标本兼治。治标就是扑杀成蝇或灭蛹、杀蛆；治本就是改良厕所，搞好环境卫生，消灭苍蝇的滋生地。

3. 灭蟑螂

防治蟑螂的原则是：搞好厨房、餐厅、仓库的室内卫生，经常进行搬家式大扫除，以防止蟑螂的滋生。可将蟑螂灭绝王或敌百虫加入诱饵中毒杀蟑螂，也可以用市售蟑螂笔画线捕杀的方法，彻底消灭蟑螂。

五、餐具的清洗与消毒方法

(一)食品容器的洗涤与消毒

食品容器用于盛放原料、半成品、成品，也用于盛装直接入口食品。因此，农家乐接待活动中，必须保证食品容器的清洁卫生。

常用的清洗餐具的方法有：用热水冲刷；用酸、碱或其他符合卫生要求的洗涤剂刷洗。对洗涤剂的要求是洗涤性能强，能充分分解，本身具有一定亲水性，易被水冲掉；在容器上的残留量对人体安全；排放后易被分解，不会造成对环境的污染。

食品容器消毒实行"四过关"制，即一洗，二刷，三冲，四消毒。

(二)餐具的清洗、消毒

1. 清洗

首先要将餐具上的残渣污物刮除干净。刮除残渣既有去除剩余物的作用，也有降低洗涤剂浓度、缩短浸泡时间、增加洗涤效果的作用。刮除残渣后，用热碱水或者用经卫生监督部门批准使用的洗涤剂洗刷，再用水冲洗，冲掉餐具内外附着的残渣、油秽及洗涤剂。

以上即通常说的"一刮,二洗,三冲"的餐具清洗程序。这三步清洗程序要分别进行,即最好做到"三池分开",刮、洗、冲各设置专用水池。

2. 消毒

对洗净的餐具进行消毒,其目的是为了杀灭餐具上可能还存有的致病细菌和寄生虫卵。消毒的方法很多,有加热消毒法和化学药物消毒法。加热消毒法简便可靠,家庭主要用加热消毒法。

(1)加热消毒法

煮沸消毒法。这是加热消毒法的一种,是将洗净后的餐具放在筐篓内,连筐篓一起放在开水中煮沸3~5分钟后,将筐篓提起沥干,最后把碗筷等餐具放在清洁的碗柜内保存或用洁净的纱布遮盖备用。此种方法效果好,简便易行,适宜于家庭应用,但一般不适宜消毒玻璃餐具。

蒸汽消毒。这也是加热消毒法的一种。蒸汽消毒法强度高,杀菌力强,效果好,简便实用。方法是将洗干净的餐具直接放在蒸锅的笼屉上蒸。保证消毒温度不低于95℃,时间不少于15分钟。

(2)远红外线消毒法

消毒灯:远红外线灯有良好的热效应,热能直接由电磁波产生,不需介质传导,故升温快,有利消毒。远红外线最易被物品吸收,适用于导热较好、比较平坦的污染面的消毒。如大盆、案板、砧板、刀等。远红外线灯消毒时最好采用多面照射,这样光源强,效果好。

消毒柜:远红外线消毒柜最高温度可达200℃,用于餐具消毒的温度为120℃,经20分钟即能达到满意效果。适合消毒各种餐具。

(3) 化学溶剂消毒

漂白粉：漂白粉的主要成分为次氯酸钙、氯化钙、氧化钙，含有效氯 25%～32%，在空气中吸收水分与二氧化碳后可分解，遇日光、热、潮湿等反应加快，易结块，对物品有漂白与腐蚀作用，价格便宜，使用浓度为 0.1%～0.2%，餐具在此浓度的溶液中浸泡 5～10 分钟，即可达到消毒的目的。漂白粉溶液要现用现配。

84 消毒液：84 消毒液用于由痢疾杆菌、大肠杆菌等肠道致病菌感染的痢疾、肠炎、腹泻等的消毒。将 84 消毒液按 1∶250 的比例与水配置，用消毒液对厨房的案板、门把手、碗橱的表面等进行擦拭，10 分钟即可达到消毒的目的。但是应注意 84 消毒液对金属、棉织物有腐蚀、脱色作用，因此不能将金属制品、有色的棉织品放在 84 消毒液中浸泡。

对不耐热的餐具、茶具（如玻璃杯）进行消毒应采用化学消毒剂消毒的方法。选择消毒剂时应注意以下几点：首先要求消毒剂对消毒操作人员的身体无伤害；餐具消毒后经冲洗容易去除药剂残留；按规定程序操作，消毒效果可靠；安全性毒理学试验符合要求。

六、各类烹饪原料的卫生

为保障游客身体健康，农家乐接待中所用全部食品要符合以下最基本的卫生要求：第一，食品应具有其本身所固有的营养成分，以满足人体对营养物质的需要；第二，在正常情况下，食品不应对人体健康产生任何不利影响，也就是说，食品必须无毒无害；第三，食品的感官性状，也就是食品的色、香、味不应给人以任何不良感觉。下面具体介绍常用烹饪原料的卫生问题。

(一)粮豆类的卫生

粮豆类的卫生主要表现为三个方面的问题。第一,霉菌及其毒素对粮豆的污染;第二,粮豆中有害植物种子的污染;第三,仓库害虫及杂物的污染。

1. 霉菌及其毒素对粮豆的污染

粮食和豆类在高温、高湿条件下,会发热、霉烂、变质。粮豆在成熟或贮存期间发生霉变,不仅感官性状发生变化,而且可产生霉菌毒素,使食用者发生霉菌毒素食物中毒。其中要特别引起注意的是黄曲霉菌毒素的污染,其毒性可引起肝癌,也可引起急性中毒。黄曲霉菌毒素耐热力很强,在280℃高温下加压才有可能被破坏。

防止粮豆发热霉变的主要方法是控制环境的温度、湿度。贮存粮豆过程中,要将水分降至14%以下;大豆降至12%以下;成品粮降至13% ~ 13.5%。

2. 粮豆中有害植物种子的污染

谷物收割时常常混进一些有害的植物种子,最常见的有毒麦、麦仙翁籽、苍耳等。这些杂草种子都含有一定的毒素,混入粮豆制品中会引起食用者中毒。

为预防粮食、豆类中毒就应该加强田间除草,粮食加工时注意筛选。

3. 仓库害虫及杂物的污染

仓库害虫的种类很多,世界上现发现有上百种以上,我国发现有50多种。其中甲虫损害米、麦、豆等原料;螨虫损害稻谷。这些害虫不但损害大量粮食,而且使粮豆带有不良气味,减少重量,降低质量,易使粮豆发热并导致微生物进一步污染,造成粮食霉烂变质。

泥土、砂石和金属是粮豆中主要的无机夹杂物,应在包装贮藏前清理干净。提倡科学保粮,要积极推广"四无"粮仓(无虫,无霉,无鼠,无事故),并加强粮食检验,不加工、出售霉烂和不符合卫生标准的粮食。

(二)豆制品的卫生

豆制品含有丰富的蛋白质、水分,在生产运输、销售过程中极易遭到细菌等微生物的污染。很多豆制品除供烹煮外,还经常凉拌食用,故需加强卫生管理,防止食物中毒的发生。

豆制品生产加工中使用的水和添加剂必须符合国家卫生标准。豆芽的发制过程禁止使用尿素和化肥。运输的工具、盛器必须清洁。各种制品冷、热要分开,干、湿要分开,水货不脱水,干货不着水,不叠不压,要保持低温、通风,彻底杜绝苍蝇及滋生蛆虫。

(三)蔬菜、水果的卫生

一般蔬菜的卫生指标是:

优质菜:鲜嫩,无黄叶,无伤痕,无病虫害,无烂斑;

次质蔬菜:梗硬,老叶多,叶枯黄,有少量病虫害、烂斑和空心,挑选后可食用;

变质菜:严重霉烂,呈腐臭味,亚硝酸盐含量增多,有毒或有严重虫伤等,不可食用。

一般水果的卫生指标是:

优质水果:表皮色泽光亮,肉质鲜嫩、清脆,有固定的清香味;

次质水果:表皮较干,不够光泽、丰满,肉质鲜嫩度差,营养成分减少,清香味减退,略有小烂斑,有少量虫伤,去除虫伤和腐烂处仍可食用;

变质水果:已腐烂变质,不能食用。

造成蔬菜、水果污染、变质的原因主要有以下几个方面：

（1）肠道致病菌和寄生虫卵的污染。我国蔬菜栽培主要以人畜类粪便作肥料，因此肠道致病菌和寄生虫卵的污染很严重。据查，西红柿、黄瓜、葱的大肠杆菌检出率为67%～100%。不论新鲜菜或咸菜都可检出蛔虫卵。水生植物中的菱角、荸荠上均可污染姜片虫。水果在收获和运输过程中，由于和大气、土地接触，也往往污染肠道致病菌和寄生虫卵。

（2）污水、废水的污染。

（3）农药的污染。为防止蔬菜、水果受污染，预防措施有：①严禁用未经处理的生活污水、废水灌溉农田；②用于蔬菜、水果的农药必须是高效、低毒、低残毒的；③禁用鲜人畜粪便为蔬菜、果树施肥；④做好运输、贮藏的卫生管理；⑤生吃蔬菜、水果必须洗净消毒；⑥削皮后的水果应立即食用。

（四）植物油的卫生

1. 油脂的酸败

不论是食用油脂，还是含油脂较多的食品，在不符合卫生要求的条件下保存，尤其是高温季节，很容易产生一种哈喇味，这是油脂发生酸败的缘故。造成油脂酸败的原因有两方面，一是由于植物组织残渣和微生物产生的作用；二是空气、阳光、水分等作用下发生的水解过程。

油脂的酸败，会产生对人体有毒、有害的物质，有可能引起肿瘤，因而要高度重视。酸败了的油脂，由于性质改变，已失去食用价值，就不能食用了。

2. 防止油脂变质

防止油脂变质的方法有：

（1）保证油脂的纯度高，减少残渣存留，避免微生物污染。

（2）限制油脂中水分含量。我国规定油脂中的水分不得超过0.2%。烹调加工过程中用过的油含水分多,不要回倒在新鲜的油中,应单独存放,及时用掉,不能久存。

(3)阳光和空气能促进油脂的氧化,所以油脂宜放在暗色(如绿色、棕色)的玻璃瓶中或上釉较好的陶器内,放置于阴暗处,最好密封,尽量避免与空气接触。

(4)金属(铁、铜、锰、铅等)能加速油脂的酸败,所以贮存油脂的容器不应含有铜、铅、锰等金属成分。

3. 粗制生棉籽油的毒性

棉籽中有毒性的物质主要是游离棉酚。粗制生棉油中棉酚含量高,长期食用会引起"烧热病"。患者皮肤灼热难受,无汗,伴有心慌、无力、气急、肢体麻木等症状,还能影响生殖机能。只要停止食用含棉酚较高的粗制棉籽油,经治疗后,多数患者可恢复健康。

预防"烧热病"的措施是:改变棉籽油的加工方法。棉籽应先蒸,后炒,再进行榨油,榨的油需再经过精炼,这样就可去掉大部分棉酚,使油不再具有毒性。我国规定棉籽油中游离棉酚含量不得超过0.03%。

4. 油脂经高温加热后的毒性

油脂经过高温加热后,不仅营养价值降低,而且分子结构改变,发生脂肪酸聚合。发生了酸聚合的脂肪毒性较强。这种毒性可使动物生长停滞,肝肿大,肝功能受到损害,有学者认为还具有致癌作用。反复使用的经高温加热的油,其聚合体含量更多,对人体的危害更大。

为防止和打破脂肪的聚合作用,在烹调中要注意不反复使用高温加热的油脂烹炸食物,要控制烹调的油温,适当地加入新油,加热的时间不要太长。

（五）调味品的卫生

能调节食品色、香、味等感官性状的调味品很多。下面介绍烹调中常用的酱油、酱、食醋、食盐等调味品的卫生。

1. 酱油、酱

酱油的种类很多，人们普遍食用的是以大豆和豆饼为主要原料制成的人工发酵酱油。较常见的酱是用大豆、面粉等为原料发酵酿造成的黄酱、甜面酱、豆瓣酱等。它们主要的卫生问题是微生物的污染与生霉问题。

酱油和酱类属于发酵食品，在加工制作过程中要接种曲霉。在长期反复的培养中容易污染其他产毒菌种或菌种变异成为产毒菌株，给人们健康造成危害。

酱油、酱又是肠道病源微生物传播者——苍蝇的滋生场地，一旦污染上致病菌，就成为肠道疾病的传播途径。

在酱类制品的生产加工、运输、贮存和销售过程中，由于卫生防护措施差会受到产膜性酵母的污染。在气温较高的季节，酱类制品生长一层白膜即"生白"现象，会降低产品卫生质量，还可造成产品变质。

符合卫生要求的酱油应具有正常酿造的酱油的色泽、气味和滋味，不浑浊，无沉淀，无霉花乳膜，无不良气味，不得有酸、苦、涩等异味和霉味。

酱油中加入的添加剂有防腐剂和色素，应按国家规定的品种和用量使用。严禁酱油采用加铵生产。

2. 食醋

食醋是以粮食、糖、酒等为原料经醋酸菌的发酵作用酿造而成的。按制作方法不同，醋分为米醋、熏醋、老陈醋；按原料不同可分为米醋、糖醋、果醋。

发酵的醋制成后必须加热将醋酸菌杀死，否则会被醋酸菌分解为二氧化碳和水。食醋中含醋酸3%~5%,有芳香气味。食醋如果污染杂菌,则表面形成白色菌膜(也称生醭或生白),这会降低醋的质量。如果污染醋酸菌,就会生成纤维质半透明的厚皮膜,使醋的品质败坏。因此要求家庭中盛醋容器必须干净。

食醋储存中不应用金属容器盛装。醋中的铅、砷等重金属及黄曲霉毒素、细菌指标不能超过国家规定标准。

3. 食盐

食盐的主要卫生问题是质量不纯或混有对人体有害的物质,如钡盐、镁盐、氟化物、铅、砷等。

食用盐的主要成分是氯化钠(海盐、湖盐、井盐含量不得低于97%,矿盐中含量不低于96%)。符合卫生要求的食盐应该色白,味咸,无可见的外来杂物,无苦味、涩味,无异臭。

(六)畜肉的卫生

动物性烹饪原料营养丰富,但却是微生物生长、发育的良好土壤。有资料显示,动物性原料往往容易感染人畜共患的疾病,对人体的危害很大,所以必须引起重视。

1. 屠宰后肉品的变化

屠宰后的牲畜肉,一般经过僵尸、成熟、自溶、腐败四个阶段的变化。牲畜屠宰后,在常温下自然放置24小时或在1℃左右条件下冷却的肉,称为肉的僵尸期,我们常常称其为鲜肉。此时并不是肉最好的食用期。成熟阶段的肉处于最佳食用期,此时肉质新鲜,肉组织比较柔软,富有弹性,煮沸后具有香气,味鲜,并易于煮烂。此阶段的畜肉如不烹制,又没有适宜的储藏条件,就会受到外界微生物的侵染,肉体变得色暗、无光泽、无弹性,表面湿润而发黏,这意味着肉组织蛋白质分解成氨基酸后进而产生了氮、二氧化碳、硫化氢等具有不良气味的挥发性物质。肉由自溶阶段开始腐败,微生物大量生长繁殖,直至失去食用价值。如果食用易引起食物中毒。

2.冷冻肉的卫生

冷冻肉色泽、香味都不如鲜肉,但保存期长,冻肉可抑制或延缓大多数微生物的生长,但不能完全杀菌。如沙门氏菌在零下163℃可存活3天;结核菌在零下10℃的冻肉内可存活2年。冷冻肉长期在空气不流通的处所存放会出现生霉、发黏现象。

冻肉解冻一般在室温下进行。在20℃、通风的状况下,使冻肉深层温度升高到0℃,一昼夜可完成解冻。用温水浸泡解冻,会造成可溶性营养素的流失,易遭微生物的污染,因酶及氧化作用等因素还会使肉品感官质量发生变化。冻肉解冻后应立即加工、食用。

3.对用于加工肉制品的原料肉的要求

原料肉必须有表示合格的、清晰的检验印戳。病死或腐败变质的、带有异味的、未经无害化处理的、患有寄生虫病的肉不得作为肉制品原料。

原料肉必须是无血、无毛、无粪便污物、无伤痕病灶、无有害腺体的鲜肉或冻肉。

4.对常见人畜共患病肉的处理

(1)炭疽病。炭疽是由炭疽杆菌引起的一种对人畜危害极大的传染病。病猪主要表现为局部炭疽,病变区肉质呈砖红色,肿胀变硬,人食入后可能会感染肠胃型炭疽。炭疽杆菌不耐热,60℃即可被杀死,但形成芽孢后在140℃高温下才能被杀死。所以,一旦发现炭疽病畜一律不准屠宰和解体,病畜应及时高温化处理或用深坑垫石灰的方法掩埋。

(2)口蹄疫。口蹄疫病毒可引起传染性极强的接触性传染病。其主要表现是口腔黏膜或蹄部皮肤出现特征性水疱。只要发现有病畜,该群牲畜要全部屠宰,病变部位的肉要销毁。

(3)囊虫病、旋毛虫病。它们是人畜共患的疾病,一旦发现,病畜要按国家卫生法规处理。

(七)禽肉的卫生问题

禽类屠宰后肉体表面的杂菌在适宜的条件下可以大量繁殖,引起禽肉感官性质的改变,以及腐败变质。由于禽肉表面的细菌约有50%~60%能产生颜色,所以腐败的禽肉表面有各种色斑。冻禽在冷藏时腐败变质往往产生绿色,因为在冷藏温度下,只有绿色的假单胞菌能繁殖。禽体若未取出内脏,则腐败的速度更快。禽肉腐败变质的同时,也可伴有沙门氏菌和其他致病菌的繁殖,而且这些细菌往往会侵入肉的深部。食用前若不彻底煮熟煮透,就会引起食物中毒。

为了防止食物中毒的发生,要加强宰前、宰后的检查,根据情况作出处理。要采取合理的宰杀方法,比如改进鸡的屠宰工艺,可杜绝沙门氏菌等细菌的污染。

(八)蛋类的卫生

鲜蛋的卫生问题主要是沙门氏菌污染和微生物引起的腐败变质。蛋壳的表面细菌很多,据统计干净的蛋壳外表面大约有400万~500万个细菌,而脏蛋壳上的细菌则高达1.4亿~9亿个,这些细菌来自禽的生殖腔和不清洁的产卵场所。

禽类往往带有沙门氏菌,以卵巢最为严重。因此不仅蛋壳表面受沙门氏菌污染比较严重,而且蛋的内部也可能有沙门氏菌。水禽(鸭、鹅)的沙门氏菌感染率更高。为防止沙门氏菌引起食物中毒,不允许用水禽(下河的禽类)蛋作为糕点原料。水禽蛋必须煮沸10分钟以上才能食用。

禽蛋的腐败主要是由于外界微生物通过蛋壳毛细孔进入蛋

内造成的。一般先是蛋黄游动,其次蛋黄散碎(散黄),与此同时,蛋白质分解产生硫化氢、氨等,使蛋内变色和有恶臭气味。霉菌侵入蛋壳,使蛋壳内壁出现黑斑。如果蛋壳破裂就会加速腐败。

以上各种腐败的表现均可在灯光下用照蛋法加以识别。

(九)牛乳的卫生

鲜乳最常见的污染是微生物污染。这些微生物污染可来自乳牛的乳腺腔,也可来自挤奶人员的手以及生产环境的空气、尘埃、飞沫中的微生物及污染的容器,还有人畜共患传染病及其他微生物的污染。

1. 微生物污染

一般情况下,刚刚挤出的牛奶中可能有各种微生物,但刚挤出的牛奶中也含有一种抑菌物质——溶菌酶。因此刚挤出的奶中微生物的数量不会逐渐增多,而是逐渐减少。牛奶抑菌作用保持时间的长短与牛奶中存在细菌的多少和奶的贮存温度有关。奶中的细菌数量越少、贮存温度越低,抑菌作用保持的时间就越长。

抑菌作用维持时间越长,奶的新鲜状态保持得就越持久。一般刚挤出的、未消毒的奶抑菌作用在 0℃ 时可保持 48 小时;5℃ 时可保持 36 小时;10℃ 时可保持 24 小时;25℃ 时保持 6 小时;而在 30℃ 时仅能保持 3 小时。所以奶挤出后应及时冷却,否则微生物就会大量繁殖,使奶腐败变质。变质的奶可引起色泽改变、酸味、凝块等感官性质的变化,腐败菌分解蛋白质时,可产生恶臭味使奶不能食用。

2. 致病菌的污染

动物本身的致病菌,通过乳腺进入乳中,然后通过乳再感染人,这就是我们所说的人畜共患的传染病病原体,如牛型结核。

牛患结核病如果有明显症状,其乳汁中往往有结核菌,人如果食用这种未彻底消毒的牛奶,就可能感染牛型结核病。

如果牛奶中查出结核菌,那么产奶的牛就应该淘汰。若症状不明显,所产的奶加热至70℃,消毒30分钟后可用于制作奶制品。

如果奶中查出布氏杆菌应立即煮沸5分钟,再经巴氏消毒才能出售;奶中查出炭疽杆菌,不得食用;奶牛患有乳腺炎时,挤出的奶应即刻销毁。

健康牛产的奶也应消毒后方能出售。

3. 奶的消毒

奶过滤后应立即进行消毒,目的是为了杀灭致病菌和可能使奶腐败变质的微生物。常用的消毒方法有以下几种:

(1)巴氏消毒法。巴氏消毒法有两种。第一种,低温长时间加热,即在62℃~63℃加热30分钟,可杀灭原有菌数99.9%。第二种,高温短时间加热,即在80℃~90℃加热30秒至1分钟,杀菌率也达99.9%。奶经巴氏消毒后应立即冷却到8℃以下存放,但时间不得超过24小时。

(2)煮沸消毒法。将奶加热煮沸到95℃以上状态。这种方法对奶的营养成分和性质有些影响,只适用于家庭或中小型奶场使用。

(3)蒸汽消毒法。将牛奶装瓶加盖或装袋,放入蒸笼内加热,使奶温上升到85℃~95℃,保持3分钟。此法消毒十分彻底。

消毒奶应呈乳白色或稍带微黄色,均匀无沉淀,无凝块,无杂质,具有牛奶应有的香味和滋味,无任何异味。

(十)水产品的卫生

1. 鱼类的卫生

由于鱼肉含有较多的水分和蛋白质,酶的活性强且肌肉组织比较疏松、细嫩,给微生物的侵入、繁殖创造了极好的条件,所以鱼类极易腐败变质。

(1)鱼的腐败。鱼体表面、鳃和肠道有一定量的细菌,当鱼离开水时,从鱼皮下分泌出一种透明的黏液(也是一种蛋白质),可以保护机体。鱼体死后不久,表面结缔组织分解,使鱼鳞脱落,眼球周围组织被分解而使眼珠下陷、浑浊无光。鱼鳃经细菌作用,由鲜红变成暗褐色,且很快产生臭味。同时鱼肠内微生物大量生长繁殖,产生气体,使腹部膨胀,肛门处的肠管脱出。若将鱼放在水中,则鱼体上浮。鱼脊骨旁的大血管被分解而破裂,周围出现红色,随着细菌侵入深部,肌肉被分解而破裂并与鱼骨脱离(俗称离骨),有腥臭味。这表明鱼已严重腐败,不可食用。

(2)鱼的保鲜。保鲜是保证鱼类质量的主要措施,可用低温法和食盐法。低温保鲜有冷却和冷冻两种方式。

冷却是使温度降至零下1℃左右,使鱼体冷却,一般可保存5~14天。冷冻是在零下40℃~零下25℃环境中使鱼体冻结,此时各种组织的酶和微生物均处于休眠状态,保藏期可达半年以上。

用食盐保藏的海鱼,用盐量不应低于15%。

2. 虾、蟹的卫生

鲜虾体形完整,外壳透明光亮,体表呈青白色或青绿色,清洁,无污秽、黏性物质。须足无损,蟹足卷体,头胸节与腹节紧连,肉体硬实、紧密而有韧性,断面半透明,内脏完整,无异常气味。

虾体在僵尸阶段可保持死亡时伸张或卷曲的固有状态,进入自溶阶段后,组织变软,失去躯体的伸曲力。当虾死后变质分解时,头脑节末端的内脏易腐败分解,使腹节的连接变得松弛易脱落。虾体将近变质时,甲壳下一层分泌黏液的颗粒细胞崩溃,大量黏液渗至体表,失去虾体原有的干燥状态;甲壳下真皮层含有以胡萝卜素为主的色素质,与蛋白质分离产生虾红素,使虾体泛红。严重腐败时,有异味,不能食用。

虾的保鲜也可用低温法和食盐法。

螃蟹喜欢吃动物尸体等腐烂性食物,胃肠中常带有致病菌和有毒杂菌,蟹死后这些病菌便会大量生长繁殖。螃蟹体内含有较多的组氨酸,组氨酸易分解,在脱羧酶的作用下会产生组胺和类组胺物质。组胺是有毒物质,食后会造成组胺中毒。所以,要注意螃蟹的保鲜,不可食用死螃蟹。

3. 贝类的卫生

贝类可被水域中的多种生物污染。如一些藻类含有神经毒素,当水域中此种藻类大量繁殖时,就形成所谓"赤潮",会污染蛤类。但因毒素在蛤类体内呈结合状态,所以对蛤类本身并无危害,而人食用蛤肉后,毒素会迅速释放而引起中毒。所以食用贝类要慎重,注意不食用已死的贝类。

食用方法不当是引起贝类食物中毒的重要原因。仅用开水烫一下剥开贝壳取出贝肉蘸上调料就吃,这样大量有害微生物未被彻底杀灭,与贝肉一起进入人体,人就有很大可能得相应疾病。所以,用爆炒和涮的方法食用贝类是很不安全的,一定要科学烹饪,煮透炒透。

第六章 农家饭菜,食谱安排

城里人到你家爱吃什么,这一定是你十分关心的问题。那么客人喜欢吃什么呢?

首先,你家自产的、当地土生土长的农作物,怎么做都好吃。例如村里豆腐坊自己磨的豆腐,自家压的粉条,房前屋后种的豆角、茄子,自留地里的花生、毛豆,都是城里人爱吃的。但是做起来要有自己的特点。如,煮花生时应该将花生嘴捏口,煮毛豆前要将毛豆两头用剪子剪去,以便花生、毛豆进味。虽然麻烦,但一定大受欢迎。

其次,你家平时常吃的家常饭,就是城里人爱吃的。有些农家乐经营者朋友,为了接待游客,专门去商店采购,实际上出力不讨好。如果鸡不是自家养的,蘑菇不是自己采的,做小鸡炖蘑菇肯定不如做老倭瓜馅饺子受欢迎;本地不产鱼虾,就不要做清蒸鱼、白焯虾;如果不是客人提出要吃我国传统的"二八席",你费了半天工夫做出来,客人也不一定买账。炒窝头、烤白薯、蒸南瓜、豆饭、南瓜小米粥(见图6-1),这些自家特色小吃就是城里人爱吃的饭菜。记住:不要为待客而特意去商店买熟肉、罐头、水果和山货土产。

第三,不要一次让客人把你的拿手好菜全吃遍。很多农家乐经营者朋友非常好客,在接待游客时常常一次拿出全部的看家本事。菜上了一大桌子,客人每一道菜都说好,结果好菜不突出,吃到最后客人哪一道菜都没记住。记住:要让客人感到这次没吃够,要让他惦记着下一次再来。

第六章 农家饭菜,食谱安排

南瓜小米粥

炒窝头

蒸南瓜

烤红薯

图6-1 城里人爱吃的农家饭

在这一章里,将向大家介绍做饭时的调味技巧和如何因地制宜、就地取材做有自家特色的饭菜、饮料。

一、调味的窍门

常言说:"味道是饭菜的灵魂。"可见饭菜的滋味是非常重要的。但是食物的滋味不仅来自舌头的感觉,有时客人的心理、生理条件不同,对食物滋味的反应也会不同。例如同样是两个刚刚蒸好的馒头,由于一个被笼屉压扁了,就会使人觉得它不如完好的馒头好吃。这就是人的心理因素在起作用,通常我们称其为心理味觉;而我们感觉馒头的软硬、菜炒得老嫩、烧饼烤得焦脆等都是物理味觉;而食物的苦味、咸味、辣味等则属于化学味觉。

各种呈味物质的相互作用,加上人们的心理作用,可使人们对味的感觉发生变化。以下是最常见的几种现象。

(一)味的对比现象

我们将两种或两种以上的有味物质,以适当的浓度调和在一起时,会发现其中的一种呈味物质的味道更为突出,这种现象我们称为味的对比现象。例如有人做过这样的试验,在15%的白砂糖水溶液中加入0.017%的食盐,结果发现这种糖盐的混合溶液比15%的纯糖溶液更甜。我们在制作菜点时,也往往是先确定菜点的主要味道,然后再加上辅助味来突出主味。如在制作以咸味为主的包子馅时,往往加上少量的糖,虽吃不出甜味,但可使包子的咸味更加鲜醇。这就是味的对比现象在实际生活中的应用。

(二)味的消杀现象

我们将两种或两种以上的有味物质以适当的浓度混合,使每种味觉都减弱的现象,叫做味的消杀现象。你在炒白菜时,如果不小心把醋当成酱油倒进了菜里,此时菜比较酸无法食用,为了避免浪费,这时在菜里再放些糖,做成糖醋白菜,就会使酸味有所缓和。根据这个原理,我们在加工有不良气味的菜点原料时,所使用的调味料可以比较重,以驱除不良气味;在制作具有鲜美滋味的原料时,调味则可以清淡点,避免因调味重而抵消原料本身的鲜味。这就是利用或避免味的消杀现象。

(三)味的转换现象

人的味觉器官由于先后受到两种不同呈味物质的刺激而产

生新的味感的现象,叫做味的转换现象,也称味的变调现象。日常生活中常遇到这样的情况。吃过苦味的药后,再喝无味的凉开水,会觉得水有些甜味;吃过糖后,再吃酸的食物,会觉得酸得厉害。根据这个道理,在给客人上菜时,应先上味道清淡的菜点,后上味道浓重的菜点,最后再上甜味的点心。这样就可以避免味的转换现象。

在厨师考核评定菜点的质量时,评判员常常习惯先漱口,然后再品尝,也是为了避免味的转换。

(四)味的相乘现象

在同时食用两种相同味道感觉的呈味物质时,我们常常会感到味感猛然增加的现象,叫味的相乘现象,或称协和现象。例如专家在研究甜味剂时曾发现,某两种甜味物质共同使用时,其甜度猛然增加,如甘草酸铵本身甜味度已远远高过蔗糖,但与蔗糖共同使用时会让人更感到甜味猛增。在我们成批生产菜肴和点心时,可利用味的相乘现象降低成本。

二、农家菜点制作秘诀

(一)农林牧渔,一汁百菜

味是菜点的灵魂,有适口的味汁,菜就成功了一半,下面给大家介绍几种味汁的做法,将味汁浇在你家现有的蔬菜上,就可以端上桌了。

示例6-1:三油汁

(1)原料:

酱油,米醋,香油,味精。

(2)制作方法:

①将味精、酱油、米醋、香油依次放入碗内,用小勺调匀

即成。

②根据菜肴调味的需要,在保证此味的前提下,可酌加适量的蒜泥、麻酱、芥末糊、辣椒油等调料。

(3)成品特点:

咸、香、鲜、微酸,清淡解腻,呈棕黑色。

(4)点评:

我国东北大部分地区,凉拌菜肴的调味,多为酸辣口,又称酸辣汁。这是在三合油的配料比例上,让米醋用量高于酱油用量,还加了少许精盐,用芥末糊添加辣味,少用大蒜末儿或辣椒油,对制而成。

此汁适用于拌制、烧制和蘸食多种冷菜。如拌茄子、白切肉、白斩鸡、拍黄瓜、肉丝拌豇豆等。

示例6-2:红油汁

(1)原料:

红油,精盐,酱油,米醋,白糖,蒜泥,味精,香油。

(2)制作方法:

将蒜泥、精盐、味精、白糖、酱油、米醋、香油调匀溶化后加入红油拌匀即成。

(3)成品特点:

色泽红亮,咸鲜辣香,回味略甜。

(4)点评:

此汁中的酱油的作用是提鲜味定咸味,精盐辅助酱油定咸味,白糖和味精提鲜,呈咸甜味。咸味恰当,甜味以口感微甜为宜;红油要突出辣香味,重在用油,辣味不宜太重;味精用以提鲜,以不压菜肴鲜味为宜。是否使用红油汁,要根据菜肴需要而定。要保持原料的本色,须用白酱油或全部使用精盐,而不用红酱油,也可根据情况加适量熟芝麻。

红油汁浓淡适中,咸、甜、鲜、辣、香兼有,适用于以鸡、鸭、猪、牛等家禽家畜的肚、舌、心等为原料的菜肴,也适用于以块茎类鲜菜为原料的菜肴。如,红油猪舌、红油牛肚、红油笋片、红油瓜片、红油青菜、红油鸡块等。

示例6-3:蒜泥汁

(1)原料:

大蒜,香油,味精,精盐,熟烹调油。

(2)制作方法:

将大蒜去皮后,与少量熟烹调油入蒜缸内捣蓉,加凉开水调散,放精盐,溶化后再加入味精、香油调匀即可。

(3)成品特点:

蒜味浓,咸味鲜,具有香辣味、甜味。

(4)点评:

适用于以猪肉、兔肉、猪肚及蔬菜为原料的菜肴。如,蒜泥白肉、蒜泥肚丝、蒜泥耳片、蒜泥黄瓜、蒜泥蚕豆、蒜泥狗肉、蒜泥莴笋等。

示例6-4:芥末汁

(1)原料:

芥末糊,精盐,白酱油,米醋,味精,香油,浓鸡汁。

(2)制作方法:

先将精盐、味精、米醋、白酱油调匀,加入发好的芥末糊,放入浓鸡汁,淋上香油即可。

(3)成品特点:

咸鲜酸香,芥末冲辣,清爽解腻,汁呈黄色。

(4)点评:

调制此汁时,味精的用量要适当,不可多放,否则削弱此汁的冲味。另外,用醋不能用颜色很重的香醋、陈醋,以淡色的米醋为佳。芥末一定要用发酵好的芥末糊,而且要随调随用,否则影响风味。

适用于以鱼肚、鸡肉、鸭掌、粉皮、白菜、油菜、猪肚等为原料的菜肴。如,芥末薄片肉、芥末白菜、芥末菠菜、芥末木耳、芥末粉皮、芥末酸菜丝等。

示例6-5:麻酱汁

(1)原料:

芝麻酱,酱油,精盐,味精,香油,浓鸡汁。

(2)制作方法:

①芝麻酱用香油调开。

②加酱油、精盐、味精、浓鸡汁等调制而成。

③根据需要可改用白酱油,也可以放少量白糖、红油和花椒油。

(3)成品特点:

芝麻酱香,咸鲜可口。

(4)点评:

用于以胗、肝、鱼肚、蹄筋、肉类和新鲜蔬菜为原料的菜肴。如,麻酱白肉卷、麻酱腰片、麻酱拌生菜、麻酱肉皮、麻酱凉粉、麻酱板栗、麻酱豆角、麻酱黄瓜等。

示例6-6:葱油汁

(1)原料:

葱白,精盐,味精,香油,浓鸡汁。

(2)制作方法:

①葱白切丝或切末儿。

②碗内放入葱末儿、精盐、味精调匀。

③炒锅上火,放香油烧至六成熟,浇在葱花儿碗内,炸出葱香味后,放浓鸡汁搅匀即可。

调制此汁时,一是控制好油温。油温过高,则炸不出葱香味;二是不宜用清水,最好用浓鸡汁,以提高汁味的鲜度。

(3)成品特点:

葱香浓郁,咸鲜清爽,汁色透明。

(4)点评:

此汁适用于以鱼、肉、家畜内脏及笋类蔬菜为原料的菜肴。如,葱油鱼片、葱油莴笋、葱油海带、葱油白鸡、葱油苦瓜、葱油香菇、葱油萝卜丝、葱油野菜等。

示例6-7:酸辣汁

(1)原料:

蒜末儿,精盐,米醋,白糖,红油,香油,味精。

(2)制作方法:

①先将蒜末儿、精盐、味精、白糖、米醋充分调匀。

②加入红油、香油即成。

③调制此汁也有加芥末糊、胡椒面儿、少量酱油和豆瓣酱的。

(3)成品特点:

醇酸微辣,咸香味浓,汁呈浅红色。

(4)点评:

调制此汁,咸味是基础,没有一定的咸味,酸味就不好出。酸与辣的关系是,酸味是主体,辣味只是起辅助的作用。

此汁应现用现制,才能保证口感、质量,若放置时间长,则容易变味。用于以鸡肉、兔肉、蔬菜等为原料的菜肴。如,酸辣莴笋、酸辣黄瓜、酸辣白菜、酸辣鸡片、酸辣冬瓜片、酸辣藕片等。

示例6-8:鱼香汁

(1)原料:

泡红辣椒,姜末儿,蒜末儿,葱花儿,白糖,醋,精盐,酱油,香油,味精。

(2)制作方法:

①冷兑法:先将精盐、白糖、味精放入酱油、醋内充分溶化,呈咸酸甜鲜的味感后,加入泡辣椒末儿、姜末儿、蒜末儿、葱花儿搅匀,再放入香油调制,与烹调熟的原料拌匀即成。

②熟烹法:炒锅上火,下入香油(或烹调油)烧至三成熟,放姜末儿、蒜末儿、泡辣椒末儿,烧至色红生出香味后,立即加入酱油、精盐、白糖、味精,溶化烧开,然后倒入碗中,再加入醋和葱花儿调匀即可。根据需要也可以加入鲜汤和少量加水淀粉勾芡。

(3)成品特点:

色泽红亮,辣而不燥,咸甜酸辣兼备,姜葱蒜香气浓郁。

(4)点评:

调制此汁,咸酸甜味要掌握适度,咸味是本味,酸味为辅,甜味起中和咸酸的作用,因此,一定要待白糖溶化后再调味,这样味才能调得准。葱、姜、蒜、泡辣椒在此味中是压抑味,增香味,用量要够,但不可多,多了则辛辣过重,使人难以接受,过少则不能充分突出味的特色。香油是增香用,用量要恰当。

适用于以鸡、鸭、兔、鱼、虾、花生仁、鲜核桃仁、鲜青豆、豌豆、蚕豆、莴笋、黄瓜等为原料的菜肴。如,鱼香蚕豆、鱼香兔丝、鱼香凤爪、鱼香茄圆、鱼香黄豆、鱼香腰果、鱼香花仁、鱼香黄瓜等。

示例6-9:糖醋汁

(1)原料:

白糖,醋,精盐,酱油,香油。

(2)制作方法:

糖醋汁在具体调味过程中,因调味程序和手法上的差异,口味上或偏甜,或偏酸,而有所不同。其调味方法主要有以下

三种:

①与原料一起加热调制,菜肴冷却后食用。

②冷调或热调后,倒入经过油炸或焯过水的原料中,浸渍成菜。

③冷调或热调后,用于泡制、拌制素生菜或经过腌制脱水的素生菜。

(3)成品特点:

无论使用上述哪一种调制方法,其共同特点都是味重甜酸,清爽可口,汁呈白色,或浅咖啡色、棕红色。

(4)点评:

根据需要,可适量添加香叶、醋精、柠檬酸、味精、干红辣椒、葱、姜、蒜等。在酱油的使用上,荤料多用酱油辅助定味,并提鲜增色,而素料为保持成品色泽很少使用酱油。在配制中,精盐一般用于定味,使菜有一定的咸味基础。

食用以此汁调制的菜肴,首先感觉的应该是甜酸味,咸味仅在回口时有感觉,这样才能突出甜酸味的风格。白糖和醋是糖醋味的主体,用量应满足菜肴的需要。注意:糖和醋的比例一般为1:1。

糖醋汁酸甜适度,适用于家畜、水产品以及各种蔬菜等食品原料。如,糖醋圆白菜卷、糖醋大椒、糖醋藕、糖醋银珊瑚(豆芽菜、胡萝卜、白萝卜)、糖醋瓜皮虾、糖醋萝卜卷、糖醋小排、糖醋鱼、糖醋鸡翅等。

示例6-10:怪味汁

(1)原料:

精盐,味精,红酱油,红油,香油,米醋,花椒面儿,白糖,葱花儿,熟芝麻,姜末儿。

(2)制作方法:

①将粉粒状的调料放入容器(碗)内,然后加入液体调味料,并要边加边搅。

②最后放入熟芝麻,充分和匀即成。

(3)成品特点:

咸、甜、麻、辣、酸、鲜、香各味并重,汁呈棕色。

(4)点评:

调制此汁,也有用芝麻酱的,若是这样,则需用液体调料先把麻酱调成糊状后再加入其他调味料。调制怪味汁的各种调味品要求比例恰当,互不压制,各味都能相辅相成地在所组成的复合味中充分地表现出来,使食用以此汁制成的菜肴时能感受到各种滋味。

适用于以鸡肉、鱼肉、兔肉、花生仁、蚕豆、豌豆等为原料的菜肴。如,怪味鸡块、怪味鸡丝、怪味花生仁、怪味桃仁、怪味兔肉、怪味拌鱼等。

(二)田间地头,遍地是菜

示例6-11:辣味苤蓝

(1)原料:

苤蓝200克,红辣椒3个,花生油10克,白糖10克,精盐5克,味精1克。

(2)制作方法:

①将苤蓝洗净,削去皮,切成细丝,放在盘内,撒上精盐拌匀,腌制30分钟,滗去渗出的水分。

②将红辣椒去蒂和子,冲洗干净,切成极细的丝。

③炒锅置火上烧热,倒入花生油,待油热后,加入辣椒丝稍煸,炒出辣味后即停火。

④将辣椒油连同辣椒丝一起倒在腌好的苤蓝丝上,加白糖、味精,拌匀即可上桌食用。

(3)成品特点:

色彩鲜艳,口感清脆,味道咸鲜香辣。

(4)点评:

苤蓝体圆皮滑,肉质丰满,色彩淡雅,由于其肉质中含有特殊的挥发油成分,吃起来有时会感到有一种辛辣的冲味。这种味,有人喜欢,有人反感,除掉此味的办法除了上述的盐腌方法外,也可将加工好的苤蓝半成品用清水浸泡一下。在使用调料的时候,多用花椒炸油,用以遮盖异味。

示例6-12:蒜泥拌土豆

蒜泥拌土豆(见图6-2)具体做法如下:

图6-2 蒜泥拌土豆

(1)原料:

土豆300克,蒜片25克,葱花儿5克,姜末儿5克,味精1克,精盐适量。

(2)制作方法:

①将土豆洗净,放在蒸锅里蒸熟(或放在水锅里煮熟)。

取出晾凉,去皮,切成小片,放在盘中。

②将葱花儿、姜末儿、蒜片、味精、精盐一起倒入盘中拌匀即可。

(3)成品特点:

咸、鲜、面、利口。

(4)点评:

土豆是我国北方主要蔬菜之一,现在一年四季都可以吃到。它含丰富的淀粉,口感要求可脆、可软,可用多种烹调方法加工,煎、炒、烹、炸、拌、炝、腌均可,炸土豆片、土豆条可以佐以椒盐或番茄酱食用,口味同样鲜美可口。

可以将胡萝卜洗净,切成与土豆片同样大小形状,用开水焯一下,捞出沥水,晾凉,放在土豆片上,撒上精盐拌匀。再将麻酱放在小碗中,加酱油将麻酱拌开,加米醋、白糖、花椒面儿、葱姜蒜末儿、味精,调匀,放入红油(辣椒油),撒上熟芝麻,做成怪味汁。食用时将怪味汁浇在土豆片上。土豆柔软细腻,胡萝卜质感细嫩,配以此汁后麻、辣、咸、甜、酸、鲜、香各味俱全,既可佐酒,又可下饭。

示例6-13:珊瑚白菜

(1)原料:

大白菜500克,鲜姜1小块,葱白1根,白醋10克,香油10克,精盐10克,味精1克,白糖20克,干辣椒2个,冬菇3片。

(2)制作方法:

①将大白菜去叶取菜白,用清水洗净,沥水,纵向片开,切成4厘米长、1厘米宽的条,放在一个容器内,撒上精盐拌匀,腌30分钟,滗去水分。

②将干辣椒放入碗中用水泡软,去蒂和子,切成细丝。葱姜洗净切成细丝。冬菇用温水泡软,切成粗丝,放在腌好的白

菜上。

③炒锅上火,倒入香油烧热,将辣椒丝、葱姜丝一起放入,炒出香味后,加冬菇丝、白糖和少许清水,糖溶化后,加味精,离火,放入白醋,待凉后,浇在腌好的白菜上,腌制2小时,即可装盘食用。

(3)成品特点:

色彩艳丽,形如珊瑚,质地脆嫩,口味酸甜,微辣。

(4)点评:

大白菜是我国北方的看家菜,近几年,蔬菜种植发展很快,我们食用的大白菜的品种也是日益增多。针对不同的品种,采取不同的烹调方法,这样既可以满足菜肴口感要求,又可量才施用,即帮、心、叶、梗各有妙用,从而充分利用大白菜的食用价值。

示例6-14:拌香椿豆

拌香椿豆(见图6-3)具体做法如下:

图6-3 拌香椿豆

(1)原料:

香椿100克,干黄豆150克,精盐5克,酱油10克,香油5克,烹调油250克。

(2)制作方法:

①香椿洗净放入开水中焯一下,捞出用凉水过凉,挤去水分,切成末儿。

②干黄豆用凉水泡12小时(注意:不能用热水泡豆,否则豆不脆),捞起沥尽水分。

③取一个碗,放入酱油、香油、精盐,兑成汁。

④炒锅置火上,放油烧至五成热时,投入泡好的黄豆,炸至酥脆且呈金黄色时捞出,趁热倒入盆内,加入调味汁,撒入香椿末儿拌匀,即可装盘食用。

(3)成品特点:

香气浓郁,色彩黄绿相间,黄豆酥脆,香椿软嫩。

(4)点评:

香椿树在我国广有栽种,春天来临时,香椿大批上市。为了延长香椿的供应期,此时我们可以将整捆的香椿直接放入冰箱冷冻。使用时拿出自然解冻即可,保证香味如鲜。

示例6-15:辣味柳树芽

辣味柳树芽(见图6-4)具体做法如下:

图6-4 辣味柳树芽

(1)原料:

柳树芽1 000克,芝麻10克,白糖10克,辣椒面儿10克,烹调油10克,桂花2克,姜丝2克,黄酒3克,酱油250克。

(2)制作方法:

①柳树芽择好,洗净,捞出,撒上盐,拌匀腌8小时后捞出,挤出70%的水分或晾至七成干。

②酱油放入锅中烧开,晾凉,辣椒面儿用烹调油炸至微黄后待用。

③将各种调料拌和在一起,将加工好的柳树芽放入调料中浸泡,每天翻动一次,7天后即为成品。

(3)成品特点:

色泽红褐,质地脆嫩,香辣适口。

(4)点评:

此菜为腌制菜,可在柳树芽生长的季节大量收摘,而后进行批量的制作。若要在鲜菜缺少的季节食用,则制作时多放一些盐,以确保菜能长时间存放。此法还适用于其他不易鲜存的植物嫩芽,如花椒芽、香椿芽等的制作。

示例6-16:杏仁马齿苋

(1)原料:

马齿苋干菜100克,杏仁50克,精盐5克,味精1克,香油5克,烹调油100克。

(2)制作方法:

①将马齿苋干菜择洗干净,用清水泡至回软。

②放入开水锅中煮透,捞出,沥尽水分,切成1厘米长的小段,淋上香油,撒上精盐、味精拌匀。

③将炒锅上火,加入烹调油,烧至五成热,下入杏仁,慢火炸熟,捞出,沥尽油,放在案板上拍成碎米状(或在蒜臼里捣碎)撒

在马齿苋上,食用时拌匀即可。

(3)成品特点:

解毒消肿,马齿苋软而韧,口感鲜香。

(4)点评:

马齿苋在田间地头生长很多。夏季生长旺盛的时候,多采一些回来,用沸水焯一下后晾干,留待冬季凉拌或做馅均可。

示例6-17:蒜泥苦菜

蒜泥苦菜(见图6-5)具体做法如下:

图6-5 蒜泥苦菜

(1)原料:

苦菜嫩茎叶500克,蒜泥30克,精盐5克,味精33克,香油10克。

(2)制作方法:

①苦菜洗净,放入开水中焯两次,捞出后,用清水冲凉。

②挤干水分,切碎,备用。

③苦菜放入盘内,加蒜泥、精盐、味精、香油翻拌均匀即可装盘食用。

(3)成品特点:

清热、解毒、质地软嫩,辛辣味香。

(4)点评:

根据游客喜好,也可洗净后,直接蘸蒜泥或麻酱食用。此食用方法味道较苦。

示例6-18:鲜拌荠菜

鲜拌荠菜(见图6-6)具体做法如下:

图6-6 鲜拌荠菜

(1)原料:

荠菜500克,辣椒油30克,白糖10克,香油15克,精盐5克,味精2克。

(2)制作方法:

①将荠菜洗净,沥水,切成小段,放入盆中,撒上精盐拌匀,腌10分钟。

②将荠菜渗出的水分滗出,加入白糖、味精、香油、辣椒油,拌匀即可上桌食用。

(3)成品特点:

软嫩爽口,味鲜清香。

(4)点评:

此菜咸、甜、辣、鲜四味调和,可根据客人喜好适当调节四味的比重,但无论如何应该是以咸助鲜,才能做到百味香。

示例6-19:凉拌苋菜

(1)原料:

苋菜500克,榨菜15克,油炸花生10克,蒜头1个,精盐3克,香油10克,味精2克。

(2)制作方法:

①苋菜洗净,切成小段,放入开水中焯一下,捞出沥水。榨菜切成末儿,油炸花生碾碎,蒜头去皮捣成泥。

②将苋菜码入盘中,上面撒上榨菜末儿、碎花生末儿、蒜泥,再加上精盐、香油、味精,拌匀即可。

(3)成品特点:

滋养脾胃,菜质鲜嫩,色泽碧绿,口味咸鲜香。

(4)点评:

由于菜中有榨菜和油炸花生米,使我们感觉榨菜比苋菜稍脆,油炸花生米又比榨菜更脆,就将没有爽脆感的苋菜做出了爽脆的口感。

示例6-20:苜蓿拌豆腐

(1)原料:

鲜苜蓿250克,老豆腐500克,水发香菇100克,精盐5克,味精1克,香油5克,料酒10克。

(2)制作方法:

①将苜蓿择洗干净,用开水烫熟,捞出摊晾,沥水。

②豆腐放在盘中,加料酒,上笼蒸20分钟取出,切成2厘米

见方的丁,再放入开水锅里焯一下捞出,沥水。

③将香菇放开水锅里焯煮1分钟,捞出,用凉水过凉,撕成小块。

④将沥干水分的豆腐丁放在盘中,将苜蓿放在豆腐丁上面,而后,将香菇小块放在苜蓿上面,再放入精盐、味精、香油,拌匀即可食用。

(3)成品特点:

色彩鲜艳,口感软嫩,味道鲜香,此菜有滋阴养血的功效。

(4)点评:

苜蓿的"粗"与豆腐的"细"有机结合,白豆腐、绿苜蓿、黑香菇三色有机搭配,不论是口感还是观感都可谓达到了极致。

示例6-21:酸辣黄瓜片

(1)原料:黄瓜,西红柿,绿辣椒,淀粉,酱油,料酒,盐,味精。

(2)主要工具:煸锅,手勺。

(3)制作方法:

①先将黄瓜、西红柿、绿色辣椒洗净;再将黄瓜切成象眼片,西红柿切成菱形块,辣椒切成菱形片放入盘中,最后切蒜末儿、姜末儿,备用。

②淀粉兑一点水,成水淀粉。

③煸锅上火烧热,倒入底油,油热后把蒜末儿、姜末儿放入油锅中,煸炒出香味,放入辣椒翻炒。然后再把黄瓜倒入锅中,翻炒,半熟时放入西红柿,翻炒之后再放入少许酱油、料酒、盐、味精,翻炒。

④即将成熟时,放入调好的淀粉汁,均匀洒在锅边,微加热翻炒即可。

(4)特点:红绿相间,质感脆嫩,口味酸辣。

(5)点评:黄瓜、西红柿、辣椒在农家院里很常见。如此容易获得的食品原材料怎样才能变化多样地做出不同味道的菜肴,这是值得我们研究的问题。酸辣黄瓜片借助原料本身的酸味和辣味,在利用原料本味上给我们启发。注意此菜不能炒过火,黄瓜八分熟即可;另外淀粉汁一定要适量,要根据菜汤的多少来定。

示例6-22:珊瑚黄瓜

(1)原料:黄瓜,葱,姜,干辣椒,盐,白糖,白醋,香油。

(2)主要工具:菜刀,案板,小盆,煸锅。

(3)制作方法:

①先将黄瓜洗净,切成5厘米左右的条状,去掉中间的子,用少量盐腌制10~20分钟(形成底味);将黄瓜腌出的水分倒出,加入白糖(比盐略多)腌制10~20分钟(形成复味)。

②葱、姜洗净切成细丝,干辣椒用水浸泡后去掉里面的籽,切成细丝,待用。

③再次倒去腌制出的水分,放入白醋泡10~20分钟,将液体倒出,并将黄瓜表面的水分控干,放入盘中,码成堆状。

④将锅上火烧热,倒入香油,当油的温度略微升高时放入辣椒丝,煸炒出香味儿后放入姜丝,待姜丝炒软后放入葱丝,炒出香味儿后离火,即成辣椒油。

⑤将辣椒油直接淋在黄瓜堆上即可。

(4)成品特点:咸、甜、酸、辣、香,以酸辣为主,口感爽脆。

(5)点评:

黄瓜大量成熟时,往往鲜嫩的黄瓜一时吃不完,留在地里不采摘,影响下一批黄瓜的生长。此菜原料普通多见,操作步骤简

第六章 农家饭菜,食谱安排

单易学,无论是平时自家食用,还是作为待客开胃小菜,都比较适宜。由于此菜制作经过盐、糖、白醋腌制,在几天内是可以保存不变质的,因此一次可以适当多做些。

示例6-23:巧吃白菜帮

(1)原料:白菜帮,大料,酱油,盐,花椒,香油,烹调油。

(2)主要工具:锅,沙锅,刀。

(3)制作方法:

①将白菜帮洗净,顶刀切成段,放入干净的沙锅中待用。

②煸锅上火烧热,倒入少量烹调油,油热后放入花椒、大料煸出香味。注入水,加入酱油调色,盐调味。

③水烧开后,将杂料捞出,注入香油,淋在装有白菜的沙锅里,盖上盖子。

④冷却后即可食用。

(4)菜品特色:咸鲜、口感脆嫩。

(5)点评:这道菜做法虽然很简单,但是却让人们不爱吃的白菜帮变得好吃起来。

示例6-24:糟杨柳梢

(1)原料:杨柳梢,捞米汤,花椒油。

(2)主要工具:锅,腌坛。

(3)制作方法:

①取捞米饭后剩余的米汤400毫升,取新鲜杨柳梢洗净,备用。

②水锅中放水烧开,将洗净的杨柳梢放于开水中烫一下,用笊篱捞出置于凉水盆中泡2~3秒,再将凉水盆中杨柳梢渗出的沫子清理干净;

③开水锅换水,水开后,再烫一遍;将二次烫好的杨柳梢过一遍冷水,再将水倒掉,将杨柳梢攥干水分。

④将杨柳梢放入坛子里,倒入捞米汤,使捞米汤没过杨柳梢,盖盖放置3天~4天。

⑤食用时,从坛中取出杨柳梢,加入花椒油拌均匀即可。

(4)成品特点:口味清新,稍苦微酸。

(5)点评:

这是一款物美价廉,适于中老年人养生之用的菜肴。也是教育后代的忆苦饭之上上嘉选。为保护生态,不提倡大量制作。

示例6-25:拌豆腐渣

(1)原料:豆腐渣300克,青红椒30克,盐5克,味精3克,白糖3克,香油2克。

(2)主要工具:盘子,刀。

(3)制作方法:

①取300克鲜豆腐渣放入盆中备用。

②青红椒用清水洗净,切成0.5厘米见方的小丁,放入豆腐渣中,加入盐、味精、白糖、香油调拌均匀即可。

③将拌好的豆腐渣装盘上桌即可。

(4)成品特点:豆香浓郁,鲜香可口。

(5)点评:

豆腐房每天都有大量的豆腐副产品,巧妙利用豆腐渣,既可以提高膳食中粗纤维的含量,又可以调剂口味。青红椒拌入豆腐渣中,增加爽脆口感。豆腐渣中含有抗癌物质"异黄酮",深受人们的欢迎。

注意:一定要使用当日新出的新鲜的豆腐渣,否则成品会失去豆腐渣的鲜香味。同时卫生安全也没有保证。

示例6-26:拌树头菜

(1)原料:树头菜500克,大蒜35克,食盐5克,味精10克,醋10克,香油8克。

(2)主要工具:盆,盘。

(3)制作方法:

①树头菜摘洗干净放入开水中焯一下,捞出用凉水过凉,挤去水分备用。

②大蒜去皮剁碎,拍成蒜末儿。

③将挤去水分的树头菜放入盆中,倒入蒜末儿,加入盐、味精、醋、香油搅调均匀即可。

④将拌好的树头菜装盘上桌即可。

(4)成品特点:清热解毒,质地软嫩,辛辣味香。

(5)点评:

树头菜拥有"山菜之王"美誉,具有清火健胃,安神降压,壮肾利尿、解热驱虫等功效,可作为鲜药使用,它作食物,吃来爽口,是美味可口的蔬菜。另外,根据游客喜好,也可洗净后,直接蘸蒜泥或麻酱食用,不过此种食用方法味道较苦。杨树叶、曲菜、苣苣菜也可按此方法进行制作。

示例6-27:拌辣疙瘩丝

(1)原料:辣疙瘩300克,盐5克,味精2克,白糖5克,花椒油3克,香油2克。

(2)主要工具:盆,盘。

(3)制作方法:

①辣疙瘩去掉须根洗净切丝备用。

②将备好的辣疙瘩丝放入盆中,加入盐、味精、白糖、花椒油、香油调拌均匀即可。

③将拌好的辣疙瘩丝装盘上桌即可。

(3)成品特点:色泽青绿,口感清脆,味道咸鲜麻辣。

(4)点评:

辣疙瘩学名根用芥菜,形状像圆萝卜,样子像个疙瘩,吃起来有一股辣味,故名辣疙瘩。辣疙瘩去了叶子以后,将下面的须根去掉洗净,然后放到缸里去腌制一两年才渐渐地由白色变成棕色,辣味也会消失而变香,这也就是我们日常生活中所吃的咸菜——芥菜。辣疙瘩生吃不如萝卜那么甜脆,炒了也不如萝卜香,但辣疙瘩腌的咸菜却是萝卜所不能比的。

示例6-28:独咸茄儿

(1)原料:

圆茄子1 000克,干黄豆200克,酱油20克,大料1个,花椒20粒,大葱、香菜、精盐若干,食用油30克。

(2)主要工具:盖帘儿,大铁锅。

(3)制作方法:

①圆茄子带皮切成核桃大小的块儿,放在盖帘儿上在阳光下晒到发蔫(茄肉发皱)。

②制作前约半小时取出干黄豆放在碗中,加开水泡发,备用;大葱洗净切葱花儿,香菜洗净切小段,备用。

③铁锅内放水(以能没过茄子为准),大火烧开,放入酱油、盐、大料,再放入茄子及泡发好的黄豆,煮到水略干,原料上色、熟透即可。

④菜出锅放入碗中,趁热撒上葱段、香菜段。

⑤另起锅,倒入食用油,将油烧热,放入花椒炸到变黑,将花椒油浇在茄子上。

(4)成品特点:豆脆茄软,咸鲜适口。

(5)点评:

秋天拉秧的茄子一般较老,茄香味已大不如夏季的嫩茄子,游客们对长得不够周正的拉秧茄子也缺乏兴趣。此款菜肴将黄豆搭配了进来,茄香不够豆香补,既调剂了口味,又使菜肴营养互补,是秋季农家菜的好品种。需要提醒注意的是:茄子不要晾晒过度,水分稍出表面起皱就好。熟制时间不宜过长,原料不必太软烂。

示例6-29:焖酥鱼

(1)原料:

鲫鱼1 000克,食用油30克,豆瓣辣酱50克,醋100克,酱油50克,大葱、姜、大蒜、盐适量。

(2)主要工具:剪刀,高压锅。

(3)制作方法:

③鱼去鳞、去鳍、去内脏,洗净。

④葱洗净切段,姜洗净切片,大蒜去皮成蒜瓣,备用。

⑤锅上火烧热,锅中放入底油,放入豆瓣辣酱煸炒出香味,将葱段、姜片、蒜瓣放入锅中,倒入酱油、醋、盐,再加少量的水烧开。

⑥将鱼放入高压锅内,倒入烧开的汤汁,盖好高压锅盖,中火焖制20分钟即可。

(4)成品特点:鱼骨酥烂,鲜酥可口。

(5)点评:

此菜鱼骨酥烂,食用时,鱼骨可下咽。同时由于使用醋烹鱼,可以促使鱼骨中的钙质分解,有利于人体对钙的吸收。此菜各种鱼类适宜,一年四季适宜,各类人群适宜,是水库养鱼区域农家菜的必备品种。

示例6-30:咸菜炒黄豆

(1)原料:咸菜头1 000克,黄豆300克,大葱、生姜、料酒、干辣椒、盐、味精、食用油适量。

(2)主要工具:铁锅。

(3)制作方法:

①将咸菜头切成宽1厘米、长1厘米的小丁,与黄豆一起

用清水浸泡1~2小时。大葱、生姜洗净切末儿,辣椒切段,备用。

②铁锅上火烧热,放入食用油,烧到五六成热时,下葱末儿,姜末儿,辣椒段,煸出香味。再放入咸菜丁和黄豆一起翻炒,最后放入料酒、盐、味精调味,翻炒均匀后出锅即成。

(4)成品特点:咸菜清脆可口,黄豆清香,口味咸香微辣。

(5)点评:咸菜头、黄豆耐储存,在冬季蔬菜缺少时,可作为待客菜肴的补充。由于此菜使用的咸菜头一般已有咸味,所以炒菜时盐要少放。同时按个人口味不同还可适当增减黄豆并适当放一点糖。

示例6-31:倭瓜塌子

(1)原料:小倭瓜500克,鸡蛋2个,面粉250克,大蒜100克,盐、鸡精、酱油、香油适量。

(2)主要工具:擦丝器,平底锅,铲子。

(3)制作方法:

①选鲜嫩小倭瓜去蒂,清洗干净后用擦丝器擦成细丝,将擦好的倭瓜丝放在干净的盆中,倒入面粉,再放入两个鸡蛋和匀,最后放入适量鸡精、盐合成软面坯,待用。

②大蒜去皮,切成蒜末儿,放在一个碗中,倒入酱油,调成蒜汁,待用。

③平底锅内放入少量油,当油温烧至五六成热时,用小勺将和好的倭瓜面坯崴成鸡蛋大小的团,放入平锅中煎至两面成黄金色熟透,即可装入盘中。

④上桌时,蘸蒜汁食用。

(3)成品特点:质感外酥内柔,有浓郁的倭瓜香味和蒜香味。

(4)点评:自家院子里种上几棵倭瓜,在夏秋季节大量成熟,游客现摘你现做,别有一番风趣。该品种即可当菜又可做主食,既可直接食用,无须蘸汁,又可根据客人喜好多放蒜汁,是具有中国特点的典型的农家菜。

示例6-32:雪菜土豆泥

(1)原料:雪里红250克,土豆500克、葱、姜、盐、油适量。

(2)主要工具:微波炉,面杖,保鲜膜。

(3)制作方法:

①葱、姜洗净切成末儿,雪里红洗净切成末儿,待用。

②土豆洗净去皮,切成0.5厘米的片,平码在盘子里,用保鲜膜封好,放入微波炉中强火加热4分钟,以土豆软烂为佳。

③案子上平铺保鲜膜,将熟土豆放在保鲜膜上,上面再盖一层保鲜膜,用面杖将土豆擀成泥,待用。

④炒锅上火烧热,放油后加入葱末儿、姜末儿煸炒出香味,下入雪里红翻炒,放水和少量盐烧开,将土豆泥倒入锅中,翻炒均匀即成。

(4)成品特点:口感细腻鲜滑,绵中带脆,老少皆宜。

(5)点评:腌雪里红、土豆均属农家冬季看家菜,腌雪里红可以素炒、肉末炒;土豆可炒、可炸、可煮、可炖,吃法很多。但是脆的雪里红与烂的土豆泥一起烹调是极为少见的,您不妨试试!

示例6-33:农家小炒肉

(1)原料:鲜肉250克、尖辣椒250克、食用油50克,大蒜、姜、食盐、鸡精、酱油、料酒、醋适量。

(2)主要工具:铁锅。

(3)制作方法:

①鲜肉洗净切成丝,姜去皮洗净切丝,大蒜切片,尖椒切丝,待用。

②炒锅上火烧热,倒入食用油,放入姜丝、蒜片,待爆出香味

后,将肉丝倒入锅中煸炒至九成熟,加适量盐盛起。

③炒锅上火,倒入尖椒丝煸炒,加少许盐,炒匀。再将肉丝倒入锅中,翻炒。加入醋、酱油、料酒、鸡精炒匀,即可装盘。

(4)成品特点:香辣味浓。

(5)点评:尖椒产量较高,在农家院子里栽上几棵,随摘随吃,十分有趣。此菜味浓下饭,适合喜欢吃香辣的客人。

示例6-34:葫芦条炒丝

(1)原料:干葫芦丝500克,肉丝500克,大葱、生姜、料酒、盐、味精、食用油适量。

(2)主要工具:铁锅,刮刀,戳刀。

(3)制作方法:

①将干葫芦丝,浸泡10分钟左右后,用刀切成寸段,倒入开水锅中焯水后捞出,控干水分,待用。

②选肥瘦相间的猪肉切成丝,用盐、味精、水淀粉浆透,待用。

③葱姜洗净,切成葱末儿、姜末儿,待用。

④铁锅上火烧热,放入食用油,烧到三四成热时,下葱末儿、姜末儿,煸出香味。放入肉丝,煸熟,放入焯好的葫芦丝,加入盐、味精、料酒、酱油调味,最后勾芡即可。

(4)成品特点:口感滑嫩,葫芦丝味道浓郁。

(5)点评:葫芦产量高,种植占地少,既可以观赏,也可以当菜。将鲜葫芦采摘后刮去表皮,用戳刀戳成细细的长丝,在阳光下晒干,可以长时间储存,是冬季蔬菜的补充。

示例6-35:西红柿炒土豆

(1)原料:西红柿1 000克,土豆500克,大葱、生姜、大蒜、料酒、盐、味精、酱油、食用油适量。

(2)主要工具:铁锅。

(3)制作方法:

①将土豆洗净切片,放入开水锅中焯水,随即捞出;西红柿切片,葱姜洗净切末儿,待用。

②铁锅上火烧热,加入油,葱姜蒜末儿,加入西红柿炒出香味,再加入土豆,盐、味精、酱油、料酒,翻炒均匀即可。

(4)成品特点:口感酸香。

(5)点评:土豆和西红柿均属农家常备蔬菜,土豆与西红柿同时烹调,较好地解决了土豆的酶促褐变问题,使土豆不易变色。此菜夏季食用最好,一般年轻人喜欢食用。

应该说明的是,有一些农家乐接待户在做这道菜时,喜欢用青西红柿,因为它可以配合土豆延长加热时间。但是青西红柿含有生物碱甙(龙葵碱)其形状为针状结晶体,对碱性非常稳定,但能够被酸水解。所以,未熟的青西红柿吃了常感到不适,轻则口腔感到苦涩,严重的时候还会出现中毒现象。而青西红柿变红以后,就不含龙葵碱了。

示例6-36:韭菜炒土豆干

(1)原料:晒干的土豆片500克,韭菜500克,大葱、生姜、料酒、盐、味精、酱油、食用油适量。

(2)主要工具:铁锅。

(3)制作方法:

①将干土豆片放入开水锅中焯水,随后捞出;韭菜洗净切段,葱姜洗净,切葱末儿、姜末儿,待用。

②铁锅上火烧热,加入油,放入葱姜末儿和韭菜炒香,加入焯水后的土豆片,加入盐、味精、料酒、酱油,炒均匀即可

(4)成品特点:口感爽嫩、筋道,土豆片形如豆腐干。

(5)点评:冬季储存土豆一般为窖藏,但是到来年春天也会发芽,发芽的土豆由于含有龙葵素,不能食用,因此很多农家乐

接待户只好将土豆扔掉。

这里介绍的干土豆片,也是储存土豆的一种方法,而且储存的时间更长,还不受龙葵素的干扰。方法是土豆收获的时候,将土豆去皮,用花边戳刀将土豆戳成5毫米厚的片,经过晾晒成干土豆片,食用时洗净,用水稍稍浸泡即可烹调,四季均可食用。

示例6-37:太阳肉

(1)原料:猪肉馅150克、鸡蛋1个、开水50克、花椒粒、盐、料酒、鸡精、酱油、葱适量。

(2)主要工具:圆盘,蒸锅。

(3)制作方法:

①大葱洗净切成葱末儿,花椒用开水浸泡后滤去杂质待用。

②猪肉馅内加盐、料酒、鸡精、酱油,顺一个方向搅拌上劲,分次加入花椒水并顺一个方向继续搅拌上劲;最后加入切好的葱末儿,搅均。

③取圆盘一个,肉馅倒入盘中,将肉馅平铺在盘子表面,薄厚均匀,在盘子中间留一个小圆坑。

④鸡蛋磕入留好的圆坑中,将盘子放入蒸锅内,上火蒸20分钟,熟透即可食用。

(4)成品特点:造型独特,软嫩鲜滑、咸鲜适口。

(5)点评:鸡蛋和猪肉都是营养丰富的食品,同时烹调食用可以达到蛋白质互补的作用,从而提高蛋白质的营养价值。

示例6-38:扒两条

(1)原料:豆腐200克,瘦猪肉200克,油菜5颗,酱油5克,料酒3克,盐3克,味精2克,鸡汤100克,葱姜各5克,淀粉3克,油30克。

(2)主要工具:锅。

(3)制作方法:

①大葱、生姜洗净,葱切段,姜切块用刀拍一下;淀粉兑水成水淀粉;油菜洗净掰去老帮;待用。

②将猪肉放入开水中焯一下,再用凉水将表面洗净,放入一锅清水中,加入料酒、盐、葱段、姜块,用大火烧开后,转用小火烧约 20 分钟,将肉煮制 8 成熟取出,晾凉。

③用刀将肉切成厚为 0.3 厘米的片(注意肉片的方向,要顶刀切),豆腐切成片。

④将肉片和豆腐片码放在盘中,码一片豆腐码一片肉,整齐码放 2~3 排。

⑤煸锅上火烧热,加入油,放葱姜煸出香味,将葱姜捞出,把豆腐和肉片推入锅中,加入鸡汤、酱油、料酒、盐、味精,开锅后小火烧熟,加入菜心,放入水淀粉收汁。汁收浓后整齐地摆放在盘中。

(4)成品特点:口味咸鲜,色泽金红,是一款典型的山东风味菜肴。

(5)点评:

植物固醇包括谷固醇、豆固醇等,将含有丰富谷固醇、豆固醇的食物与含胆固醇的食物一起烹调或同时食用,有利于阻止胆固醇的吸收。此菜肴选用豆腐与猪肉一起烹调,豆腐中的谷固醇对肉中的胆固醇有竞争性抑制吸收的作用,因而是一道老少皆宜的解馋菜肴。

示例 6-39:蚕豆烧樱桃肉

(1)原料:猪肉 250 克,蚕豆 150 克,精盐 4 克,味精 2 克,料酒 5 克,白糖 10 克,醋 5 克,红曲 5 克,葱 5 克,姜 3 克,油 50 克。

(2)主要工具:炒勺,手勺,刀。

(3)制作方法：

①葱、姜洗净，用刀拍一下；干蚕豆用水浸泡，泡透后去皮分成两半；红曲加开水泡开，去掉渣粒，将汁倒入碗内，待用。

②将猪肉洗净切成方丁，放入葱、姜、盐、味精、料酒腌味。

③水锅上火烧开，将肉块放入开水中氽一下，使其表面收紧，滤干水分，立即放入盛有红曲汁的碗中，使其着色。

④炒锅上火，加入油烧热，放入葱、姜，煸出香味，随即放入料酒、精盐、味精、白糖、醋以及清水适量，将肉块放入，用大火烧开，再转用小火烧至八成熟，将蚕豆瓣放入，待原料全部熟烂后，放在大火上，将汁收浓，即可装盘。

(4)成品特点：色泽红润光泽，口味甜咸微酸。

(5)点评：此菜又是一款豆固醇竞争抑制胆固醇的菜肴。

示例6-40：网油鱼包

(1)原料：鱼750克，网油500克，冬笋250克，冬菇25克，韭菜50克，猪肥膘肉150克，鸡蛋2个，生菜叶适量，植物油800克，葱姜各75克，湿淀粉75克，盐7克，料酒20克，味精5克，胡椒粉适量。

(2)主要工具：菜刀，案板，炒锅，手勺。

(3)制作方法：

①鱼去掉皮、骨、刺，切成粗丝；水发冬菇去蒂，洗净切丝；冬笋成丝焯水；韭菜留白的地方切断；肥膘肉切细丝，生菜叶洗净消毒；葱姜洗净切片；网油洗净去水；湿淀粉用蛋清调成稀糊。

②将鱼丝、冬笋丝、肥膘肉丝、韭菜用料酒、葱姜、味精、盐、胡椒粉搅拌均匀。

③把网油切成8厘米见方的块，铺平抹上淀粉糊，放入拌好的鱼丝包成方形，用刀尖扎小眼，滚上玉米粉，下入烧开的油锅

中,炸制皮黄肉熟捞出,围上生菜叶即可。

(4)成品特点:外焦里嫩,香脆适口。

(5)点评:

此菜一般选择肉质丰厚坚实、刺少的鱼种。在京郊有鱼塘和水库的农家乐经营区域,可作为调剂烹调方法和口味的一道待客菜肴。

示例6-41:银粉牛肉丝

(1)原料:牛肉200克,粉丝100克,韭菜50克,盐5克,白糖5克,味精2克,料酒5克,酱油10克,胡椒面0.5克,淀粉3克,油200克,葱5克,汤50克。

(2)主要工具:炒锅,刀。

(3)制作方法:

①将牛肉切成长4厘米、厚0.3厘米、宽0.3厘米的丝;葱洗净切成丝;韭菜择好洗净,切成长3厘米的段。

②将牛肉丝内加入盐1克、料酒2克、淀粉2克,搅拌均匀。

③将葱丝、盐、酱油、白糖、味精、料酒、胡椒面、淀粉和汤50克,放入碗中调成汁。

④炒锅上火,加油150克,加入牛肉丝煸炒,炒至八成熟时加入韭菜段,即刻倒入碗汁,待汁收浓后,浇在粉丝上即可。

(4)成品特点:口味咸鲜,色泽丰富,为淮扬风味菜肴。

(5)点评:牛肉丝、粉丝、韭菜三种不同颜色、不同质感的原料同炒一盘菜,需要一点烹饪技巧。请您注意:烹调时不能将粉丝炸上色,且肉丝不可炒得过老,韭菜一定要最后下锅,以脆绿为好,不可过烂。

(三)自制饮料,新鲜爽口

客人到家,总要以茶相待,但是龙井、毛尖、碧螺春等名茶只有在产地待客,才最有味道。你的家乡不是名茶的产地,就不一定非要花钱专门购买名茶,事实上,你家乡可能有许多可以当做茶来待客的原料。家里有枣树的朋友,将红枣烤干烤脆,用开水沏,就是红色的枣茶;种植大麦的朋友,将大麦炒熟,用开水沏,就是棕色的大麦茶。又如新鲜的玉米须子,洗净后加上冰糖用开水沏(一定要用玻璃杯装),那碧绿的颜色,那清香甘甜的口味,准受欢迎,不信你当场沏给客人试试。

示例6-42:西瓜汁

(1)原料:西瓜。

(2)主要工具:榨汁机。

(3)制作方法:

①熟透的西瓜去皮,切成小块,放入冰箱中冷藏。

②直接将凉西瓜块放入榨汁桶内,西瓜块的量以占榨汁桶的1/3为宜,盖好盖,锁上保险开关。

③轻轻按动粉碎挡,粉碎40秒。

④停机后,将榨好的西瓜汁倒入玻璃杯中,即成。

(4)成品特点:

色泽粉红,冰凉爽口。

(5)点评:

这种西瓜汁制作简单,我国很多地区都盛产西瓜,特别是西瓜上市的季节,原料来源容易,农家乐经营者可以适时利用这一资源。

示例6-43:鲜玉米汁

(1)原料:新鲜玉米,冰糖,白开水,小苏打。

(2)主要工具:笼屉,榨汁机。

(3)制作方法:

①成熟的鲜玉米去皮、去须,用刀切下玉米粒,加水、冰糖放入盆中,上笼屉蒸熟。

②下屉晾凉后,直接将玉米粒、冰糖水、小苏打放入榨汁桶内,再加入适量白开水,玉米与水的比例一般为玉米粒100克,水200克。玉米和水的总量以占榨汁桶的1/3为宜,盖好盖,锁上保险开关。

③轻轻按动粉碎挡,粉碎1分钟。

④停机后,将榨好的玉米汁倒入玻璃杯中,即成。

(4)成品特点:

色泽明黄,呈半乳浊状,凉热饮均可。

(5)点评:

玉米在我国广有栽种,也是我国部分地区百姓的主要粮食,但是以玉米为主食的地区,人们往往容易患癞皮病,这主要是维生素B_5缺乏所致。本来玉米中含的维生素B_5并不低,甚至高于大米,但以玉米为主要食物的人,为什么容易发生癞皮病呢?原来玉米中的维生素B_5为结合型,不易被人体吸收利用。如果加入少量的小苏打,则将大量游离的维生素B_5从结合型的玉米中释放出来,容易被人体吸收利用。所以做玉米汁时,一定别忘记放一点点小苏打。

另外,如果你家里养着奶牛,那么在玉米汁中可以一半的牛奶替代一半凉白开水,此时营养价值更高,口感更好。

示例6-44:鲜胡萝卜汁

(1)原料:胡萝卜,食用植物油,凉白开水。

(2)主要工具:蒸锅,榨汁机。

(3)制作方法:

①胡萝卜洗净、去皮,切成小块,放入蒸锅中蒸熟,晾凉。

②直接将凉胡萝卜块放入榨汁桶内,再加入两倍的凉白开水和2滴食用植物油,胡萝卜块与水的量以占榨汁桶的1/3为宜,盖好盖,锁上保险开关。

③轻轻按动粉碎挡,粉碎1分钟。

④停机后,将榨好的胡萝卜汁倒入玻璃杯中,即成。

(4)成品特点:

色泽金黄,口感细腻,冷饮、热饮均可。

(5)点评:

胡萝卜在我国北方广有栽种,而且耐储藏。我国农村许多百姓家的地窖里,半年以上都存有胡萝卜。胡萝卜中含有丰富的胡萝卜素,是维生素A极好的食物来源。维生素A有维持正常视觉,防止夜盲症的作用。例如,夜间在乡间公路上开车时,由于没有路灯,对面来车的灯光照到你的眼睛,会使你暂时看不见东西,如果视觉能立即恢复,则说明你不缺维生素A;假如你需要很久才能恢复视力,则说明你缺乏维生素A。视力恢复所需时间的长短,取决于维生素A缺乏程度的轻重。研究表明,夜间发生车祸的人,往往是缺乏维生素A造成的。公路上夜间的照明较佳时,发生车祸的几率较低;因为光线充足时,眼睛视觉对维生素A的依赖程度较低。

另外要注意的是,维生素A是脂溶性维生素,也就是说胡萝卜只有与油脂一起食用,你才能最大限度获得维生素A,此时胡萝卜汁的营养价值才更高。

打字员、文字工作者、裁缝、阅读书报或看电视的人、在昏暗的光线中工作的矿工、接触跳动光源的焊接工、戴墨镜才感到舒服的人、在强烈的光线及暗房中工作的摄影师眼睛容易疲倦,都更需要补充维生素A。

示例6-45:鲜芹菜汁

(1)原料:新鲜芹菜,凉白开水。

(2)主要工具:榨汁机。

(3)制作方法:

①新鲜芹菜洗净,去老根,去叶,切成小段,备用。

②凉白开水放入冰箱中冰镇。

③直接将芹菜段放入榨汁桶内,冰镇白开水的量是芹菜段的两倍,水和芹菜段的量以占榨汁桶的 1/3 为宜,盖好盖,锁上保险开关。

④轻轻按动粉碎挡,粉碎 1 分钟。

⑤停机后,将榨好的芹菜汁过细筛后倒入玻璃杯中,即成。

(4)成品特点:

色泽碧绿,冰凉爽口,有浓郁的芹菜味。

(5)点评:

芹菜汁比较受老年高血压患者欢迎。芹菜具有降血压的功效。一般做芹菜汁不放糖。

示例 6-46:鲜果菜汁

(1)原料:

白兰瓜、猕猴桃、菠萝、橙子、柚子、木瓜、草莓、西红柿、黄瓜等水果或蔬菜中任一种,白糖水。

(2)主要工具:榨汁机,扎啤杯。

(3)制作方法:

①用开水沏一扎啤杯白糖水,放入冰箱中冷藏。

②将上述任一种新鲜果、菜去皮后切成小块。

③直接将任意果、菜块和冰凉的糖水放入榨汁桶内,糖水的用量是水果的两倍,总量以占榨汁桶的 1/3 为宜,盖好盖,锁上保险开关。

④轻轻按动粉碎挡,粉碎 30 秒。

⑤停机后,将榨好的果汁倒入玻璃杯中,即成。

(4)成品特点:

色泽鲜艳,味道冰凉爽口。

(5)点评：

农家乐经营者朋友们，你家中不管有什么水果都可以根据这个方法榨成鲜果汁。糖水的甜度也可根据喜好自行调节。鲜果汁制作简单，原料来源容易，农家乐经营者可以适时利用这一资源。

示例 6-47：鲜葡萄汁

（1）原料：葡萄。

（2）主要工具：榨汁机，箩筛。

（3）制作方法：

①葡萄去蒂，洗净，直接放入榨汁桶内，加入两倍的白开水，总量以占榨汁桶的 1/3 为宜，盖好盖，锁上保险开关。

②按动粉碎挡，粉碎 40 秒。

③停机后，将榨好的葡萄汁过筛，以去掉葡萄皮和核。

④倒入玻璃杯中，即成。

（4）成品特点：

色泽自然，酸甜适口。

（5）点评：

葡萄的品种较多，色泽也有紫皮白肉、紫皮紫肉、绿皮绿肉、绿皮白肉之分，所以鲜葡萄汁的酸甜程度、色泽变化不等。但其制作简单、容易，农家乐经营者可以适时利用这一资源。

示例 6-48：绿豆爽

（1）原料：绿豆，冰糖。

（2）主要工具：榨汁机，高压锅。

（3）制作方法：

①绿豆除去杂物，倒入高压锅中，放足水，盖好盖，上火加热至绿豆熟透为止。晾凉。

②冰糖放入水中，上火烧开，晾凉后，放入冰箱中冷藏。

③直接将熟绿豆与冰糖水放入榨汁桶内,根据喜好调节绿豆与冰糖水的比例,总量以占榨汁桶的 1/3 为宜,盖好盖,锁上保险开关。

④轻轻按动粉碎挡,粉碎 1 分钟。

⑤停机后,将榨好的绿豆爽倒入玻璃杯中,即成。

(4)成品特点:

色泽豆绿,冰凉沙爽,适宜夏季饮用。

(5)点评:

夏季喝绿豆爽具有消暑解渴的作用。需要注意的是:绿豆爽制作时,如果兑水量多,放置时间稍长时就会出现分层式的沉淀。因此,为游客制作绿豆爽的时候,要事先征求客人意见,根据游客意愿,决定兑水量的多少。

示例 6-49:红豆沙

(1)原料:红豆,红糖。

(2)主要工具:榨汁机,高压锅,微波炉。

(3)制作方法:

①红豆除去杂物,倒入高压锅中,放入红糖,放足水,盖好盖,上火加热至红豆熟透为止,稍晾凉。

②直接将熟红豆连豆带汤放入榨汁桶内,总量以占榨汁桶的 1/3 为宜,盖好盖,锁上保险开关。

③轻轻按动粉碎挡,粉碎 1 分钟。

④停机后,将榨好的红豆汁倒入玻璃杯中,将杯直接放入微波炉中,高挡微波 40 秒,即成。

(4)成品特点:

色泽暗红,甜香沙爽。

(5)点评:

红豆沙具有补血的功效,一般冬季饮用比较受游客欢迎。

红豆沙也会出现分层式的沉淀,注意事项与绿豆爽相同。

示例6-50:五豆浆

(1)原料:

黄豆200克,黑豆200克,杏仁100克,桃仁100克,花生仁100克,水10公斤。

(2)主要工具:豆浆机,蒸锅。

(3)制作方法:

①将杏仁、桃仁、花生仁去杂质,洗净用水泡透后去皮。

②黄豆、黑豆去杂质,洗净用水泡透。

③将全部原料加水磨成浆。

④去渣后将浆上火用大火烧开,打去浮沫,用小火煮20分钟即成。

(4)成品特点:浓郁香醇。

(5)点评:

黄豆、黑豆、杏仁、桃仁、花生仁等是我国广大农村广有栽培的植物,它们营养丰富,对人体健康极为有益。现实生活中即便是缺少其中的一两种原料,也没关系。五豆浆隆冬季节可以热饮,盛夏季节可以放在冰箱中冰镇后饮用,是一年四季最好的饮料。

示例6-51:蜂蜜酸奶

(1)原料:

鲜牛奶2 000克,酸奶200克,白糖50克,蜂蜜适量。

(2)主要工具:蒸锅,瓶子。

(3)制作方法:

①瓶子洗干净,擦干、消毒。

②将鲜奶、白糖放入锅内煮开。自然晾凉至40℃左右。

③将酸奶作为引子倒进牛奶中,稍加搅拌。然后分别倒入瓶子中,盖好瓶盖。

④将蒸锅中加入适量的水,将水烧至50℃左右,再把瓶子放入锅中(水不能没过瓶口),盖好锅盖。

⑤待发酵后即成酸奶。食用时根据个人口味爱好放入适量蜂蜜即可。

(4)成品特点:醇滑甜软。

(5)点评:

北京郊区农村有一些农户自家饲养奶牛,郊区养蜂户也到处可见。用每天新挤出的牛奶自做酸奶,再浇上本地产的蜂蜜,这些没有经过商人之手的食品,肯定受游客欢迎。

另外,如果你家的果树正值采摘期,在酸奶的表面再撒一些水果,一道水果酸奶就做成了。

(四)因地制宜,粗粮细作

示例6-52:柿子饼

柿子饼(见图6-7)具体做法如下:

图6-7 柿子饼

(1)原料:

熟透的柿子600克,面粉500克,白糖200克,猪板油100

克,熟核桃仁50克,青红丝10克,熟面粉100克。

(2)主要工具:箩筛,盆,饼铛。

(3)制作方法:

①猪板油撕去油膜,切成黄豆大小的丁。青红丝、核桃仁切碎。

②白糖放入盛器中,放入板油丁、熟面粉搓拌,如果馅太干,就放一点水或蜂蜜。最后加入切碎的青红丝、核桃仁搓拌至有黏性,即成白糖馅。

③柿子去蒂揭皮后,放盛器中,用手抓开,过箩取柿子汁。

④面粉倒入盆中,放入柿子汁,再用手将面粉和柿子汁搅和均匀,和成柔软光滑的柿子面团。

⑤将面团切成小剂子,取一剂子沾上干粉按扁,包入馅心,呈圆球形生饼。

⑥饼铛刷油,上火烧热后,放入球形生饼,稍烙后,用铁铲翻面,并用铁铲轻压,成扁形饼。盖上锅盖,小火4~5分钟,待底面色泽金黄时,翻面,再盖上锅盖烙制成熟。

(4)成品特点:

色泽金黄,软糯黏甜,有柿子的芳香味。

(5)点评:

柿子在我国北方广有栽培,品种也较多。秋天金黄色的柿子点缀满山野,为农家乐旅游活动增添了情趣。游客在你家的饭桌上,能吃到金黄、甜糯的柿子饼,会更感新鲜。而且柿子成熟后如不能及时出售,一旦熟透变软,储存、销售就是一个难题。所以,将成熟的柿子做成柿子饼,也是一个很好的促进柿子销售的方法。如果能将熟透的柿子冷冻,使用时即时化冻,也可以延长柿子的销售期。

示例6-53：鲜豌豆糕

(1)原料：

鲜豌豆500克,盐、白糖200克,琼脂8克,清水1 000克。

(2)主要工具：笊篱,平盘,蒸锅,笼屉,保鲜膜。

(3)制作方法：

①清水倒入锅中,放入盐,烧开,鲜豌豆倒入锅中,煮熟、煮透,晾凉后取出过笊篱,成为绿色豌豆泥待用。

②琼脂用冷水洗净,加60℃的温水150克,上屉蒸化待用。

③豌豆泥倒入锅中,中火烧开,加入白糖和蒸化的琼脂熬至膏状,倒入平盘中。

④稍凉后,在上面轻轻平铺一层保鲜膜,等完全冷却后放入冰箱冷藏。

⑤食用时,去掉保鲜膜,切成任意形状,即可。

(4)成品特点：

色泽碧绿,口味甜香,口感细腻爽滑。

(5)点评：

豌豆在我国广大农村的田间地头、房前屋后都可以栽种。当新鲜豌豆大量成熟的时候,一时吃不完,往往只能晾干贮存,豌豆黄就是用干豌豆做成的北京的传统宫廷小吃。但是干豌豆煮制困难,色泽不够鲜亮,因而成品呈黄色。豌豆在新鲜时色泽翠绿,口味清新,做出的成品碧绿清香,营养丰富,更受人们欢迎。

示例6-54：小窝头

(1)原料：

细玉米面500克,黄豆粉125克,白糖200克,小苏打3克,泡打粉3克,冷水200克。

(2)主要工具：蒸锅,笊篱,笼屉。

(3)制作方法：

①将细玉米面、黄豆粉、小苏打和泡打粉、白糖拌匀过笊,分

次加入冷水,揉搓均匀,盖上干净的湿布静置20分钟待用。

②将醒好的面团下剂子80个(每个12克),取一个面剂放在手掌中揉圆,用食指在面剂中间钻一个洞,搓成窝头形,码在屉中,上锅大火蒸10分钟,取出即可。

(4)成品特点:

色泽金黄,甜软松香。

(5)点评:

小窝头也是传统的宫廷点心之一。蒸窝头时,放少量的黄豆粉和泡打粉,能够使成品暄软适口,小苏打有提高成品中维生素 B_5 吸收利用的作用。

示例6-55:大枣馏米

(1)原料:

黄米2 500克,红枣1 000克,清水1 500克,白糖适量。

(2)主要工具:盆,蒸锅,笼屉。

(3)制作方法:

①将黄米倒入一个盆内,用清水浸泡透(约1小时)。

②将红枣洗干净用笼屉蒸熟即可。

③将黄米加1 500克水放入盆内,连盆一起蒸30分钟。

④将蒸熟的黄米,加红枣、白糖拌匀后分别装入小碗,即可食用。

(4)成品特点:

柔软而有黏性,香甜适口。

(5)点评:

黄米是小米中的糯性品种,成熟后有一定的黏性。大枣肉质丰厚,含铁量高。大枣馏米是极具营养的山西民间食品。

示例6-56:家常葱油饼

(1)原料:

面粉500克,葱花儿50克,豆油250克,精盐25克。

(2)主要工具:饼铛。

(3)制作方法:

①取面粉400克,加适量的温水和成面团,醒30分钟。

②另取100克面粉加精盐、葱花儿、100克豆油,调成软油酥。

③将面团擀成长方形薄片,均匀地抹上软油酥,折成多层的半成品,醒10分钟。

④将半成品饼擀成长方形的葱花饼生坯。

⑤饼铛放油烧热,将生饼坯放入锅内,中火烙至两面金黄色,取出后,切成长条形码放在盘中即可。

(4)成品特点:柔软、咸香。

(5)点评:

面粉中含有面筋蛋白质,面筋蛋白质在冷水中经过揉搓形成面筋,面筋有一定的弹性、韧性,所以用冷水和面做烙饼,饼稍凉后一般较硬。而用温水和面,可以破坏一部分面筋,这样烙出的葱油饼较软。

示例6-57:莜面卷

莜面卷(见图6-8)的具体做法如下:

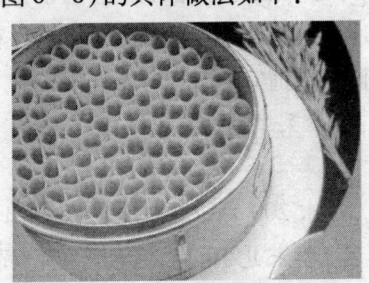

图6-8 莜面卷

(1)原料:莜麦面500克,清水500克。

(2)主要工具:竹笼屉,青石板,蒸锅。

(3)制作方法:

①将莜麦面500克倒入一个盆中备用。

②把500克清水放入锅内,锅置于火上,将水烧开。

③右手拿筷子,左手将烧开的水慢慢倒入面中,边倒边搅面粉,搅拌均匀后,用手蘸冷开水趁热将面揉光滑,盖上湿布,防止面团风干。

④取一干净光滑的青石板,板上刷极少的油,取一块面,一手掐下指头肚大小的面块,放在青石板上,用手掌向前推搓面团,推出的莜面呈均匀的面片。用拇指和食指将面片拿起,顺势将面片卷在食指上,将莜面卷整齐地排列在刷了油的竹笼屉上,呈空心圆卷形状,高低基本一致。

⑤将竹笼屉放入蒸锅,大火蒸10分钟左右即成。下笼后可蘸羊肉汤或西红柿鸡蛋卤食用。

(4)成品特点:

柔韧、爽滑,呈蜂窝状。

(5)点评:

莜面在制作时必须做到三熟,即"磨面前必须炒熟;和面时必须烫熟;蒸制时必须蒸熟"。莜面卷可以蘸各种各样的卤(臊子、浇头)食用,且四季适宜。

示例6-58:曲牧菜馅饼

(1)原料:

面粉500克,热水200克,冷水100克,猪肉350克(剁成肉馅),曲牧菜500克,姜末儿10克,酱油25克,精盐15克,料酒10克,味精15克,香油适量。

(2)主要工具:电饼铛。

(3)制作方法:

①面粉先加热水200克用筷子搅均匀,再加入100克冷水和成软面团,稍饧待用。

②曲牧菜洗净切末儿。

③肉馅内放入精盐、料酒、酱油搅拌上劲后,加姜末儿、味精、曲牧菜、香油拌匀。

④将醒好的面团揪30个剂子,逐个压扁,包上馅心,封口时尽量不要有疙瘩。封口朝下,轻轻按扁成直径约5厘米的圆饼。

⑤电饼铛烧热,淋上花生油烧热,将馅饼放入锅中,烙至两面焦黄、熟透即可。

(4)成品特点:

柔软,咸香,适口。

(5)点评:

夏季田间地边曲牧菜较多,游客在游玩时常常会自采一些回来,用曲牧菜烙馅饼,既方便又快捷,可以作为一个极好的旅游项目。

示例6-59:春杨素馅包子

(1)原料:

面粉500克,鲜酵母0.25克,水250克,春杨树叶500克,金针菜25克,笋15克,冬菇75克,细盐5克,味精15克,白糖2克,植物油75克,香油5克,姜末儿,鲜汤少许。

(2)主要工具:蒸锅,铁锅,笼屉,盆。

(3)制作方法:

①鲜酵母倒入盆中,用温水溶化开,倒入面粉,再加入250克温水和成面团,拌匀揉透,用湿布盖上发酵。

②选用新鲜的春杨树叶洗净,用开水烫一下,剁碎,挤干水分即成春杨菜末儿。

③金针菜、笋、冬菇用温水泡发,洗净,剁碎。

④铁锅上火放油,油烧至七成热时,放金针菜、笋、冬菇末儿,加入细盐、白糖、味精和少量鲜汤煸炒,炒熟后冷却,再加入春杨菜末儿、姜末儿、香油拌匀,即成馅心。

⑤将发面揉匀,揪成20个剂子,用手按成中间厚、边缘薄的皮子,包成包子。

⑥包子放入笼屉内,中火蒸10分钟即可。

(4)成品特点:新鲜适口。

(5)点评:

春天来临时,杨树发芽了,此时摘一些杨树嫩叶做包子,一方面新鲜好吃,另一方面也弥补了开春时节新鲜蔬菜不足的缺憾。

示例6-60:萝卜丝咸窝头

(1)原料:

玉米面500克,心里美萝卜半根,胡萝卜2根,小苏打少许,盐3克。

(2)主要工具:礤床儿,蒸锅,笼屉,盆。

(3)制作方法:

①将心里美萝卜、胡萝卜洗净,用礤床儿擦成细丝。

②将胡萝卜丝、心里美萝卜丝、玉米面、小苏打、盐一齐放入盆中,倒入适量的水和均匀,即成萝卜丝玉米面团。

③蒸锅放足水,笼屉上铺上湿屉布,将萝卜丝玉米面团团成10个窝头码在屉上,用大火蒸20分钟熟透即成。

(4)成品特点:松软、暄香。

(5)点评:

萝卜是极耐储存的农村百姓看家菜,特别是冬天,家家地窖里都有萝卜。遇到过年家里杀猪宰羊时,炖肉配上萝卜丝咸窝头食用,是最好的营养食谱。

示例6-61:榆钱儿甜窝头

(1)原料:

玉米面5克,糯米粉50克,榆钱儿150克,白糖50克,水300克。

(2)主要工具:蒸锅,笼屉。

(3)制作方法:

①先将榆钱儿洗净,与玉米面、糯米粉、白糖、水和成面坯,静饧15分钟。

②大火将蒸锅水烧开,将面坯捏10个馒头码在笼屉上,中火蒸熟即成。

(4)成品特点:

微甜,甘香中带着爽滑,有榆钱儿的香味。

(5)点评:

开春时节,榆钱儿很多。在蒸窝头时掺入榆钱儿,可使窝头有松软、略滑的口感。

示例6-62:红豆馅团子

红豆馅团子(见图6-9)的具体做法如下:

图6-9 红豆馅团子

(1)原料:

红小豆 500 克,白糖 500 克,玉米面 500 克,水约 350 克,小苏打 1 拈。

(2)主要工具:蒸锅,笼屉,盆。

(3)制作方法:

①红小豆去杂质洗净,加足量的水,浸泡一夜。

②将泡软的红小豆倒入锅中,上火煮开,再用中火煮至豆烂。将白糖倒入锅中,搅匀,用小火继续煮至水分基本收干,即成豆馅。

③玉米面、小苏打放入盆中,先倒入 250 克水将面和均匀,再倒入 100 克水继续和匀(以使面坯吸足水分),将面静放 20 分钟,即成玉米面团。

④将玉米面团分 20 份,分别放入豆馅包裹成圆球状,上笼屉大火蒸熟即成。

(4)成品特点:暄软、甘甜

(5)点评:

玉米面和红小豆都是农村百姓家常常储备的粮食作物,来源方便,价钱便宜。如果家里有萝卜,也可以配上羊肉馅做羊肉萝卜馅团子,萝卜需要洗净、去皮,用礤床儿擦成细丝,放入开水锅中烫一下,再将萝卜丝捞出晾凉,挤净水分,与羊肉馅一起调制成馅心。

示例 6-63:小米疙瘩汤

(1)原料:

小米 50 克,面粉 500 克,西红柿 1 个,鸡蛋 1 个,大葱 50 克,盐适量,植物油 25 克,水适量。

(2)主要工具:笊篱,面盆,铁锅。

(3)制作方法:

第六章
农家饭菜,食谱安排

①小米在水中浸泡透。用笊篱捞出后倒入面盆中,用力晃动面盆,使米粒粘满面粉。

②将粘满面粉的小米再次放入水中,用笊篱捞出后再次放入面盆中,用力晃动面盆,使面粉牢牢地再次粘在米粒上,如此反复多次,至米粒如黄豆大小时即成小米疙瘩。

③西红柿洗净切成小块,大葱洗净切葱花儿,鸡蛋打成鸡蛋液,备用。

④将铁锅架在火上,倒适量的植物油,放入葱花儿,当葱花儿出香味时,倒入西红柿块,炒出西红柿红油时,倒入适量水,大火将水烧开,将小米疙瘩一把一把地撒入开水锅中,开锅后,改小火倒入打散的鸡蛋液,放盐,再次开锅后即成。

(4)成品特点:

疙瘩颗粒均匀,口味咸香爽滑。

(5)点评:

小米疙瘩汤是民间百姓独创的一种疙瘩汤的做法。小米、面粉混吃,可以提高营养价值。

示例6-64:老倭瓜摊咸食

(1)原料:

老倭瓜500克,虾米皮50克,鸡蛋1个,面粉100克,植物油50克。

(2)主要工具:礤床儿,盆,饼铛。

(3)制作方法:

①先将老倭瓜去皮,再用礤床儿擦成细丝。

②将倭瓜丝、面粉、鸡蛋、虾米皮一齐放入盆中和均匀,成稀软的面糊状。

③将饼铛架在炉子上烧热,倒入适量的植物油,用手勺盛一勺面糊平摊在饼铛中,待底面煎成金黄色后,再煎另一面,熟透

以后用平铲铲入盘中,呈3毫米厚的饼状。

(4)成品特点:

咸鲜微甜,风味独特。

(5)点评:

老倭瓜或南瓜、北瓜在我国村民的地窖里都有储存,丰产的倭瓜往往吃不完而烂掉。还有许多村民用它喂猪。其实倭瓜有较高的营养价值,微甜的倭瓜蒸食、瓤排骨、瓤鸡块、瓤红烧肉都是别有风味的。

示例6-65:西葫芦塌子

(1)原料:

面粉300克,西葫芦200克,清水少许,盐、味精、五香粉、葱白、蒜、醋各适量,植物油。

(2)主要工具:平底炒锅,礤床儿。

(3)制作方法:

①西葫芦洗净去皮去瓤,用礤床儿擦成细丝后再用刀剁几下,放入面盆中。将面粉也放在盆中。

②将葱白洗净顶刀切葱末儿,加入盐、味精、五香粉,放入盆中。

③用筷子边搅边加水,将全部原料搅拌均匀成稠糊状即可。

④平底锅上火,烧热,加入少许植物油,放入调好的糊,摊成平整薄薄的圆饼状,待表面微干时,翻面烙另一面,轻轻晃一下锅,使饼不粘锅。整体看上去微焦干爽即可。

⑤蒜剥皮捣碎或用刀拍切成末儿,加上醋兑成蒜汁,烙好的西葫芦塌子蘸食蒜汁,味道更佳。

(4)成品特点:

口感柔韧,外焦里嫩,蒜香浓郁。

(5)点评:

西葫芦是一种比较耐储存的、供应期较长的蔬菜。嫩西葫芦可以炒菜,老西葫芦可以做羊肉西葫芦饺子或鸡蛋西葫芦饺子;西葫芦不老不嫩时,可以做西葫芦塌子。你家的自留地可以种一些,一瓜多用。

另外,土豆用同样方法也可一试,别有一番味道。

示例6-66:苜蓿菜贴饼子

(1)原料:

玉米面500克,小苏打1拈,水350克,黄豆面25克,猪肉馅250克,苜蓿菜500克,大葱50克,姜25克,花椒粒10克,盐、料酒各5克,味精2克,胡椒面儿3克,白糖3克。

(2)主要工具:柴锅。

(3)制作方法:

①玉米面、小苏打、黄豆面放入盆中,分3次加水将面和均匀。

②花椒粒放入碗中,浇入开水,待用。

③大葱洗净切成葱花儿,姜洗净去皮切成姜末儿,待用。

④苜蓿菜洗净,控干水分,剁碎,撒一些盐后挤净水分。

⑤猪肉馅放入盆中,加入苜蓿、盐、料酒搅均匀,分数次加入花椒水,用筷子顺一个方向搅打至上劲发黏,再加入葱花儿、姜末儿、胡椒面儿、白糖、味精拌均匀,即成苜蓿馅。

⑥玉米面团包上苜蓿馅(呈饼子状),贴在热锅上,熟透即成。

(4)成品特点:

面软底脆,咸香适口。

(5)点评:

贴饼子是我国北方广大农村百姓的家常饭。贴饼子本来没有馅,但带馅后,口味就可以变化无穷。韭菜、茴香和马齿苋、苦菜、苜蓿等山野菜,均可以作为贴饼子的馅心。

示例6-67:菜粥

(1)原料:

大米,清水,大葱,大白菜,虾皮,盐,植物油。

(2)主要工具:铁锅。

(3)制作方法:

①先将大米做成粥,待用。

②白菜洗净顶刀切成细丝。大葱洗净,切成葱花儿。

③铁锅上火烧热,放入少量植物油,将葱花儿煸香,放入虾皮、白菜丝炒熟,倒入大米粥,煮开锅后放入适量的盐即可。

(4)成品特点:

色随菜变,咸香滑润,解饥解渴。

(5)点评:

菠菜、芹菜、南瓜、胡萝卜等都可以用来做菜粥,但应注意的是,菜一定要洗干净,且必须切得细碎。菜粥具有增加肠胃蠕动、促进消化的功能,特别适合老年游客。

示例6-68:五谷杂粮饭

五谷杂粮饭(见图6-10)的具体做法如下:

图6-10 五谷杂粮饭

(1)原料：

红豆,绿豆,玉米,大米,紫米,枸杞,葡萄干。

(2)主要工具:小笡箩(或小木桶、小木盆),笼屉。

(3)制作方法：

①分别将红豆、绿豆洗净蒸九成熟,待用。

②分别将大米、紫米洗净蒸八成熟,待用。

③玉米蒸熟后,拨出玉米粒,待用。

④枸杞洗净,用清水泡开,待用。

⑤葡萄干洗净,待用。

⑥将盘子垫入小笡箩里,将上述全部原料放入盆中拌均匀,再将原料放入笡箩中,上笼屉蒸熟。

⑦连笡箩一起端上桌。

(4)成品特点：

五彩缤纷,五谷稻香。

(5)点评：

红豆、绿豆、玉米、大米都是农家现有的原料,豆饭、二米饭也是农家常吃的饭食。但原料混蒸,颜色互染,成品的鲜亮度不够,且由于颗粒的大小不同,成熟度也不同。采用先分蒸后合蒸的方法,保持了原料的色彩,同时也保持了成熟度的一致。

示例 6-69：南瓜饼

南瓜饼(见图 6-11)的具体做法如下：

(1)原料：

糯米粉 300 克,玉米淀粉 100 克,南瓜 250 克,白糖 50 克,桂花酱适量,大油 150 克,豆馅 300 克,植物油适量。

(2)主要工具:木模具,蒸锅。

图 6-11 南瓜饼

(3)制作方法:

①蒸锅中加入清水适量,置于火上,烧沸。

②将南瓜去皮、去子洗净,置蒸锅内蒸熟。蒸熟的南瓜出锅放在案板上,趁热揉进糯米粉、淀粉,加进白糖、桂花酱制成粉团。

③将制好的粉团揪成大小均匀的面剂,用手捏制成薄厚适度、大小均匀的圆形面皮。包入豆馅,用手将面皮的四周拢上,收口,包制成近似于圆球形状。

④木模内撒一些淀粉,将球形生坯按入木模内,边缘按实后,再将生坯搕出,码入刷过油的笼屉内。

⑤将笼屉上旺火蒸 10 分钟至熟透(呈透明状)。

⑥上桌前将煎盘置于火上放入底油,烧至五成热。将蒸熟的饼坯依次排入煎盘内,用中火煎制成两面金黄时出锅。

(4)成品特点:

色泽金黄,外脆里嫩,甜黏面糯,具黏韧劲,瓜香浓郁。

(5)点评:

南瓜是我国农村大部分地区都种植的瓜菜,它极耐储存,软面适口。做南瓜饼要选择含水分少的老南瓜。南瓜饼的制作采用蒸的方法成熟,避免了炸制成熟用脂肪较多的弊端。它可热食,可作凉点,是四季皆宜的点心。

同样方法,胡萝卜、土豆、山药、芋头都可以洗净、去皮、蒸熟后,再与面粉和成面团,包上馅(甜、咸均可)蒸、煎、炸熟。

示例6-70:蒸死面卷子

(1)原料:

面粉500克,水300克,植物油、盐适量。

(2)主要工具:笼屉。

(3)制作方法:

①面粉放入盆中,加水将面和成滋润、软硬适度的面坯(手感如同烙饼面)。饧面15分钟。

②将饧好的面放在案子上,用面杖擀成长方形薄片,在薄片上均匀地抹上植物油,撒盐(要撒匀)。顺面的一头将面卷成筒(注意:要一边将面抻薄一边卷,卷的层次越多越好)。

③将卷好的筒,顶刀切成宽一寸的剂子(约10个),直接上笼屉,中火蒸熟。下屉后趁热将卷子捏松即成。

(4)成品特点:筋道,咸鲜,醇香。

(5)点评:

卷子可以根据客人的喜好,卷上肉馅、白菜馅、芹菜馅、胡萝卜馅等,口味一般以咸鲜为好。由于此面食没有松发性,属于死面制品,所以客人在食用时,一定要注意不要让客人食用过饱。

示例6-71:羊肉冬瓜蒸饺

羊肉冬瓜蒸饺(见图6-12)的具体做法如下:

(1)原料:

面粉500克,沸水200克,冷水100克,羊肉馅150克,冬瓜

图6-12 羊肉冬瓜蒸饺

250克,蘑菇100克,大葱50克,姜25克,盐、香油、味精、料酒、胡椒面儿适量。

(2)主要工具:笼屉。

(3)制作方法:

①面粉500克放入盆中,先加200克沸水,用筷子搅拌,再放入100克冷水将面和成团。

②大葱洗净,切成葱花儿;姜洗净,去皮切成碎末儿;冬瓜去皮,切成小丁;蘑菇洗净切成小丁。待用。

③肉馅放入盆中,加入盐、料酒、香油搅拌均匀,再加入蘑菇丁、胡椒面儿、味精、姜末儿搅匀,最后加入冬瓜丁拌匀。

④面坯搓均匀,下剂子50个,擀薄片,包成饺子,上笼屉蒸熟即成。

(4)成品特点:鲜香。

(5)点评:

冬瓜耐储存,深秋又是宰羊的季节,新宰的羊肉味美无比。

冬瓜、羊肉搭配是民间百姓时常采用的一种经典做馅的方法。它口味鲜香融合,味的相乘作用明显。秋天给客人做冬瓜羊肉馅的蒸饺,十分合适。

示例6-72:漏蛤蟆骨朵

(1)原料:绿豆面250克,水250克,花椒20粒,老咸汤50克,油30克,蒜一头,黄瓜一条,醋20克。

(2)主要工具:铁锅,盆,大勺子,有孔的葫芦瓢。

(3)制作方法:

①用水把绿豆面和成糊状,蒜去皮捣成蒜汁,黄瓜洗净切成细丝,铁锅烧热炸花椒油,待用。

②取老咸汤上火加热,放入花椒、大料烧开,晾凉,再把炸好的花椒油泼在老咸汤表面,加入蒜汁、醋、黄瓜丝,即成调味品。

③烧一锅热水,将刚和好的面糊倒入热水锅中,边倒边搅,倒净搅均且搅拌至不断冒小泡。

④葫芦瓢下放一盆凉水,把做热的面糊用勺子蒯入带孔的葫芦瓢中,面会顺着葫芦瓢上的小孔自然漏入凉水盆中,形成蛤蟆骨朵状。

⑤食用时,用碗盛装蛤蟆骨朵,表面浇上调味品搅拌即可。

(4)成品特点:筋道可口,咸鲜爽滑。

(5)点评:

老咸汤是农家腌咸菜的剩汤,由于腌制各种蔬菜,因而有蔬菜的混合味道,但是由于腌菜时间长,卫生不一定有保障,所以,老咸汤食用前必须烧开,以杀灭有害微生物。

葫芦瓢是农家院子里种植的葫芦,长大长老后,纵向用锯子一破为二,为葫芦瓢。本道菜用的葫芦瓢必须用烧红的铁筷子在瓢上戳出一些直径为5毫米~10毫米的小圆孔,类似漏勺一样。

这道菜属于开胃凉菜,夏天食用,解暑降温。

示例6-73:芸豆卷

(1)原料:干芸豆500克,碱2克,豆沙150克,白糖50克,熟芝麻50克。

(2)主要工具:小磨,屉,湿布(60厘米×30厘米),小盆。

(3)制作方法:

①干芸豆洗净加入冷水、碱面,泡2~5小时,泡软去皮,放入盆中上火烧开,小火煮致绵软,捞出放在湿屉布中,蒸30~60分钟,取出过磨,然后用白布搓至细腻成团待用。

②将案板、刀、手、容器用酒精棉擦拭消毒;白布上笼屉蒸制消毒。

③将消过毒的白布平铺在案子上,喷水打湿。将搓好的芸豆面放在布上,用刀抹平,使其成为长40厘米、宽10厘米、厚3厘米的面皮。在面皮上下各抹入豆沙馅,中间撒入白糖及熟芝麻,再用布把面皮从上下卷至中间,呈如意形,用刀切成2厘米宽的小块装入消过毒的容器,盖紧容器盖,放入冰箱保存。

④客人点餐时,即可随时上桌。

(4)风味特点:细腻绵软,口味甜香。

(5)点评:芸豆是耐储存的农产品,一年四季取食方便,芸豆卷可批量制作,口感细腻绵软,老少结宜,是深受人们欢迎的凉点心。但是做芸豆卷必须注意食品卫生安全,一是操作时要消毒;二是存放时间不能超过3天。

示例6-74:玉米面烙饼

(1)原料:玉米面500克,水300克,柴鸡蛋2个,葱花儿、盐、小苏打适量。

(2)主要工具:电饼铛。

(3)制作方法:

①将玉米面倒入盆中,加水、鸡蛋、小苏打和成面团,放置一小时。在放入葱花儿、盐和均匀。

②将面团分为30个剂子,取其中一个剂子,用擀面杖擀成圆形饼坯。

③将电饼铛烧热,抹上少许油,将做好的饼坯放入饼铛,并盖上铛盖,使其上下同时受热,烙熟即可。

(4)风味特点:色泽金黄,口感酥软,咸香适口,适宜热食。

示例6-75:玉米面摊饼

(1)原料:玉米面500克,白糖100克,鸡蛋2个,小苏打2克,泡打粉3克,清水300克。

(2)主要工具:箩筛,电饼铛。

(3)制作方法:

①将玉米面、小苏打和泡打粉、白糖均过箩倒入盆中,打入两个鸡蛋,分次加入冷水搅拌均匀,盖上锅盖静置10分钟待用。

②电饼铛放油烧热,将醒好的玉米面糊用小勺舀出均匀地摊在电饼铛内,然后将电饼铛盖上盖,小火烙制约3分钟翻面,再烙至成熟出锅。

③将烙好的玉米饼均匀地码放在盘中即可。

(4)成品特点:色泽金黄,香甜可口,口感细腻。

(5)点评:

玉米面含有丰富的营养素。近年来,在美国和其他一些发达国家,玉米已被列为谷类食物中的首位保健食品,被称为"黄金作物"。经研究发现玉米中含有大量的卵磷脂、亚油酸、谷物醇、维生素E、纤维素等,具有降血压、降血脂、抗动脉硬化、预防肠癌、美容养颜、延缓衰老等多种保健功效,也是糖尿病人的适宜佳品。城里的游客在吃惯了白面葱花饼之后,尝尝酥软的玉米面饼,也是一种享受。

示例6-76:菜饼

(1)原料:面粉500克,泡打粉2克,鸡蛋2个,大葱10克,大蒜8克,菠菜叶100克,食盐15克,味精8克,清水200克。

(2)主要工具:箩筛,电饼铛。

(3)制作方法:

①将面粉和泡打粉均匀过箩筛备用。

②菠菜摘好洗净顶刀切成细丝放入盆中。大葱洗净,切成葱花,大蒜剥皮,拍好切成蒜末儿均放入菠菜中,然后加入盐、味精搅拌均匀。

③将过好箩筛的面粉、泡打粉倒入拌好的菜盆中,打入两个鸡蛋,分次加水搅拌均匀,成略微稠点的糊状,然后盖上锅盖静置10分钟待用。

④电饼铛放油烧热,将醒好的菜面糊用小勺舀出均匀地摊在电饼铛内,然后将电饼铛盖上盖,小火烙制约3分钟翻面,再烙至成熟出锅。

⑤将烙好的菜饼均匀地码放在盘中即可。

(4)成品特点:色泽焦绿,口感柔韧鲜香,外焦里嫩。

(5)点评:

将鲜嫩的菜叶和面搅和在一起烙成小饼可以增加面粉的鲜香,更可以促进消化。在做此道小点时如果没有菠菜,用生菜、油菜、芹菜叶等代替都可以,口味也会不同。但一定要注意蔬菜的新鲜度,如用不新鲜的蔬菜将会直接影响成品的质量。

示例6-77:豆渣饼

(1)原料:豆腐渣250克,面粉250克,泡打粉3克,食盐20克,清水300克。

(2)主要工具:煎锅,箩筛。

(3)制作方法:

①将面粉和泡打粉均匀过箩备用。

②将过好箩的面粉和豆腐渣加入食盐均匀地搅和在一起,分次加水搅拌均匀,成略微稀点的糊状,然后盖上锅盖静置10分钟待用。

③煎锅上火,倒入适量油,油温升到三四成热时,将醒好的面渣糊用小勺舀出下入油锅内炸制,成型后炸至金黄色出锅。

④将炸好的豆渣饼均匀地码放在盘中即可。

(4)成品特点:色泽金黄,香脆可口。

(5)点评:

豆腐渣一定要选用新鲜的,当日新出来的,否则成品会失去豆渣的鲜香味。豆腐渣和面粉混合在一起更有助于人体对钙的吸收,由于其营养丰富,又含有抗癌物质"异黄酮",所以豆渣制品深受人们的欢迎。

示例6-78:炒傀儡

(1)原料:面粉150克,土豆350克,冷水200克,葱花儿10克,红辣椒3克,食盐15克,味精5克。

(2)主要工具:蒸锅,炒锅,箩筛。

(3)制作方法:

①面粉均匀过箩备用。

②土豆去皮切成0.5厘米见方的小丁,泡在水中除去多余的淀粉。

③将面粉和土豆丁搅和在一起,加入少量水(使面粉和土豆黏合在一起即可)搅和均匀,然后将其倒入屉布中,放入蒸锅大火蒸制15分钟出锅备用。

④炒锅上火倒入适量油,油热后下入葱花和红辣椒,待其出香味后放入蒸好的"傀儡"(土豆面)炒制,加入盐、味精炒熟出锅。

⑤将炒好的"傀儡"装盘上桌即可。

(4)成品特点:色泽金黄,外焦里嫩,香辣适口。

(5)点评:

此道小主食是极富当地特色的一道小点心,先将土豆与面粉混合蒸熟再进行炒制,两次成熟,更可以突出其特色。土豆含有大量淀粉以及蛋白质、B族维生素、维生素C等,能促进脾胃的消化。但在选用时注意不能用发芽、发青的土豆,或将发芽、发青处切除,因为发芽土豆含有有毒物质"龙葵素",食用不慎容易造成中毒。

示例6-79:棒渣粥

(1)原料:玉米粒200克,小苏打1克,清水适量。

(2)主要工具:粥锅。

(3)制作方法:

①将棒渣(玉米粒)用清水淘洗干净备用。

②粥锅上火加入适量清水,待水开后下入洗净的棒渣,再次锅开后改用小火熬煮,加入适量小苏打,熬煮20分钟左右(煮熟后)关火。

③将煮熟的棒渣粥盛入粥盆上桌即可。

(4)成品特点:色泽金黄,糯鲜,香甜可口。

(5)点评:

玉米粒有软化血管、消脂减肥的功效,适用于肝经湿热型脂肪肝及肝火上炎型高血压病。煮棒渣粥必须放碱,玉米里有种物质只有和碱中和才能消除对人的危害,而煮其他粥则不需加碱,加了反倒破坏了营养成分。此外,吃玉米时还可进行合理的膳食搭配,和一些含尼克酸高的食物一起吃,如豆类、大米、小麦等,这些粮食中的尼克酸多为游离型,可以大大提高玉米中蛋白质的利用率。

示例6-80:酸菜馅饺子

(1)原料:面粉500克,沸水200克,冷水100克,酸菜350克,红辣椒5克,葱姜末儿5克,食盐5克,香油适量。

(2)主要工具:擀面杖,盆,蒸锅,笊篱。

(3)制作方法:

①面粉均匀过笊倒入盆中,倒入200克沸水用筷子搅拌均匀,再倒入100克冷水和成面团,稍饧待用。

②酸菜洗净剁成末儿,红辣椒洗净切碎倒入,然后加入葱姜末儿、食盐、香油拌匀。

③将醒好的面团揪成剂子,逐个压扁擀皮,然后将拌好的酸菜馅包入捏成饺子形,放在刷过油的箅子上,备用。

④蒸锅加适量清水上火,锅开后将饺子放入,中火蒸制15分钟即可。

(4)成品特点:酸辣适口,面香浓郁。

(5)点评:

酸菜又称泡菜、渍菜,是选用圆白菜及其他调料等,经过渍泡,在乳酸杆菌的作用下进行发酵而成。酸菜味道咸酸,口感脆嫩,色泽鲜亮,香气扑鼻,开胃提神,醒酒去腻;不但能增进食欲、帮助消化,还可以促进人体对铁元素的吸收。酸菜也是北方冬季不可缺少的一道菜品,它的最经典的表现形式是炖,与肉一起炖,用火锅、沙锅或普通锅,俗称酸菜白肉、酸菜火锅,雅称佘锅、佘白肉。注意酸菜只能偶尔食用,如果长期贪食,则可能引起泌尿系统结石。

示例6-81:炒米水饭

(1)原料:黄小米200克,清水适量。

(2)主要工具:炒锅,粥锅。

(3)制作方法:

①炒锅上火,将小米倒入,用微火煸炒,小米炒熟变色(浅褐色)出锅备用。

②将炒好的小米用清水淘洗两遍,除去杂质。

③粥锅上火,加入适量清水烧开,然后将淘好的小米下入,锅开后熬煮3分钟左右关火。

④将煮好的炒米水饭盛入汤盆上桌即可。

(4)成品特点:米香浓郁,清爽适口。

(5)点评:

小米的营养价值很高,含蛋白质$9.2\% \sim 14.7\%$,脂肪$3.0\% \sim 4.6\%$及维生素少量,除食用外,还可酿酒、制饴糖。在制作时注意淘米不要用力搓,忌长时间浸泡或用热水淘米。小米可蒸饭、煮粥,磨成粉后可单独或与其他面粉掺和制作饼、窝头、丝糕、发糕等。夏季时,将做好的炒米水饭放入冰箱冰镇后喝起来更爽口,而且还有良好的防暑降温作用。

第七章　娱乐与购物

农家乐旅游接待活动中,娱乐和购物是两个重要的组成部分。目前多数农家乐旅游接待地,主要是依靠自然风景区的魅力吸引客人,即所谓靠山吃山,靠水吃水。但是没有自然风景的地区或是虽有自然风景又希望吸引游客再次回头的民俗旅游村,是不是可以结合本地民俗特点,有组织地搞一些喜闻乐见的民俗娱乐项目,有目的地开发一批附加值高的农副产品,来提高农家乐的品位、品牌和看点呢?

农家乐旅游活动的娱乐项目和特色产品的推销主要靠精心设计和恰到好处的宣传。如在北京交通广播电台曾听到这样一则广告:欢迎到平谷有山有水的玻璃台旅游。但是却没有告诉听到广告的人到了平谷后怎样才能到达那有山有水的玻璃台。

而我们在平谷东四道岭和门头沟清水拍到的具有指路功能引导娱乐消费的广告和具有宣传功能引导采购消费的广告,却既生动又形象(见图7-1)。游客看到广告既知道自己如何去果园,也知道哪片果园有什么果子。可见精心设计和恰到好处的宣传是十分重要的。

本章将向大家介绍几种可以作为农家乐游乐项目的体育娱乐项目和文艺娱乐项目;介绍一下农家乐旅游接待中的商品设计和推销技巧等问题。

平谷东四道岭广告

门头沟清水广告

图7-1 生动形象的广告宣传

一、娱乐问题

接待中的娱乐问题是需要精心设计的。它大致分为两种,一种是以村镇或区县为单位组织的由众人参加的大型集体民间娱乐活动。如,庙会上的跑旱船、皮影戏、踩高跷表演;节假日的赛龙舟、扭秧歌、打腰鼓、舞狮子等;另一种是以小家庭、小团体形式出现的民间娱乐活动。如,家庭卡拉OK、打纸牌、搓麻将、打乒乓球等。不论什么形式的娱乐活动,都有以下几方面的特点:

第一,民间娱乐活动的产生都是与生产劳动相结合,有着鲜明的从业特点的。例如,从事牧业的蒙古族、藏族、哈萨克族等,就是由于生产需要必须精通骑马、善于射箭,所以产生了马术、跑马射箭、马上摔跤、赛马、叼羊、"姑娘追"等马上竞技运动;而从事农业或以农业为主兼营狩猎、采集的民族,其传统体育项目大都是爬山、摔跤、角力、跳跃、射弩、射箭以及手上技巧等运动。

第二,民间娱乐活动的形成与地方风俗习惯紧密相连,并且许多项目都是通过风俗习惯的沿袭而流传发展的。在节庆等习俗上尤为突出。例如,蒙古族的传统节日"那达慕"盛会上,摔跤、赛马、射箭三项竞技是必不可少的内容;藏族在藏历年和"望果节"都要举行角力、投掷、拔河、跑马射箭、赛牦牛等体育活动;傣族泼水节划龙舟、瑶族"六月六"游泳、彝族火把节摔跤、侗族"三月三"抢花炮等,都已成为传统。

第三,民间娱乐活动大多伴以优美的歌舞和动人的音乐,许多项目都与歌舞艺术融为一体。例如,黎族的"跳竹竿"、彝族的"阿细跳月"都是在载歌载舞中进行的;苗族的"跳芦笙"是将歌舞、音乐和运动技巧紧密结合的;维吾尔族的"达瓦孜"是在鼓乐的伴奏下完成的;而壮族、布依族的"抛绣球""甩糠包"也都是从对歌的形式开始的。

第四,民间娱乐活动的场地、器材必须简便易行。山坡、河流、场院、沙滩、草地等都可成为表演和比赛的场所,所需器械用品大多是生产、生活用具和可就地取材自制而成、不需花费很多的财力和物力的。

第五,民间娱乐活动的形式,大致可分为空中运动、马上运动、水上运动和陆上运动四大类。空中运动主要有秋千、跳板等;马上运动主要有赛马、马术、马球、跑马射箭、跳马等;水上运动主要有赛龙舟、赛皮筏、游泳比赛、潜泳比赛等;陆上运动更是门类繁多,有摔跤、角力、登攀、跳跃、射弩、射箭、投掷、球类、武术、技巧等,而且每个门类项目众多,别具一格。

了解了民间娱乐活动的特点,就可以根据你所在的村镇、区县的特点,选择一些最适合搞的娱乐活动。我们下面给大家介绍几种,看看对你是否有一些启发。

(一)可以作为竞赛的体育娱乐运动项目

1. 蹴球

蹴球,又称踢石球、蹴鞠。在我国古代就有这项运动。在满族、蒙古族和回族较为流行。蹴球比赛是在一块 10 米 × 10 米的正方形平整土地上进行的,分两队进行比赛,每队两名运动员。有单人赛、双人赛、团体赛等形式,竞赛项目分男子单蹴、男子双蹴、女子单蹴、女子双蹴、混合双蹴球等。使用的掷球,每队两只,分蓝红两色。甲队编号为 1 号和 3 号,乙队编号为 2 号、4 号,比赛按 1、2、3、4 号的顺序轮流蹴球。比赛时脚跟着地,脚掌触球,用力蹴球。击中对方球,得 1~2 分,把对方球击出场外得 4 分,先积 50 分者为胜方,三局两胜。

蹴球动作举止文雅,变化多端,极富情趣。

2. 赛龙舟

我国许多少数民族均有在节日赛龙舟的风俗。比赛时,各龙舟队均以锣鼓指挥助阵,水面上水花飞溅,两岸观众欢声笑语,呐喊助威,竞争气氛浓烈。比赛规则是同样的船只、同样的队员数、同样的距离,谁最先到达谁为优胜。

3. 秋千

比赛一般只限女子参加,设个人高度和触铃、双人高度和触铃及团体赛五个项目。高度比赛是以在规定的试荡次数内荡达的最高点计算成绩;触铃比赛则是以在规定的高度上和时间内运动员用手摸铃的次数计算成绩。

秋千比赛惊险刺激,深受群众喜爱。

4. 打陀螺

这是一项兼对抗性和娱乐性为一体的以防守和进攻为比赛形式的传统体育运动。比赛打法:由一队在画好的圆圈内把陀螺旋放,让另一队在规定的距离以外拉转自己的陀螺,使其旋转,同时朝着对方正在地上转动的陀螺,逐个撞击,目的是使对方的陀螺转速减慢,最好倒下停止转动。打停得4分,旋胜3分,旋平2分,旋负1分,无效进攻不得分,然后双方轮换决定胜负。打陀螺场地器材简单,易掌握和推广,它讲究手形、动作和旋转。

打陀螺具有对抗性、竞赛性、娱乐性特点,能增强人的体质,锻炼人的心理素质和意志。

5. 押加

押加是一种类似拔河的民间比赛运动。其活动形式有大象拔河、颈力比赛、腰力比赛和手力比赛等。竞赛规则是:在一根布带的两端各打一个圈,中间有标志线,比赛时套在比赛者的肩上或是脖子上,可以四肢着地,分别向两个方向拉,以标志线向前移出一米为胜。

由于押加的基本技术、比赛规则和场地设备比较简单,因此是一项比较容易开展的民族传统体育项目。此项运动不受年龄的限制,男女老少都可以参与,比赛一般以参赛者的体重划分级别。所以它是一项可以吸引更多的群众来参加的运动。

6. 珍珠球

这是满族的传统体育项目,是由模仿采珠人的劳动演变而成的。比赛时运动员可在"水区"内任意传、投、拍或滚动"珍珠"

(球),力争让手拿抄网并站在得分区内的本方队员采到"珍珠"。

珍珠球比赛动作优美,极富观赏性。

7. 花炮

这是壮族人民喜爱的传统体育项目,历史悠久,对抗激烈,极具民族特色。花炮由塑胶材料制成,直径14厘米,重250克。比赛开始时由场中央发炮,双方开始争抢。持花炮的运动员进入对方"炮台"将花炮投入篮内,即得一分。

(二)可以作为表演的文体娱乐项目

1. 秧歌

秧歌据传说是农民插秧时唱的一种田间歌曲,所以称为秧歌。随着时间的推移,秧歌逐渐衍变成了戏曲,河北定县一带的秧歌还有宋代苏东坡三点秧歌的传说。

从音乐形式上看,我国各地的秧歌腔调,最初都是在当地民歌的基础上发展起来的,在梆子、二黄等剧种兴起后,秧歌受一些剧种的影响,唱腔有些改变。它们与当地民间音乐及语言相结合,创造了自己的音乐唱腔。

在乐队伴奏上,传统秧歌都没有管弦乐器伴奏,唱者仅用锣鼓敲打节奏。伴奏的打击乐器最初用花会和高腔戏所用的大鼓、大铙、大钹等,以后改用梆子戏的板鼓、大锣、小锣等。

2. 高跷

高跷是舞蹈者脚上绑着长木跷进行表演的形式,技艺性强,形式活泼多样,由于演员踩跷比一般人高,便于远近观赏,而且流动方便,与活动舞台没什么差别,因此深受群众喜爱。

人们所用的高跷,多为木质,表演有双跷、单跷之分。双跷多绑扎在小腿上,以便展示技艺;单跷则以双手持木跷的顶端,便于上下,动态风趣。其表演又有"文跷"、"武跷"之分,文跷重扮相与扭逗,武跷则强调个人技巧与绝招。我国各地的高跷表演,都已形成鲜明的地域风格与民族色彩。

如,有些地区的高跷常叠起三层(二三层无跷)扮演戏曲人物,上层人踩在下层人的肩上照常行进。有的高跷演员,常表演"单脚跳"、"劈叉"、"过障碍"等高难动作技巧;有的则用单脚表演从四张高桌上一跃而下等绝技。许多少数民族的高跷,演员还穿着本民族的服饰,表演别具一格。

3. 舞狮子

舞狮子是我国优秀的民间艺术,每逢元宵佳节或集会庆典,民间都以舞狮子助兴。这一习俗起源于三国时期,南北朝时开始流行,至今已有一千多年的历史。在一千多年的发展过程中,舞狮子形成了南北两种表演风格。

北派舞狮以表演"武狮"为主。小狮一人舞,大狮由双人舞,一人站立舞狮头,一人弯腰舞狮身和狮尾。舞狮人全身披狮被,下穿和狮身相同毛色的绿狮裤和金爪蹄靴,外形和真狮极为相似。引狮人装扮成古代武士,手握旋转绣球,配以京锣、鼓钹,逗引狮子。狮子在"狮子郎"的引导下,表演腾翻、扑跌、跳跃、登高、朝拜等动作技巧,并有走梅花桩、蹿桌子、踩滚球等高难度表演。

南派舞狮以表演"文狮"为主,表演时讲究表情,有搔痒、抖毛、舔毛等动作,惟妙惟肖,逗人喜爱,也有难度较大的吐球等动作技巧。南狮虽也是双人舞,但舞狮人下穿灯笼裤,上面仅仅披着一块彩色的狮被舞动。和北狮不同的是"狮子郎"头戴大头佛面具,身穿长袍,腰束彩带,手握葵扇逗引狮子,以此舞出各种优美的招式,动作滑稽风趣。

我们常常看到狮子在舞动中口吐白菜(百财),在重要人物为狮子点睛(点金)后,狮子口吐吉祥对联的表演。这是人们赋予了狮子祝贺的功能,借它保佑人畜平安,祈望生活吉祥如意。

4. 抖空竹

抖空竹是我国独有的民族体育运动之一,它不仅是锻炼身体的手段,也是一种优美的艺术表演,很具观赏性。空竹的体积重量大小不一,小个的空竹一般约200~300克,为了练劲儿,也有把空竹做得比较大的,有1公斤到几公斤的。空竹上下飞舞,表演者用上肢做提、拉、抖、盘、抛、接,下肢做走、跳、绕、骗、落、蹬,眼做瞄、追,腰做扭、随,头做俯、仰、转等动作。这要表演者在最佳的一刹那间控制自己的身体,在空中完成各种动作,需要表演者反应快,时间把握准,动作灵敏、协调。

抖空竹有利于提高人们的反应灵敏度和动作协调的能力。而且跳跃时,不但要跳,腰部、上肢也要随同摆动,有时颈部也要运动,使上下肢的关节、肌肉、韧带都得到很大的锻炼。由此可见,抖空竹是一项全身运动,对人的身体非常有利。

空竹的抖法多种多样,有单人抖、双人抖、多人抖;有正抖、反抖、花样抖等一百多种玩法。抖空竹寓游戏于运动之中,只要合理掌握运动量,不但玩得开心,还能够达到强身之目的。其锻炼效果堪与慢跑、游泳、骑车、划船、爬坡、越野和徒手体操相媲美。

(三)可以回顾历史、教育下一代的娱乐展览项目

城里人整天在闹市区生活,已经看厌了灯红酒绿,他们对高楼大厦、席梦思床、汽车的喧闹声早已厌倦了。他们到你家来,是讨清闲,图新鲜,休假放松的;带孩子来是想让他们长知识、开眼界的。将自己的院子布置成纯粹的、最原始的农家院,是吸引游客的重要因素。最能体现你家特点的碾盘磨、爬犁、辘轳还在吗?

第七章 娱乐与购物

找出来,收拾利索了,摆在你家最显眼又不碍事的地方。这就是民俗展览,这就是民俗娱乐。

平谷雕窝农家的辘轳　　　　犁

鼓风机　　　　　　　　石臼存水

木轮车　　　　　　　　农用器具

磨　　　　　　　　擂子

图7-2　原始的农家用具可用来开发娱乐项目

教游客用辘轳提水,用碾子磨面、轧玉米面,用爬犁犁地,用棉花纺线,用粗线织布,不用出门,这就是你给城里人的最好的娱乐项目。

二、商品推销问题

购物是旅游活动的要素之一,购得满意的商品,会使旅游者心情愉悦,会带给旅游者美好的回忆。农家乐旅游活动中设计巧妙的商品还会带来大量的回头客。

(一)认识自家的"商品",你应该有信心

现在的城里人,工作节奏快,没有时间静下心来做民间百姓家常日子的活儿,很少有人会自己做针线。深秋和冬天野外没有什么可玩的,但是你家里可能有客人感兴趣的事情要做。如果你会剪纸、绣花、草编、纳鞋底、做木制弹弓,你都可以准备一些材料,在茶余饭后聊天时,将这些民间活计教给客人。

试想,隆冬季节,客人驱车几十里、上百里到你家,吃完热气腾腾火盆锅,妇女坐在炕头跟你学绣花,孩子在一旁剪剪纸,那情景、那气氛,对于打烦了麻将、喝腻了酒的人来说,能不叫人向往吗?

记住:你会的任何一种手艺,都可以吸引客人"回头",这就是你家无形的商品。你家有形的商品一年四季应该是不会断档的。

1."没有"成本的商品

现摘的黄瓜、茄子、西红柿;现拔的萝卜;现割的韭菜;现砍的大白菜;院子里的枣树、柿子树、石榴树,到了收获的季节,就是最好的商品,而且成本十分低。

2. 经过包装的商品

现摘的毛豆、现刨的花生、刚刚打下的大枣,虽然新鲜喜人,但散碎不宜携带,如果秋天砍下些荆条、柳条,冬闲时编上些小筐,筐上扎上彩带,既好拿,又好看,还可以当做礼品送人。(见图7-3)

经过包装的花生、核桃

荆条浅子

柳条筐　　　　　　　纸绳物件盒

图7-3　经过包装的商品好看又方便

3.耐储藏的商品

冬天你家里也有可以推销的商品,地窖里的大南瓜、糖化了的红薯、存下来的土豆,这些都会受城里人的青睐。

4.城里不易买到的商品

大中华虽好,但那是有钱人抽的;五粮液虽香,但城里人不新鲜;而你家自产的烟叶,自酿的米酒,散养的柴鸡、家兔,屋檐下挂着的红辣椒,当年收获的小米、黄豆、核桃、山楂,那可是城里花钱也难买到的。

记住:最普通、最民俗的东西,就是最受城里人欢迎的商品。

(二)设计有本地特点的旅游纪念品

在北京郊区,很多家庭主妇心灵手巧,闲时她们会用废旧的毛线钩凳子套,用碎布头做老虎鞋,用彩线绣鞋垫,用彩纸剪窗花,用面粉做花馍,用麦秆编草帽辫。这些看似普通的东西,实际上都可以作为我们要开发的旅游商品的基础。下面介绍的几种民间艺术品的制作,也许对你开发自家的旅游商品会有所启发。

1.烙画

顾名思义"烙画"与"烫"有关,它也叫"烫画"或"烫烙画"。

据说它来源于古代的一种刑罚"烙刑"。

烙画根据所用材料质地的不同,分为木质、竹质、布质、绢质、宣纸及葫芦等多种类型。它不需要颜料涂色,是单纯用烙铁烫烙原材料制成的。烙画技艺的高低在于烙烫后材质炭化的深浅、浓淡以及色调的搭配掌握,画一旦烙成就不可修改,尤其在丝绢和宣纸材料上,讲究一次成功。因此一件成功的烙画作品尤其需要炉火纯青的烫烙技艺。

线条流畅明快,着色均匀别致,搭配过渡色自然完整,明暗浓淡变化层次分明,是上等烙画作品的艺术特征。烙画艺术品古朴雅致、精巧美观,容易保存,宜于携带,是收藏、装饰、馈赠亲友的理想艺术品。因而作为旅游商品进行开发比较合适。

2. 刺绣

刺绣这种民间布艺既具有使用价值,又具有某种象征寓意,它在节庆中显示出极其特殊的价值。

民间刺绣制品主要用作节日、婚礼的装饰品。重大节日例如春节、端午节都有不同的讲究。在端午节"五毒裹肚""五毒凉鞋"是外婆送给外孙的必备礼物,此时家家户户门口要插艾蒲,小孩手腕要绑上五花绳,胸前挂香包,寓意着辟邪健身。孩子满月或周岁时,外婆在送给外孙的虎头帽子、胖娃娃、项圈、长命锁、手镯、布艺老虎、花衣袖筒、老虎枕头、狮子枕头、麒麟枕头、虎头和猪头鞋等吉祥物上都要用刺绣的方法点缀一些吉祥物,护佑孩子健康平安。

做个花绷子,绣一些有民俗气息的刺绣作品,做成独一无二又实用的鞋帽、枕套、鞋垫、手帕,甚至可以将你的刺绣精品放到镜框中挂起来。不妨试试,看看它是不是商品?(见图7-4)

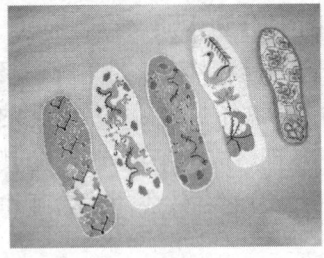 

绣花鞋垫　　　　　　　　绣花杯垫

绣花手机套　　　　　　　刺绣画框

老虎枕　　　　　　　　　老虎鞋

刺绣吉祥物

图 7-4　具有吉祥寓意的刺绣制品

3. 剪纸

我国民间在公元 6 世纪或更早的时候,就已经出现了剪纸这种民间艺术。那时候的剪纸作品,主要出现在一些祭祀活动或葬礼上。人们常把纸剪成一些衣服、鞋、帽等日常用品或小仆人等,这批东西或随着死者下葬或在祭祀时燃烧,传说这些剪纸下葬或燃烧后,阴间的人自然会收到这些送去的物品,过上物质丰富的生活。而现在,剪纸更多地用作装饰或作为艺术品被人们欣赏、收藏。

今天的剪纸艺术,大多具有喜庆欢乐、吉祥如意、五谷丰登、六畜兴旺的意思。(见图 7-5)

4. 面塑

民间俗称"面人"。它是从民间的"花馍"演变而来的。我国各地叫法不一,形态也各有特点。这些面塑,多出自农村、乡镇家庭妇女之手。

图7-5 剪纸

按照一些地方的民间习俗,每当逢年过节、婚丧嫁娶、节气时令以及其他喜庆日子,百姓都要捏制面塑以示庆贺。届时几乎家家都要用面塑制人物、动物、花卉、翎毛、瓜果等,其品种可谓繁多,技艺可谓精湛。

面塑一般以上等的精白面为原料,经过和面、揉面、造型、笼蒸、着色等多道工序制成。作为一种民间艺术品,它与各地风俗人情有着千丝万缕的联系,面塑的形式、色彩都与当地民俗风情紧密联系并发展变化。它们有的讲究染色,色彩华丽别致。有的不重修饰,朴素雅致。有的则以塑为主,色为辅。一般面塑,造型夸张、生动,用色明快,风格粗犷,大方朴实,简练古拙,有着鲜明的民间和地方特色。(见图7-6)

图7-6 面塑—花馍

5. 五谷画

五谷画是以各类纯天然、带有芳香气息的植物果实,如稻粒、谷粒、麦粒、豆粒等材料,通过粘、贴、拼、雕等手段,运用构图、线条、明暗、色彩等造型手法,创作出的一种独特的艺术形式。五谷画可以做成国画、油画、装饰画、书法等,包含山水、人物、花鸟等丰富内容。它朴素、自然地再现了大自然的风采,从而唤醒了人们心中重返大自然的愿望和感受,表达了人与自然的和谐。

在佛教和道教的教规中,五谷凝聚着天地之精华,是吉祥物。在民间,五谷辟凶邪、镇恶秽,为禳灾之宝。这些给质朴的五谷艺术注入了深厚的民族文化意蕴。(见图7-7)

图7-7 豆贴画

许多田间、地头不起眼的植物,还可精心做成漂亮的装饰物,它们无毒、无害、自然、环保,深受游客喜爱。例如将红豆、绿豆、玉米放入透明的玻璃瓶中,插上干制的黄色小麦穗与紫色莜麦穗,就成了工艺品。(见图7-8)

 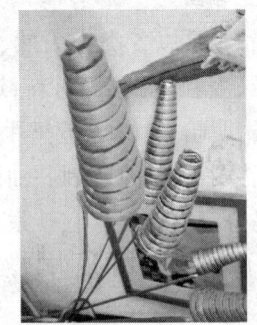

小麦、莜麦工艺品　　　　　　草卷工艺品

图7-8　不起眼的植物做的工艺品

6. 麦秆画

麦秆画又叫麦草画、麦秸画，是我国古代文化艺术的瑰宝，它早在隋代就是宫廷艺术品。

麦秆画以自然资源麦秆为原材料，经过熏、蒸、烫、漂等十几道处理工序，仍然保留麦秆的自然光泽、纹理和质感，再加以刨、压、拼、烙等十几道工序，融合国画、版画、剪纸、烙画、贴画等多种艺术的表现手法，就制作出了形神兼备、栩栩如生的手工艺术精品。

麦秆画手工艺品用料安全环保，形象生动逼真，艺术效果远远超出一般的印刷艺术品，永久保存不成问题，可作为现代装饰的高档艺术品或馈赠佳品。

7. 风筝

风筝的种类有蝌蚪风筝、王字风筝、八卦风筝等多种。民间风筝的制作者大多是没有经过专门训练的农民和手工艺人，他们按照自己的生活感受和审美习惯制作风筝，寄托人生乐趣和理想。这类风筝在造型、用料、色彩、风格上充满着浓郁的乡土气息；民间风筝的主题十分鲜明，经常配合传统节令特点，装饰性突出；它风格粗犷淳朴，一般都是就地取材，篾扎纸糊而成；另外，民间风筝有古老的传统，受地域文化、经济、风俗等因素影响，制作者多祖传世袭，相互观摩，有集体创作的痕迹。

如果你不是制作风筝的高手，可以试试以下三种风筝。

蝌蚪风筝。它制作方便，对材料的要求不是很高，风筝的蒙面绘画比较简单，如果想省事的话，可以将整个风筝染成黑色，放飞到天空中的效果也是很有趣的。放飞时需要的风力一般在3级左右，在乡村放风筝，地旷风足，对于初学者来说，比较合适。

王字风筝，是许多喜欢放风筝而又没有专业制作经验的朋友都能制作放飞的一种"大众风筝"。这种风筝对制作精度要求不是很严，制作尺寸不宜过大，风筝飞行的稳定依靠长长的尾巴来平衡。

八卦风筝是传统的中国风筝，在大江南北到处都可以看到它的影子。一般来讲，八卦风筝适宜在风力较大的情况下放飞，根据放飞的经验，风力越大，风筝的放飞角度越大。如果风力大小不稳定的话，八卦风筝在飞行的时候，一扬一落，非常有趣。八卦风筝制作简单，对制作的材料、绑扎的技术要求不是很严格，一般都可以达到放飞的目的。

8.钩针编结

一只钩针，一团棉线、毛线、玉米皮，甚至塑料绳，都可以制作出精美的旅游纪念商品。棉线可以钩鞋面、背心、台布；毛线可以钩帽子、围巾、凳子套(见图7-9)；玉米皮可以搓成绳，上色后钩成草帽(见图7-10)；塑料绳可以钩各式各样的手提包。如果你有兴趣的话，不妨买上一本钩针编结方面的书试着学学。

图7-9 怀柔七道梁村的妇女闲时用毛线钩凳子套

图7-10 玉米皮搓绳钩的旅游遮阳帽

第八章 礼节礼貌

我国是一个有着五千年历史的文明古国,自古有"礼仪之邦"的美称,我国人民有着讲究礼貌的优良传统,农村民风更是淳朴和热情。在农家乐旅游接待中充分体现礼节礼貌,提供让游客满意的服务,无论对促进农家乐旅游的健康发展,还是对中华民族的优秀礼仪传统的传承,都有着积极的意义。

一、礼貌和礼貌服务

什么是礼貌?礼貌是指对他人表示尊敬的具体态度、动作和语言。

讲究礼节礼貌是社会文明的一种体现,同时旅游服务业是窗口行业,是殷勤好客的行业。殷勤好客是通过服务接待人员具有良好的礼节礼貌素质反映出来的,因此在服务中要以"礼"待客。作为农家乐经营者,从事农家乐服务接待工作更应讲究礼节礼貌,展示出新时代农村居民的精神风貌。

礼节礼貌具有沟通功能和协调的功能。人们在交往中互相尊重,讲究礼节礼貌,就容易沟通感情,友好合作。讲礼仪的人越多,社会便会更加和谐安定。俗话说:有"礼"走遍天下,无"礼"寸步难行。礼是表示敬意的通称,它的第一要素是尊敬之心,尊重关心客人,宾客至上。服务人员对客人有了尊重之心,礼貌就会自然而生,就会在语言、态度和行为上有所表现。表现在外表上,要讲究仪表;表现在态度上要诚恳、热情、耐心、和蔼;表现在语言上,要文明、文雅、亲切;表现在行动上,要落落大方、彬彬有礼。

在懂得如何"礼貌待客"的前提下,强化"礼貌服务"意识,注意着装,言谈得体,举止优雅,礼貌待客。通过塑造服务接待人员的美好形象,加之热情周到的服务,可以提升农家乐旅游接待活动的整体形象。

二、礼貌服务内容

礼貌服务通常指的是礼貌在服务行业的具体运用。礼貌服务包括哪些内容呢?具体来说,包括端庄整洁的仪表、仪容、仪态和礼貌的服务用语。下面我们就从这几方面来分别给大家进行介绍。

(一)仪表、仪容、仪态

仪表即人的外表,一般来说,它包括人的容貌、服饰和姿态等方面,是一个人精神面貌的外在体现。仪容则主要指人的容貌。仪态是指人在行为中的姿势和风度。农家乐服务人员的仪态,包括在工作中的举止,如站立姿势、走路的步态、说话的声音和面部表情等。

农家乐旅游接待直接向游客提供接待服务。来自不同地方、不同职业、不同身份的客人会对服务接待人员的形象留下很深的印象。爱美之心人皆有之,服务人员的仪表美既能满足客人视觉美的需要,又能体现自尊自爱,并使客人得到求尊重的心理满足。

总之,良好的仪容仪表会给游客留下最佳的第一印象,对农家乐旅游产生积极的宣传效果。通过塑造良好的仪容、仪表、仪态,使服务接待人员的言谈举止更好地满足游客的心理要求,以此提升农家乐旅游接待的服务质量和塑造完美的农家乐旅游形象。

加强服务人员个人的仪容、仪表、仪态,应注意的方面有举止、头发、面容、表情、手的清洁、服装、体态、手势等。下面我们主要从举止、着装、表情和语言等方面来和大家谈谈如何塑造良好的仪容、仪表、仪态。

1. 优雅的举止

(1)正确的站姿

正确的站姿是优雅举止的基础。站姿是旅游服务接待人员工作的基本功之一。正确的站姿要求:

第一,头正,双目平视,嘴唇微闭,面容平和自然。

第二,双肩放松,双臂自然下垂。

第三,身体挺直,挺胸、收腹、立腰、双腿立直,有向上的感觉。

第四,男性站立时双脚稍许叉开为宜,女性站姿则要求双脚后跟并拢,脚掌微分开呈"V"字形。

俗话说"站如松",正确健美的站姿给人以挺拔、舒展、庄重大方、精力充沛、信心十足,积极向上的感觉和印象。

站立时不要过于随便,不要探脖、弯腰、驼背、耸肩、双腿弯曲或不停地颤抖,双手不可放在衣兜或插在腰间,这些站姿都会给客人留下不好的印象。

(2)正确的坐姿

坐是举止的主要内容之一。俗语有"坐如钟"的说法,即要求坐姿端正,舒展大方。

①正确的坐姿要求:

第一,入座时要轻稳,不要赶步,以免给人以"抢座"感。

第二,女性入座时,若着裙装,应用手将裙稍稍拢一下,不要坐下后再站起来整理衣服。

第三,双肩放松,双臂自然弯曲放在腿上,也可掌心向下将手放在沙发或椅子扶手上。

第四,上身自然挺直,立腰,嘴唇微闭,面容平和自然。

第五,双腿自然并拢,正放或侧放。坐在椅子上,应至少坐满椅子的2/3。

②应纠正的不良坐姿:

第一,坐时前倾后仰,或是歪歪扭扭。

第二,双腿过于叉开,或长长地向前伸开。

第三,腿脚不停地颤动或抖动。

(3)正确的走姿

俗话说"走如风",轻快而稳健的走姿给人一种动态的美感,给人精神上的享受,也能体现出一个人良好的气质与风度。

①正确的行走姿态的要求:

第一,双目向前平视,面容平和自然。

第二,双肩平稳,双臂前后自然摆动。

第三,上体挺直,头正,挺胸、收腹、立腰,重心稍前倾。

第四,行走呈直线。

第五,步速、步幅(每步大小)适当,脚步轻而稳。

②几种不良的行走姿态:

第一,走路内八字或外八字。

第二,走路弯腰驼背或歪肩晃膀。

第三,走路脚蹭地面。

第四,步子太小或太大。

第五,走路扭腰摆臀。

第六,走路大摇大摆。

(4)优美的动作

在服务接待工作中,服务人员经常处在"动"的状态,因此,服务人员应注意动作的优雅和优美。

在农家乐旅游服务接待中,时常需要下蹲的动作,如帮助客人取放行李、捡拾物品、做清洁卫生等。优雅的蹲姿要求是:拿取低处物品或拾起落在地上的物品时,要利用下蹲和屈膝动作。具体做法是双脚稍分开,站在要拿或要捡的物品旁,下蹲屈膝去拿,不要低头,也不要弯背、撅臀部,要将腰部慢慢放低拿取物品,这样,在客人面前既显得优雅又体现出对客人的尊重。

需要注意的是女服务员下蹲时不要突然下蹲,而应两腿靠紧下蹲,且上身不要过于前倾,避免内衣外露。

(5)适当的手势

手势是人们交流、交往时经常使用的,是很有表达力的一种"身体语言"。在接待服务工作中,手势美是一种动态美,适当地运用手势,可以增强感情的表达。服务人员手势的运用要自然、大方、得体;手势使用要准确、规范、适当。

这里我们主要介绍使用手势应注意的问题和请姿、引路的手势。

①使用手势应注意的问题:

第一,与他人交谈时,不要乱做手势或反复使用一种手势。

第二,在任何情况下,不要用大拇指指自己的鼻尖和用手指指点他人。

第三,手势不可过多,幅度不宜过大。

②请进手势

请进手势是接待服务中常用的手势之一。

正确、规范的请进手势要求:五指伸直并拢,掌心向上,以肘关节为轴,手从腹前抬起向右摆动至身体右前方。

③请坐手势

请坐手势多用于请来宾入座时。

正确、规范的请坐手势要求:一手屈臂由前抬起,再以肘关节为轴,前臂由上向下摆动,使手臂向下成一斜线。

④引路手势

引路手势一般用于引导来宾或指示方向。

规范、优雅的引路手势要求:五指伸直并拢,掌心向上,屈肘由腹前抬起,手的高度与肩同高,再向要行进的方向伸出前臂,注意身体要侧向来宾,眼睛要兼顾所指方向和客人。指示目标或方向时,切忌伸出食指指点。

(6)不文雅的举止

在对客服务中一些不文明的动作会令客人反感。在面对客人,与客人接触或为客人服务时不应该出现的不文雅的举止有:随地吐痰、吸烟、修指甲、剔牙、挖鼻、抓痒、掏耳朵、挠头皮、摸后脑勺、打哈欠、打喷嚏、伸懒腰、不停地抖腿和工作时吃东西或吸烟等。这些举止或是不卫生,或是不稳重,或失敬于客人。这些不文雅的举止都是与服务接待人员优雅的举止格格不入的,会给客人留下不好的印象,因此服务接待人员应注意日常良好行为举止习惯的养成,避免不良的行为举止。

农家乐旅游服务人员在接待工作中要注意站立、行走符合标准的要求,行动敏捷、优美,这样才能体现出服务接待人员待客的应有风度。

2. 得体的着装

服装是一种"语言",它能反映出一个人的职业、文化修养和审美情趣。因此在对客服务接待中要注意着装。

着装的原则是得体大方和协调,得体和谐的服饰会使人增添魅力。怎样的着装才算得上得体大方和协调呢?首先要依据体型、皮肤的颜色、发型、年龄、身份、季节等特点去选择服装的色彩和款式,此外还要考虑服装本身的搭配和场合的需要。当我们的着装能满足以上各方面的要求时,就做到了"得体"。

从事农家乐旅游服务接待工作的人员着装应注意以下几个问题:

(1)服装与体型的协调

人的体型千差万别,标准体型的人很好选择服饰,但生活中除少数人外,一般人或多或少都有体型上不完美的部分,这些可能成为自身在着装方面的不利因素,但若能根据自己的体型特点着装,就能扬长避短,穿出好的效果。

例如,身着上下一色的深色套装或着小花型的面料,就能够使体型较胖的人看上去苗条些;而简单直线型的服装,如合身的外套或有竖条纹的裤装又能使体型瘦小的人显得高大;腿部粗大的人适宜穿宽松的富有垂感的裤装,而不适宜穿紧瘦的裙装。

(2)服装的色彩协调

根据场合的需要和自己的特点,选择适当的服装色彩,并进行合理搭配,是得体着装的一个重要手段。服装色彩的选择,既要考虑到身材体型、肤色等因素,也必须注意服装本身色彩的搭配和谐。"没有不美的色彩,只有不美的搭配",着装色彩搭配的方法大致有以下几种:

第一,统一法。即使用同一色系,根据颜色的明暗、深浅不同来搭配,可形成和谐的美感。

第二,对比法。即用对比色来搭配,如黑与白的搭配。

色彩搭配合适,就会产生和谐的美感。在色彩中有三种颜色,即黑、白、灰,它们几乎可以与任何颜色搭配。

此外,还应注意服装色彩与皮肤颜色的协调。如肤色黑的人尽量避免穿色彩过于深暗的服装;肤色发黄的人,应避免穿黄色、土黄色等颜色的服装,这些色彩会使肤色看上去更黄。各种肤色的人穿白色的服装都较为合适。

(3) 服装的材质与格调

着装除应该考虑自己的体型、肤色及色彩的搭配外,还应注意服装的材质与格调。举例来说,从材质来讲,丝绸面料富丽堂皇,棉布面料朴素大方;从花色来讲,素色面料温文尔雅,花色面料秀丽活泼。总之,不同的材质和花色会产生不同的着装效果。

(4) 给农家乐接待者的几点着装建议

农家乐的经营者和服务人员应如何着装呢？一种是农家乐经营者为接待人员制作统一的工服,如白衬衫、黑马甲、黑西裤三件套装(可在市场上买到或订做,成本并不高,约几十元),着装时注意保持制服线条的流畅,不起皱、不翘边;另一种则可突出特色(如突出少数民族服装的特色,突出我们当地的特色或传统服装特色);还有就是着便装,以利索、轻便、卫生为原则和标准,灵活掌握。

(5) 其他应注意的着装问题

第一,对于着装,不论男性还是女性,服饰配件都不宜过多,越少越好。

第二,女性内衣注意不能外露。如穿裤子和裙子时,要注意不要明显地透出内裤的轮廓。

第三,男性着衬衫、圆领衫或T恤衫时,将下摆塞进裤子中更显利索大方。

第四,切忌在客人面前穿过于露、透的服装,或是袒胸、露肩、光膀。

应该指出,仪表固然重要,但对于我们每一个农家乐旅游接待的服务人员来说,内在素质的提高更为重要。

3. 微笑

有一首歌曾唱响中华大地,其中有一句歌词"请把我的歌带回你的家,请把你的微笑留下"。在旅游行业,有一句俗语这样说:"出门看天色,进门看脸色。"实践证明,如果服务人员以热情的话语、和蔼的态度、亲切的微笑来接待客人,就会宾客盈门,生意兴隆。这一切告诉我们,诚招天下客,客从笑中来,笑脸增友情,笑脸出效益。微笑能征服客人,征服一切。

人们微笑时,一般是面带笑意,不露牙齿。微笑服务在礼貌服务中占有很特殊的位置。每一位农家乐旅游服务接待人员,如果对客人都能笑脸相迎,彬彬有礼,言语恭敬,态度和蔼,那么经营成功的可能性就大。善于经营的人都明白"和气生财"的道理,微笑可以让客人开心,让客人感到宾至如归。和善可亲的笑脸是无须成本便能经营制胜的法宝,是服务接待成功的秘诀。

微笑服务首先要求每一位服务接待人员在工作中,只要一上岗,就把个人的一切烦恼置于脑后,精神饱满地接待每一位客人。微笑完全可以被称为服务接待人员在工作岗位上的一种常规表情或标准表情,有人将其称为职业微笑。但职业微笑并非仅仅挂在脸上,而应发自内心,表里如一,自然真诚。当你在微笑的时候,注意你的眼睛也要"微笑",否则,会给人"皮笑肉不笑"的感觉。同时,还应注意微笑与敬语的结合,不要光笑不说,或光说不笑。

(二)礼貌的语言

语言是人与人之间沟通的工具。我们每个人都听过很多人讲话,能够辨别和判断哪种讲话的声音是悦耳动听的。因此,在为客人提供语言信息时,不仅要注重语言表达的内容,还需要注意声音的美。声音在语言交流中的地位相当重要。

1. 声音的美

声音美的基本要求是:音量适度,语调柔和,速度适中,抑扬顿挫,吐字清晰。

(1)音量适度。一般来说,讲话放低声音要比提高嗓门听起来让人感觉舒适。当然,声音也不能太轻太低。当需要说话给一个人或是周围人听时,音量大到能让对方听清为适宜。

(2)语调柔和。一个人的嗓音基本是由先天条件决定的。但若能注意随时调整自己的嗓音,就能起到增强语言的感染力和吸引力的作用。要尽可能使自己的声音听起来柔和,避免粗声硬气地讲话,塑造服务接待人员温文尔雅的形象。

(3)速度适中。讲话速度不要过快,避免"连珠炮"式的讲话。向客人交代一件事情或是回答客人问题,都应尽可能轻声细语,娓娓道来,这不仅给客人留下稳健的印象,还能给自己留下思考的余地。

(4)抑扬顿挫。在音调方面,应注意讲话时音调的高低变化,抑扬顿挫,以增强讲话的效果。尤其是向客人交代的事情较多时,要避免过于平淡的音调。

(5)吐字清晰。在与客人讲话时要吐字清晰,尽量避免咬舌或吐字不清的毛病。

2. 礼貌用语

一般包括常用礼貌用语、基本服务用语、餐厅(客房)服务接待用语和问候语、感谢语、道歉语、征询语、应答语、赞美语、慰问语等。

(1)常用礼貌用语。我们每一个人不论是在日常生活中,还是在对客服务接待中,常用礼貌用语可总结为"十一字",即:"您、您好、请、谢谢、对不起、再见"。这些用语要求服务人员经常使用,养成习惯。

(2)基本服务用语。除了上面提到的常用礼貌用语外,经常使用的基本服务用语还有:"欢迎光临、好的、请您稍等、让您久等了、实在对不起、欢迎再次光临"等。

关于餐厅和客房服务接待用语,我们将在后面的章节中继续给大家介绍。

三、服务接待基本礼节、礼仪

在农家乐旅游服务接待中,要达到礼貌服务的要求,还需要掌握必备的基本礼仪礼节规范,使接待人员的举手投足更具魅力,树立农家乐旅游接待的专业形象,从而赢得游客的信任与信赖,增加客源,吸引回头客。

（一）迎送宾客礼仪

作为农家乐经营者,在客人到达后,是否能够热情礼貌地迎接客人,直接影响游客对农家乐旅游接待的第一印象,影响农家乐旅游的形象和声誉。迎接客人也是争取客人的第一步。送客服务是接待服务的最后一个环节,是加深客人对农家乐旅游接待印象的一项重要服务工作。

1. 迎客礼仪

首先农家乐旅游接待人员对来宾要笑脸相迎,致问候语,表示欢迎客人的光临。对重要客人,要组织服务人员到门口恭候客人,迎接客人的到来。然后主动向客人介绍服务的项目和服务设施,并请客人入座或入住。

2. 送客礼仪

送客时,应与客人热情话别。包括向客人征求对服务接待的意见或建议;致亲切、得体的告别语,祝福客人旅游愉快,一路平安,欢迎再次光临、再见等。然后,目送客人离去,以示对客人的尊重。

（二）称呼礼节

随着时代的变迁,称呼语也发生了很大的变化。在农家乐旅游接待中,服务人员应恰当地使用称呼语来称呼客人。过去,我们经常称他人为师傅或同志,一般来说,现在对年轻或中年的女性客人,视其年龄称女士或小姐,对年长的女性客人称阿姨;对年轻男性客人称小伙子,对中年男性客人称男士或先生,对年长的男性客人则称老先生或老大爷。若不是直接称呼某位客人,即间接称呼客人时,应注意称呼为"您的先生(夫人、妈妈)""那位女士(小姐、先生)",切忌称为"那个女的(男的、老头或老太太)"。正确、恰当的称呼,不仅是对来宾的尊重,而且体现出服务人员的礼貌修养。

(三)问候礼节

农家乐旅游接待人员在遇到游客时要主动问候:"您好!"具体来说,可以根据不同的时间问候客人:"早上好!""中午好!""下午好!""晚上好!";当节日到来时,要向客人表示节日的祝福:"过年好!""新年好!""春节快乐!""中秋快乐!";遇客人生日或结婚喜庆活动,应向客人表示祝贺:"祝您生日快乐!""祝你们新婚幸福!"等。

(四)介绍礼节

介绍和自我介绍是人与人相识的一种手段,在农家乐旅游服务接待工作中也会经常遇到。在与客人交流或对客服务接待中,介绍会出现作为介绍者和被介绍者两种情况。

1. 作为介绍者

首先注意手势的正确使用,为人作介绍时,应该把手掌伸开去(手心向上),向着被介绍一方,不可以用手指指指点点。为他人作介绍,应把晚辈介绍给长辈,把地位低者介绍给地位高者,把男士介绍给女士。

在服务接待中,如需要介绍,则在将客人介绍给主人后,一般是把晚到的客人介绍给早到的客人。若被介绍的一方不止一个人时,应从职位最高的开始按顺序——介绍。

2. 作为被介绍者

作为被介绍者,应表现出结识对方的热情。被介绍时,双目应注视对方,被介绍的双方在介绍完之后,礼貌的做法是互相握手问好。

若是作自我介绍,则应举止庄重大方,可以介绍一下自己的姓名、身份,如果对方感兴趣还可以进一步介绍自己的专长、兴趣和经历等。

相互介绍和握手,是在与他人接触的最初几分钟进行的,这时一个人的举止,往往决定着自己在他人眼中的第一印象和形象。

(五)应答礼节

在农家乐旅游服务接待中,当客人提出服务要求或其他要求时,服务人员经常需要回答客人的问题。这时要注意应答的礼节。首先,回答客人问题要简洁明白。其次,要掌握常用应答语的使用。如:"请您稍候""您不必客气""没关系,这是我(们)应该做的""照顾不周的地方,请您多指教"等。这些话在特定的语言环境中,都是有礼貌的应答语言,客人听后会感觉愉快的。

(六)握手礼节

一般来说,在农家乐旅游服务接待中,服务人员不宜主动与客人握手。但在许多情况下,客人主动与接待人员握手时,不应回避;若回避,则被认为是不礼貌的。

握手强调"五到",即身到,笑到,手到,眼到,问候到。握手时双方的上身应微微向前倾斜,面带微笑,同时大方地伸出右手和对方的右手相握,轻轻上下摇动两三下,通常以3秒钟左右为宜,然后松开。握手要用力适中,忌用力过大,尤其是在与女性客人握手时应注意。

(七)递物和接物礼节

递物与接物是生活中常常遇到的一种举止动作,在农家乐旅游服务接待工作中也会经常遇到。因其微小而且不引人注目,往往被我们忽略。事实上,很多细节如果处理不好,就会影响整个服务质量。

1. 递物

礼仪的基本原则是尊重他人,而双手递物恰恰体现了对对方的尊重,不方便双手并用时,也应尽量使用右手。以左手递物,通常被视为失礼之举。

(1)递交名片。现代社会,双方经介绍相识之后,如果有名片,往往要互换名片。递交名片时,应双手恭恭敬敬地呈递,并将名片的正面朝向对方。

(2)递交其他物品。一般情况下,递交物品都应使用双手,以示尊敬。递笔、剪刀之类尖利的物品时,须将尖头朝向自己,握在手中,而不要指向对方。

2. 接物

(1)接受他人名片。接受他人名片时,应当恭恭敬敬,双手捧接。接过之后,一定要仔细看一遍,或有意识地读一下名片,而不要一手接过对方的名片,看也不看就漫不经心地塞在口袋中。如需要将名片暂时放在桌子上,切忌随手乱放或在名片上面放其他物品。

(2)接受其他物品。一般讲,对方双手恭恭敬敬递过来的物品,都应该同样用双手去接,同时点头示意或道一声谢谢。

(八)电话接打礼仪

电话和其他电子通信工具已成为现代生活不可缺少的一部

分,具有省时、高效的特点。接打电话是旅游服务接待中一项十分重要的日常工作和服务项目。客人通过电话可以预订客房、订餐或咨询有关服务接待的问题等;我们也可以通过电话向客户和客人进行销售宣传。其中,电话预订是目前旅游服务销售中应用较多的一种预订方式和销售手段,既快捷又方便。

从农家乐旅游服务接待人员在电话里与客人沟通的讲话方式,往往可以判断出员工的素质和服务接待的水平。服务人员在与客人进行电话交流时应做到彬彬有礼、语言文明、热情得体,营造出双方愉快沟通的氛围,给客人留下好的印象,使客人心情舒畅;同时也有助于农家乐旅游服务专业形象的树立。

1. 接听电话的基本礼仪

(1)"三响之内"接听。所有来电,务必在三响之内接听,以充分体现我们服务接待的工作效率。

(2)礼貌、规范语言常用不离口。一接来电,向对方致以简单问候,敬语当先,如"您好!""早上好",并报农家乐接待户的名称后,告诉客人"请讲"。而不是说"喂""谁,听到吗?"

(3)讲话要吐字清晰,发音准确,语音亲切,音量适中,语言简练,不啰啰嗦嗦。

(4)在客人讲完之前不要打断也不可妄下结论,对听不清的地方,要复述客人的话,以免听错。

(5)要认真倾听,切忌表现得漫不经心,要不时地用"嗯""对""是"等给客人及时的反馈。

(6)客人来电所找的人暂时不在,又不好马上找到来接听电话时,应问清来电者的姓名和身份,代为转告客人交代的事情,请对方留下电话号码,并复述。然后细心做好记录。

(7)对语言表达不顺畅或不清楚的客人,或遇来电客人情绪不好的情况,尤其应耐心。回复客人的话要十分注意语气的和蔼亲切和语言的文明,切忌脱口出粗话、脏话。

(8)语速快慢适中。根据不同的通话客人,要恰到好处地掌握讲话速度。如对老年客人要适当放慢语速,以达到明白无误的目的。

(9)接到客人预订电话时,不论是订住房还是订餐,都应详细记录好客人的姓名、预订人数、费用标准等,并简单向客人介绍本店(户)的有关情况。

(10)对客人打来电话表示感谢,礼貌结束电话后,等对方先挂电话,自己再轻轻放下电话。

(11)当对方拨错电话时,要耐心地告诉对方"对不起,您拨错电话号码了"。千万不要简单粗暴地告诉对方"打错了",使拨错电话的对方不愉快。

2. 拨打电话的基本礼仪

(1)通话准备

在拨打电话之前,通话双方,尤其是先拨打电话的一方,通常要进行必要的准备。包括备好电话号码、通话内容、选好拨打的时间等。选择拨打的时间,首先考虑对方便接听电话,午休或用餐时间或过晚时间,都最好不要选择。

(2)拨打程序

第一,预先将通话内容整理好,以免浪费时间。

第二,向对方拨出电话,首先致以简单问候,作自我介绍。

第三,使用敬语,说明要找的人的姓名或委托对方传呼要找的人。

第四,清楚、简洁地向对方说明要交代的事情,语速适当,力求使对方听清自己的声音,明白自己完整的意思。讲完后与对方告别,说致谢语和再见语。

第五,等对方放下电话后,自己再轻轻放下。

第六,拨错号码要及时道歉。

第七,打电话要讲效率,不要浪费时间和电话费,每次通话时间以5分钟以内为宜。

3.应避免的电话失礼行为

(1)接打电话中没有使用敬语而且唐突地问:"喂,你是谁?"

(2)边打电话边准备,讲话支支吾吾,条理不清。

(3)边打电话边做手里的其他工作。

(4)接打电话态度冷漠或恶劣。

电话交流,声音是信息的传输载体。双方看不见对方的脸,只有靠电话里传来的声音大小、语调、语速或语气来传递信息和进行判断。客人尤其对电话交流中的语调感觉很敏感,我们的服务态度是积极、热情、友好还是冷淡、应付、不耐烦,对方都能够感觉得出。客人在接到相关信息后会产生不同的心理反应,进而影响游客对农家乐旅游服务接待质量的评价。

一个电话,可能会引来客源,也可能会导致失去客人。因此,我们应将服务意识融入到电话接待礼仪当中,以热情、平和、积极友好和乐于助人的态度和最大努力来给客人提供帮助和服务。

(九)谈话礼节

在农家乐旅游服务接待中或与客人的聊天中,要注意谈话的礼节。关于谈话内容,除了谈与服务工作有关的事情外,一般来说可与客人进行有关风景、天气、菜肴、体育运动、民俗等为话题的交谈。但不能问及客人的经济收入、婚姻状况、宗教信仰、年龄等。另外,在客人与客人之间交谈时,不可旁听,如有事需与客人交代,则应先打招呼,并表示歉意,耐心等候客人允许再说。当离开客人时,应注意原地后退一步,再转身离开。

(十)进出客人房间礼节

在农家乐旅游服务接待中,服务人员应注意礼貌地进出客人的房间。进入客人的房间,应轻轻敲门,得到允许后再进入,切不可贸然进入。不论房间的门是开着还是关着,敲门都是必需的。服务人员在离开客人的房间之前应原地后退一步,再转身离开,并轻轻把门关上。

第九章 服务规范

在水泥森林般的城市里住得久了,人们向往田野、树林、河流,向往着田园风光;在快节奏的城市生活中过得麻木了,人们向往那恬静、悠闲、惬意的乡村,向往着村里那淳朴的民风和农家温馨的小院子。走进接待户,服务接待人员端庄、得体的仪容仪表,发自内心的微笑和热情的问候,犹如一股春风扑面而来,迎接着旅游观光的朋友。

如果说农家乐旅游的吸引力是秀美的自然风光,农家乐旅游的魅力在原汁原味的乡村生活,那么,农家乐旅游服务接待经营取胜的法宝就是以优质淳朴的服务、新鲜的休闲活动来吸引游客。

本章将介绍农家乐经营过程中餐饮和住宿服务接待的规范知识,希望能提高我们农家乐接待户的餐饮服务和住宿服务的标准,提高我们的服务接待质量和管理水平,使我们的农家乐经营活动更上一个台阶。

一、餐厅服务规范

(一)餐厅的清洁卫生

餐厅是客人的就餐场所,农家乐经营者必须为客人提供清洁、卫生的就餐环境,做到无灰尘、无污迹、无杂物。做好基本的卫生工作,是餐厅首要的任务,它不仅关系到我们餐饮经营的信誉,更关系到游客的身体健康乃至生命的安全。

1. 餐厅清洁卫生工作的内容

餐厅的清洁卫生工作主要有下列内容:

(1)清除餐桌、工作台等处的食物、酒水饮料等的残留物和污迹。

(2)沙发、餐桌、餐椅等家具和餐厅固定装置的擦拭除尘、除污。

(3)地面、墙面、门、窗、灯具及装饰物的除尘、除污。

(4)金属框架和金属器件的除锈上光。

(5)木质家具及装饰物的打蜡保养。

(6)植物花草的清洁与养护。

(7)玻璃窗的擦拭,保持清洁光亮。

(8)墙角等卫生死角的清洁,保证无蜘蛛网和尘土积存。

(9)除虫灭害。

2. 餐厅清洁工作要求

(1)清洁的时间。由于营业时间的限制,餐厅主要清洁工作安排在夜间或上午进行。

(2)清洁及时。如客人用餐中将调味瓶倾倒在地上,这时应尽快清洁,否则,被人踩踏后会扩大污迹,加大清洗的难度,并可能留下永久性污点。

(3)清洁工具、清洗方法和清洁剂的选用要得当。餐厅是客人用餐的地方,有时可能清洁工作会在客人用餐较多的时间进行,因此,清洁工具、清洗方法和清洁剂的选用尤为重要。选用的抹布、拖地的拖把(墩布)等清洁工具要小巧、清洁、美观,让客人看了舒服,并且对我们的卫生放心。使用的清洁剂要不带特殊刺激性的异味,不影响客人就餐和身体的健康。

(二)餐前准备及检查工作

餐前准备是餐厅营业前的重要工作。一般包括餐厅清洁工作、菜品准备、进餐用具的准备和员工仪容仪表的准备,以保证餐厅清洁卫生、环境优美、用品齐全,台面整齐美观、无灰尘和油腻。

餐厅检查是对餐厅准备工作的全面检查。主要包括台面及桌椅安排的检查、各项卫生的检查、工作台的检查、设施设备状况的检查及员工仪容仪表的检查,确保在接待客人之前,餐厅的用品和设备能达到最好的状态,保证员工都能以饱满的精神状态投入到餐厅接待的工作中。

(三)餐厅用餐服务规范

说到餐饮,很多人都会马上想到菜品如何,事实上,餐饮竞争看的不单单是菜品,服务人员在服务中给客人留下的良好印象是非常重要的。服务具有瞬间性和不可逆性,因此给客人留下比较好的第一印象至关重要。"留下良好第一印象的机会只有一次",应重视和客人的第一次接触,所以我们先来给大家介绍迎宾服务规范。

1. 迎宾服务

在第七章我们介绍过服务接待的基本礼节、礼仪,其中包括迎送宾客的礼仪。一句面带微笑的"欢迎光临!"是欢迎客人最好的表达。

若想让来农家乐旅游的游客真正成为我们餐厅的"座上客",除了要求服务接待人员对来宾笑脸相迎、致问候语,对客人表示欢迎外,凡是在场的人(包含除游客以外的服务接待人员和其他人)都应向客人点头微笑,并注意自己的站姿是否标准,服饰是否整洁,头发是否爽洁,身体是否没有异味。都注意到了,才能够使客人充分感受到我们对客人的真诚欢迎。

另外,还应注意接待环境的整洁和雅观。譬如,地面的卫生、垃圾的处理、杂物的堆放等都应做到清洁、整齐、规范、有序,达到环境的美观和谐,这样不仅使客人感到赏心悦目,重要的是营造出了热情迎宾的整体氛围,使客人亲身感受到新农村的环境美,给远道而来的客人留下好的印象,让游客由此喜欢上农家乐。

2. 用餐服务规范

(1)引客入座

餐厅服务员应在餐厅开餐之前提前到岗,迎候客人。当客人进入餐厅,每位员工,无论多忙,手上的事情多么重要,都不能对客人不闻不问。服务接待人员应微笑问好,喜迎客到,并把客人引至餐桌边,拉开餐椅,引客入座,及时为客人送上茶水和菜单,并为客人斟好第一杯茶。

(2)点菜服务

餐厅的产品即菜点、酒水和服务。游客初次到餐厅来就餐,不太了解本店的特色,只能从菜谱中了解一个大概的情况。来农家乐旅游的客人大多来自城区,他们之所以选择吃在农家院,追求的就不是饮食的高档,他们更关注的是饮食的卫生和饮食的健康。因此,农家乐旅游餐饮接待应追求让来旅游的客人吃得健康,吃得快乐。

一般来说,游客普遍会对农村,尤其是对山里和田间地头的野菜及农家自产的无污染的粗粮、杂粮等"绿色食品"感兴趣,因此,餐厅服务员要善于向客人介绍当地和本餐厅的特色餐饮产品(土特产),或者向客人介绍自家农田、菜园、果园种植的杂粮、蔬菜和水果,以及自家鱼塘养殖的水产品等。相信当客人吃到新鲜的蔬菜、水灵灵的果子和山泉水养大的鱼鲜儿时的快乐和满足,也会让我们每个为客人提供服务的人都感到欣慰。

点菜服务注意事项:

第一,了解当天厨房准备的菜式品种,根据客人人数合理地为客人进行点菜服务和菜肴推销,减少客人消费的浪费。

第二,当客人点要菜单上没有列出的菜肴时,不可一口回绝,而应尽量满足客人的要求。可以先礼貌地对客人说:"我马上和厨房商量一下,尽量满足您的要求。"如果确实没货,可婉转建议客人点其他的菜肴。

第三,为客人推荐菜肴时,注意照顾年龄大的客人和儿童的口味特点;同时,不要忘记询问客人有无忌口。

第四,点菜完毕,一定对客人的点菜单进行重述,以免出现遗漏和错误。

第五,俗话说,众口难调。但一般来说,大多数客人都追求低糖、低盐、低脂肪的健康食品,服务员需特别注意对客人进行菜肴的咸淡及含糖量和含油脂量高低要求的确认,尽量避免上菜后出现客人对菜肴质量不满意的现象发生。

(3)上菜服务

上菜是餐厅服务中一项技术性服务工作,服务员应清楚如何摆菜,使农家乐的餐桌不仅能让客人饱了口福,而且饱了客人的眼福。

①上菜前的注意事项

第一,上菜前注意检查餐具有无破损和不洁,若发现出现破角、裂纹、污迹(指纹、食物残渣、油污等)的餐具,应马上更换。

第二,上菜前使用干净卫生的勺、筷子检查菜中有无虫子、灰尘、头发等不洁物或其他杂物,严禁用手指直接翻动菜肴或用嘴吹走菜肴中的异物。同时,闻一闻菜肴有无异常的味道。

第三,对凉菜要给予特别的注意,严防给客人送上发黏、变味、变质等不符合卫生要求的菜品。尤其是在气温回升的春季和炎热的夏季,一定要重视食品的卫生,防止病从口入,对客人的健康负责,确保饮食的安全。

②上菜中的注意事项

第一,上菜时要时刻注意操作的卫生,避免在菜盘上留下指纹。即使未留下指纹，只是让客人看到我们的不卫生操作，也是不应该的。

第二，上菜时要保证上菜的安全，尽量避开小孩儿和老人。尤其是带有汤汁的菜肴，更要注意不要把菜汤溅到客人的身上。

第三，上菜时，若菜肴质量有让客人不满意的地方，应虚心听取客人对菜肴的意见和建议，并向客人诚恳道歉。

③摆菜的礼仪

摆菜是上菜后的重要一环。在上菜过程中要注意摆菜的位置，讲究菜肴摆放的图案美和颜色美。

第一，将主菜摆在餐桌中间。

第二，摆菜时使菜肴与客人保持适当的距离，尽量照顾到多数就餐的客人。

第三，将特殊风味的菜肴摆在主宾的面前。（一家三口，女士为尊；一家三代，长者为尊；其他情况，通过细心观察，了解客人的身份，确定主宾的位置。）

第四，每上一道菜，服务员都需对桌上菜肴的位置进行调整，让餐台始终保持整齐和美观。

(4)酒水服务

在农家乐餐饮服务接待中，客人一般对酒水的要求不会过高，但必须注意杯具的清洁卫生，做到一客一消毒。这一点一定要重视，这不仅是餐饮接待卫生安全的要求，也是对客人的尊重。因此，切忌给客人上破口、带裂纹和有污迹的杯子。

现在很多农家乐餐厅都使用一次性的纸杯或塑料杯，这样可以减少杯具洗涤、消毒的工作量；而且从卫生角度讲，确实不失为一种好办法，但仍然要注意使用时的卫生。为保证一次性杯具的清洁，应需要多少，从包装袋中取出多少，暂时不用的要尽可能保持其包装的严密和完整，防止未用的杯具被污染。

特别提一下关于餐厅一次性纸杯的选用问题。目前市场上一次性纸杯的品种很多,选择时应注意对纸杯的纸质和外表图案进行挑选,尽量选择纸质稍好(厚)、外表图案淡雅的品种。如果能够做到这一点,一方面,客人使用起来方便,美观的图案令客人赏心悦目;另一方面,也可以减少纸杯的浪费(若一个纸杯较薄,客人可能提出一次使用两个纸杯)。

(5)撤换进餐用具

按照餐饮服务的规程,在为就餐的客人服务时,应适时为客人撤下脏的进餐用具,并换上新的进餐用具。一般情况下,撤换进餐用具应根据实际情况进行,而不必频繁地进行撤换。

通常在以下情况下撤换:

第一,在客人用完凉菜之后,准备上热菜之前;

第二,当客人吃过汤汁较为浓厚的菜肴之后;

第三,上甜点和水果之前;

第四,客人餐盘内残骨过多或有纸巾等杂物之时;

第五,当菜盘中的菜肴剩余不多时,更换小菜盘。

撤换餐具时应注意礼貌和卫生。如果客人表示还要食用盘中的菜,服务员应当将盘留下,或在征求客人的意见后将菜并到另一个盘中。

(6)结账送客

结账送客环节是我们餐饮服务的最后一个环节。如何让客人高兴而来,满意而归,原则上结账要准确快捷,服务应善始善终。客人离开时,提醒客人带好自己的随身物品,同时检查餐桌上是否有客人遗留的物品。如果发现,及时交还给客人;若客人已离开,不能马上交还,应妥善保存,以备客人认领;或待与客人取得联系后,让客人来认领遗留的物品。

送别客人时,不要忘记感谢客人的光临,祝客人一路平安,并欢迎客人再来。相信客人在享受了美味可口、物美价廉的农家菜后,也会对我们朴实、周到的服务发自内心地满意和感谢的。

(四)餐厅服务接待用语

餐厅服务接待工作时时离不开语言,优美、礼貌的语言会给客人以温暖和自尊。餐厅服务工作在语言的使用上具体可以分为基本服务用语和餐厅服务用语。下面重点介绍常用餐厅服务用语。

1. 迎接客人礼貌用语

当客人进入餐厅时,可用以下礼貌用语:

——中午好,请问一共几位?

——请往这边走。

——请跟我来。

——请坐。

——请稍等,我马上为您安排。

——请等一等,餐台马上就准备好。

——请您先看一看菜单。

2. 为客人订菜服务用语

为客人订菜时,可用以下礼貌用语:

——现在可以为您点菜吗?

——您喜欢用什么饮料,我们餐厅有……

——您喜欢用些什么酒?

——请问,您还需要什么吗?

——真对不起,这个菜需要一定时间,您多等一会儿好吗?

——好的,我和厨师联系一下,会使您满意的。

——我向您推荐……

——您订的菜是……(复述客人点菜单)。

3. 为客人上菜服务用语

为客人上菜时,可用以下礼貌用语:

——现在为您上热菜可以吗?

——对不起,打扰您,请让一下。

——对不起,让您久等了,这道菜是……(报菜名)

——真抱歉,让您久等了。

——请问,您还需要什么吗?

4. 餐间服务礼貌用语

餐间为客人服务时,可用以下礼貌用语:

——菜上齐了,请慢用。

——给您再添点饭吗?

——您是否还需要些饮料?

——您再加点别的吗?

——我可以撤掉这个盘子吗?

——对不起,打扰您了。

——请问,您还需要什么吗?

5. 结账送客服务用语

餐后为客人结账并送客时,可用以下礼貌用语:

——这是您的账单。

——这是您的钱和发票,谢谢。

——希望您多提宝贵意见。

——非常感谢您的建议。

——谢谢,欢迎您再来。

——再见,欢迎您再次光临。

(五)餐具类别与人体健康

1. 竹木餐具

这种餐具本身不具有毒性,但易被微生物污染,使用时应清洗干净。涂上油漆的竹木餐具对人体有害,在选用竹木餐具时应注意这一点。

2. 瓷餐具

这类餐具外形美观,隔热性能好,但陶瓷中的彩釉含有铅,铅具有毒性,人体摄入过多会损害人体健康。

3. 搪瓷餐具

这类餐具含有铅化合物,若加工处理不好就具有毒性,会损害人体健康。因此,要选用工艺精湛的优质陶瓷餐具产品。

4. 玻璃餐具

这类餐具清洁卫生,但表面易存留污迹,并容易破损,使用中应注意轻拿轻放和保持餐具的清洁光亮。

5. 铝制餐具

这类餐具价廉物美,轻巧耐用,但铝在人体内积聚过多,会引起骨质疏松、痴呆症等。因此,在农家乐餐饮服务接待中尽量不使用此类餐具。

(六)餐具常用消毒方法

我们可以采用煮沸消毒、蒸汽消毒、药物浸泡消毒和烤箱消毒等方法,对瓷器、不锈钢制品和玻璃器皿进行消毒。

(1)煮沸高温消毒法。将清洗干净的餐具置于100℃沸水中煮15~30分钟。此方法适用于瓷器,但不适用于玻璃器皿的消毒。

(2)蒸汽消毒法。将清洗干净的餐具放到蒸汽箱中蒸15分钟即可。此方法适用于各种餐具的消毒。

(3)浸泡消毒法。使用餐具消毒剂进行消毒。选用的消毒剂必须是经卫生行政部门批准的餐具消毒剂,其中"84"消毒液是比较好用的一种。但注意必须达到产品说明书规定的浓度,才能达到消毒的目的。浓度过低,达不到消毒的目的;浓度过高,则容易留下余毒,损害人体健康。使用浸泡消毒法,应随时更新消毒液,不可长时间反复使用。餐具消毒完毕后,应使用流动水清除餐具表面上残留的消毒剂,去掉异味。

(4)烤箱消毒法。如红外消毒柜等,温度在120℃左右,将清洗干净的餐具置于消毒柜中消毒15~20分钟即可。

最简便易行的消毒方法,是把洗净的餐具放入锅内,完全浸泡在水中加热,待水煮沸后,再保持2分钟,即可达到消毒目的。消毒过的餐具不要再用抹布擦,防止再次污染;要将餐具放入橱柜中,或用纱罩罩起来,以防止蚊子、苍蝇、蟑螂和老鼠进入。

餐具洗涤消毒完毕后,应检查餐具洗涤、消毒的效果,达不到卫生要求的,应重新洗涤和消毒。

(七)餐厅服务质量检查表

下面是依据餐饮业《餐厅服务质量检查表》,结合民俗旅游餐饮服务接待的实际,编制的民俗旅游接待《餐厅服务质量检查表》。

表9-1 服务规格检查

序号	检查细则	等级			
		优	良	中	差
1	对进入餐厅的客人是否问候,表示欢迎				
2	迎接客人是否使用敬语				
3	使用敬语是否点头致意				
4	在过道行走是否妨碍客人				
5	是否协助客人入座				
6	是否为入席客人端茶倒水				
7	是否让客人等候时间过长				
8	回答客人提问是否清脆流利悦耳				

续表

序号	检查细则	等级			
		优	良	中	差
9	与客人讲话,是否先说:"对不起,麻烦您了。"				
10	服务中发现疏忽或差错时,是否向客人道歉				
11	是否向客人推荐本地或本餐厅的特色菜点				
12	接受客人点菜时,是否仔细倾听并复述				
13	能否正确地向客人解释菜单				
14	能否为客人提供合理建议,有针对性地进行菜肴推销				
15	能否根据点菜单为客人备好充足的进餐用具				
16	能否根据菜单预先备好充足的进餐用具及作料				
17	站立、行走、值台、上菜等是否符合服务规范				
18	持杯时,是否只拿下半部				
19	上菜和进餐用具是否符合卫生要求				
20	客人招呼时,能否迅速到餐桌旁				
21	上菜时是否对准桌				
22	上菜时是否报菜名				
23	撤换餐具时是否发出大的声响				
24	结账是否迅速准确无误				
25	对结账告别离座的客人,是否说"谢谢"				
26	送客时是否检查餐桌、椅及地面有无客人遗留的物品				
27	是否在送客后马上翻台				
28	翻台时是否影响周围的客人				
29	送客时是否向客人征求对服务和菜点的建议和意见				
30	送客时是否向客人道谢,并欢迎客人再来				

表9-2 就餐环境检查

序号	检查细则	等级			
		优	良	中	差
1	玻璃门窗及镜面是否清洁、无灰尘、无裂痕				
2	窗框、工作台、桌椅是否无灰尘和污迹				
3	地面有无碎屑及污痕				
4	墙面有无污痕或破损				
5	盆景花卉有无枯萎、带灰尘现象				
6	墙面装饰品有无破损、污痕				
7	天花板是否清洁,有无污痕				
8	餐桌椅是否无破损、无灰尘、无污痕				
9	转盘是否光亮、无油迹、转动灵活、摆放在餐桌中央				
10	菜单是否清洁,是否有缺页破损				
11	餐具是否洁净、无破损				
12	玻璃器皿是否光亮透明、无油迹、无指纹、无破损				
13	台布是否无破损、无污迹				
14	通风口是否清洁,通风是否正常				
15	餐厅内温度是否适宜,让客人感到舒适				
16	餐厅内环境是否清洁				
17	餐厅外是否整洁,无杂物堆放				
18	餐厅外的绿树花草是否经常修剪				
19	餐厅内外环境是否能吸引客人				
20	餐厅内环境是否富有特色				

表9-3 员工仪容仪表、工作纪律检查

序号	检查细则	等级			
		优	良	中	差
1	服务员是否穿戴整洁				
2	值台时是否站姿标准				
3	女服务员着裙装时是否穿肉色长袜				
4	服务员是否留怪异发型				
5	外衣是否无污边、无皱折				
6	是否留长指甲,指甲是否修剪整齐				
7	头发是否清洁清爽				
8	牙齿是否清洁				
9	口中是否有异味				
10	女服务员是否涂有彩色指甲油				
11	女服务员是否有浓妆艳抹				
12	除手表外,是否还戴有其他的饰物				
13	男服务员是否穿深色鞋袜				
14	是否有着装不雅或穿着过于露透的服装				
15	服务员是否有挖鼻、掏耳等不雅举止				
16	打喷嚏时是否注意避开客人和餐桌、菜点				
17	工作时间是否聚在一起闲聊或窃窃私语				
18	工作时间是否大声喧哗				
19	有没有双手交叉抱臂或手插入衣兜的现象				
20	有没有在餐厅吸烟、喝水、吃东西现象				
21	上班时间有没有看书、干私事行为				
22	有没有在客人面前打哈欠、伸懒腰的行为				
23	值班时有没有倚、靠、趴在柜台上的现象				
24	对客人有没有指指点点的动作				

续表

序号	检查细则	等级			
		优	良	中	差
25	有没有嘲笑客人的现象				
26	有没有不理会客人询问的现象				
27	有没有对客人过分亲热的现象				
28	有没有在态度上、动作上向客人撒气的现象				
29	有没有对老人、儿童提供方便服务				
30	有没有在客人提出意见时有辩解的现象				

为来旅游的客人提供餐饮接待服务,除要确保饮食卫生和安全,严格保证餐厅环境和进餐用具的清洁卫生,还应努力开发特色乡村菜品,将粗菜做精、做细,在突出餐饮产品和就餐环境的特色上下工夫。突出餐饮产品特色的,如京郊怀柔的虹鳟鱼一条街、京郊延庆农家的豆腐宴和蘑菇宴等。突出就餐环境特色的,如鱼池边的露天烧烤或将餐厅装饰成绿色大棚的生态景观餐厅等。无论是餐饮产品特色还是餐厅环境特色的形成,都需要农家乐经营者开动脑筋,努力挖掘本地、本店的潜力,才能独树一帜,创出自己的特色。例如,如果能在农家乐餐饮接待服务中加进客人进菜园、果园采摘自己点的蔬菜、水果和到池边垂钓等活动,相信一定能吸引更多的游客的好奇和兴趣,我们的农家院餐厅因此会引来更多的座上客。

二、客房基本服务规范

(一)客房基本服务规范

游客在享受了自然山水之后,如果能在落日的余晖下,细细品味袅袅的乡村炊烟,在晚间漫步在星光灿烂的夜空下,那将是多么惬意!

客房是游客外出时的家,是游客休息、睡眠的地方,为农家乐旅游的客人提供住宿接待服务,为他们创造"住农家院,吃农家菜"的生活体验,使客人感到住得方便、清洁,住得舒适和安静,感受到"宾至如归",应成为我们农家乐住宿接待服务的目的和追求的目标。

1. 迎宾服务

关于迎宾服务,我们已在基本接待礼仪和餐厅服务接待中有过介绍,这里我们主要就客人是否有预订,即游客入住之前是否预订了房间,来为大家介绍有关服务规范。

(1)已预订。如果客人在入住之前已经预订,那么,根据预订的到店时间,在客人入住之前应做好一切迎宾的准备。热情迎宾后,对于初次入住的客人,应介绍各种服务设施、设备的地点和使用方法。当问清客人暂时没有其他需求后,服务员应及时退出房间,以免影响客人的休息。

(2)未预订。若客人未预订,在热情迎宾后,应主动向游客介绍本店的情况,包括服务设施、住宿条件和价位等,让游客自由选择是否入住,切忌强行、强迫客人入住。客人进入房间后,服务接待人员应及时送上茶水(或根据时令、季节和客人习惯送上其他饮品)和香巾(毛巾),形成"客到,敬语到,微笑到,茶到,香巾到"的入门配套服务。

2. 客房加床

加床服务是客房提供的服务项目之一,有时客人提出加床服务要求,应尽可能满足客人的需求。按客人要求摆好加床,或移开其他靠墙的沙发,将加床置于墙角位置,在加床的同时,另加一套棉织品和枕头、杯具、茶叶等。

3. 客房清洁整理

客房的清洁程度是游客入住最关心的问题之一。住宿环境和客房的清洁形象会直接影响客人对农家乐接待活动的评价。客房的清洁整理在客房服务中占有相当大比重,客房服务中的大量人力和时间用于清洁卫生工作。洁净的客房有助于客人消除疲劳,使客人精神愉快,创造出游客的"家外之家"。

(1) 空房清扫

空房是客人离开客房后已经清扫但尚未出租的房间。对于这种暂时没人居住、但随时可供出租的客房,一般只需擦拭家具、除尘、开窗通风换气,进行简单的清扫整理即可。

空房的整理虽然较为简单,但必须每天进行,保持房间良好的状态。

如果房间连续几天为空房,则应检查天花板有无蜘蛛网,地面有无蚊虫等,并及时清扫和处理,保持房间的清洁。

(2) 客房日常清洁整理

客房的日常清洁整理要合理安排时间,原则是及时、方便、不打扰客人。通常客人一外出,就及时清洁整理,在不干扰客人的情况下为他们提供悄无声息的服务,保证客房的清洁、整齐和美观。

①客房日常清洁整理的程序

第一,把房门打开,拉开窗帘,开窗通风。

第二,清除房间垃圾,包括客人用过的一次性用品,洗净、擦干垃圾桶。

第三,撤换壶具,为客人倒掉剩水换新水,清洗客人用过的烟缸。

第四,整理并铺好客人的床铺,如发现床单有污迹或破损应及时更换干净的布件。

第五,清扫房间,除尘,保持家具和用品的清洁、光亮,地面无纸屑和杂物。

第六,检查灯具、电视机等设备是否能正常工作,同时,注意各种家具、配备用品是否有损坏现象,发现后要及时修理或更换。

第七,更换及添补房间客用品,清洗、消毒杯具(具体操作方法在后面内容中另作专门介绍)。

第八,若房内有卫生间,按规定程序进行卫生间的清洁。注意房间抹尘抹布与卫生间洁具抹布须严格分开(详细内容在后面内容中另作专门介绍)。

第九,自检。客房清扫完毕,服务员需自我检查,查看有无漏掉的工作,检查房间是否干净整洁,发现问题及时补做。

②客房日常清洁整理的注意事项

第一,清扫客房时不要乱动客人的东西,尽量不挪动客人的物品,尤其是客人的行李和文件、纸张类物品。因清扫需移动时,也要轻拿轻放,卫生做完,马上放回原处,尽量保持原样。

第二,客人的杂志、书报和文件等不要随便合上和移动位置,更不准翻看。

第三,整理客房,切不可随意扔掉客人的物品,客人的物品只要不是扔在垃圾桶内,一般都不能将其当垃圾处理掉。

第四,女宾用的化妆品,可稍加整理,但不要挪动位置,即使化妆品用完了,也不得将空瓶或纸盒扔掉。

第五,服务员完成客房的清洁工作后,立即离开客房,不得在客房内休息或停留。

(3)住客房间小整理

住客房间小整理简称小整服务,一般是为重要客人提供的。小整服务的内容主要是整理客人午睡后的床铺,把床铺整理得平整、美观。必要时补充茶叶、热水等用品,使房间恢复原状。

(4)走客房的清扫

对当天结账离店客人房间的清扫,就是走客房的清扫。客人离店,热情送别后,应尽快对客房进行彻底清扫、消毒,以保证客房的正常出租。

走客房清扫的程序是:

第一,进入客房,拉开窗帘,开窗通风,使室内光线充足,便于清扫。

第二,撤走客人用过的面巾、方巾、浴巾、脚巾;按次序(床上、枕头下、桌面上、衣柜和组合柜的抽屉)做好检查工作。若发现客人遗留物品,应想方设法尽快交还客人。

第三,用房间垃圾桶收垃圾,若发现烟缸中有未熄灭的烟蒂,必须将其熄灭后再倒进垃圾桶,以免引起火灾,确保安全。

第四,撤掉用过的杯具、加床或餐具;清理床铺,将用过的床单、枕套、被罩撤走。按铺床程序,将床铺好。

第五,擦拭客房的门和家具等物品。

第六,检查房内电器设备是否处于正常状态,若有损坏,要及时修理,不可延误,否则,会影响客房的销售。

第七,补充房内用品,撤换茶水具,并严格洗涤消毒。

第八,自检。客房清扫完毕,服务员应环顾整个房间,自我检查房间是否干净,物品是否齐全,摆放是否整齐。检查完毕后,将窗帘拉上,关闭房内全部灯具,最后将房门关好。

4. 客房杯具的消毒

客房杯具、茶水具的消毒方法有煮沸高温消毒法、蒸汽消毒法、浸泡消毒法几种,具体操作过程与注意事项,同餐具常用消毒方法。

5. 客房定期清洁

客房的定期清洁工作主要包括地板打蜡、地毯吸尘、擦窗、家具除尘和墙面的清扫等工作,但对一般的农家乐住宿接待服务而言,客房的定期清洁主要指的是擦窗、家具除尘和墙面清扫工作,这里就不再作详细的介绍。

6. 客房清洁卫生标准

农家乐旅游接待为游客提供住宿服务,必须保证客房的清洁和卫生。客房的清洁卫生标准可分为感官标准和生化标准两种标准。

(1)感官标准,即客人和服务人员凭视觉、嗅觉、触觉等感觉器官感受到的标准。客房清洁卫生的感官标准一般可概括为"十无"和"六净"。

"十无"分别是:四壁无灰尘、蜘蛛网;地面无杂物、纸屑、果皮;床单、被罩、枕套无污迹和破损;卫生间无异味、毛发、水迹和皂迹;金属把手无污锈;家具无污迹;灯具无灰尘;茶具无污痕;房间卫生无死角;无六害(老鼠、蚊子、苍蝇、蟑螂、臭虫、蚂蚁)。

"六净"分别是:四壁净,地面净,家具净,床上净,卫生洁具净和物品净。

(2)生化标准,主要指茶水具、杯具洗涤消毒标准;卫生间的清洁消毒标准;空气卫生质量标准;采光照明质量标准和饮用水标准等。(见国家有关标准)

从农家乐旅游服务接待的实际条件来看,要保证客房的清洁与卫生,需经常对客房进行通风换气、日照和消毒。

(二)卫生间清洁及消毒程序

卫生间卫生状况在农家乐旅游接待服务中是一个比较敏感的问题,也是客人非常在意的一个问题。卫生间既要清洁美观,又须符合卫生标准。否则,很有可能因为卫生间的问题而影响农家乐旅游接待服务在游客心中的整体形象。

卫生间的清洁与消毒工作包括卫生间地面和洁具的清洁和

消毒。

1. 卫生间打扫程序

(1)收拾垃圾。

(2)撤换脏布巾。

(3)刷洗烟灰缸和牙具杯。

(4)清洗台面,擦拭镜面。

(5)清洁卫生间地面、洁具。

(6)补充卫生间客用品。

(7)喷洒适量的空气清新剂,以保证卫生间无异味。

2. 卫生间的消毒

包括卫生间地面和洁具的消毒,主要介绍几种消毒方法。

(1)卫生间紫外线消毒。一般安装30瓦灯管一支,灯距地面2.5米左右,每次照射2小时,可使空气中的微生物减少50%~75%,甚至90%以上。

(2)喷洒消毒。喷洒消毒以采用快干型的消毒剂为好,如"杰雪"消毒剂和空气清新剂等。

(3)卫生间洁具的消毒。用2%~3%的来苏水溶液或"84消毒液"溶液擦拭卫生间的洁具。消毒后进行通风。

下面给大家介绍几种常用清洁剂的用途。

表9-4 酸性清洁剂的用途

品　　种	用　　途
醋酸、柠檬酸(pH3)	金属除锈,中和碱性剂。
盐酸稀释液(pH1)	清除卫生洁具上的石灰斑迹。
硫酸钠(pH5)	清除轻度水垢。
草酸(pH2)	清除顽固水垢。
浓盐酸(pH1)	

表9-5 碱性清洁剂的使用用途

品　　种	用　　途
碳酸氢钠(小苏打 pH8)	清洁电冰箱。
硼酸钠(pH8)	
碳酸钠(纯碱 pH10)	清除轻度油污,清洁下水道。
氢氧化钠(苛性碱 pH14)	疏通堵塞的下水道。
氨水(pH11)	清除残留的油污。

(三)公共区域的绿化及清洁

农家乐旅游接待中卫生环境的好坏是影响客人入住农家院消费的主要因素之一。无论什么客人都愿意在一个干净、整洁的环境中,没有人愿意花钱到一个卫生差的环境来。

农家院的环境不同于酒店和宾馆,它的环境应体现出卫生整洁和绿色自然,因此公共区域的绿化对营造农家院的整体气氛起着重要的作用,会给客人留下一种先入为主的视觉感受。建议在农家院的周围和门庭及院子多种植花草树木,可见缝插针,也可专门腾出地方种植花卉,以起到美化农家院环境的效果。

公共区域的清洁包括对院子、门庭、过道、扶梯的清洁。清洁工作的一般原则是:以夜间为基础,彻底对其进行清洁,白天进行维护,以保持整个接待环境的干净整洁。

(四)垃圾、污水的处理

垃圾、污水的处理在农家乐旅游服务接待中是又一个让客人敏感的问题。我们应以干净的环境和朴实周到的服务,来留住客人,并争取回头客。

在农家院中应设专门存放垃圾的地点,最好是在客人看不到的地方,或远离农家院的地方,但要避开溪边、河边和湖边,避免污染水源。

关于污水的处理。一要注意采用下水道形式,二要注意环保,不要将污水注入河流和小溪。

(五)住宿服务接待工作注意事项

1. 保证客房的通风与日照

很多来农家旅游的客人来自城区,居住在空气干燥的楼房里,而农村的空气湿度较大,同时很多客房都是平房,地气潮湿,要为客人提供一个让他们感觉舒适的空气湿度,需要保证客房的经常通风和日照。

2. 防治蚊虫

农村的空气湿度较大,因此在夏季易孳生蚊虫。这一点给农家乐旅游住宿接待带来不良的影响,很多客人又很在意这点。要想避免蚊虫对住宿接待条件和服务质量的不良影响,首先要保证客房室内外的环境清洁,采取措施,消灭蚊虫孳生的死角。如在室外喷洒杀虫剂,室内安装纱门窗、纱帘,在客人的床铺加装纱蚊帐等措施,都可以帮助我们保证尽量不让客人被蚊虫叮咬,或尽可能减少客人被蚊虫叮咬的现象发生。

3. 布件的卫生

客房内的床单上绝对不能出现头发和血迹,一旦发现,必须马上更换干净的布件。客房内的床单、枕套、被罩严格做到每客一换,每客一消毒。

(六)客房住宿服务的基本准则

这里我们将客房住宿服务的基本准则的内容归纳为客房服务"十主动"和客房服务"五不可"。

1. 客房服务"十主动"

客房服务"十主动"的内容是:

(1)主动迎送客人。

(2)主动介绍服务项目。

(3)主动向客人打招呼、问好。

(4)主动为客人接递钥匙、开门。

(5)主动为客人引路。

(6)主动为客人送茶。

(7)主动为客人续水和补充客用品。

(8)主动照顾老、弱、病、残客人。

(9)主动为客人提拿行李。

(10)主动征求客人意见。

2.客房服务"五不可"

客房服务"五不可"的内容是:

(1)不可使用客房的电话和电器。

(2)不可翻看客人的物品、书报、杂志等。

(3)不可拿客人的烟、小食品。

(4)不可与客人争吵。

(5)不可偷拿客人的钱物。